태권도 지도자,
무엇을 알아야 하는가?

최성곤 지음

계명대학교 출판부

머리말

태권도가 무도스포츠로 세계인의 사랑을 받으며, 한국의 전통 무예로서 우리 민족의 역사와 함께 한국스포츠 발전에 기여해 왔습니다. 또한 단일 종목으로서 가장 많은 수련생을 가지고 있어 국민생활 체육으로서도 그 위상이 고양되고 있습니다.

특히 전국의 대학에서 태권도학과를 설립하는 등, 태권도를 학문적으로 정립시키고, 훌륭한 태권도 지도자를 양성하고자 노력하고 있습니다. 그러나 아직 태권도의 전문서적은 부족한 상태이며, 더욱이 태권도 지도자로서 이론적 지식과 지도법, 경영 및 행정에 관한 전문적 서적을 필요로하고 있습니다.

이 책은 앞으로 태권도지도자의 길을 가기위해 공부하는 태권도학 전공자 여러분이 태권도를 통한 보다 훌륭한 사회교육 지도자로 우뚝 서기위해 필요한 내용들을 정리해 보았습니다.

제1장은 태권도 특성의 이해, 정신과 기능의 이해, 제 2장은 태권도 역사의 이해로 태권도의 개념, 운동욕구와 태권도, 삼국시대, 고려시대, 조선시대를 거쳐 현대에 이르기까지, 제 3장은 태권도 행정의 이해로 문서작성법, 심사규정, 회의진행 및 의사결정, 제 4장은 태권도 수련으로 품새, 시범, 겨루기, 격파, 제 5장은 태권도 경기이해로서 경기의 역사, 경기규칙, 심판의 수신호 제 6장은 태권도의 교육적 가치, 연간계획, 태권도 교수-학습의 전개, 평가 등을 다루고 있습니다.

아무쪼록 본 교재가 태권도를 독자적 학문 영역으로 발전시키고, 훌륭한 지도자의 길을 가고자 노력하는 태권도학 전공자들에게 태권도를 종합적으로 이해하는데 도움이 되었으면 합니다.

2014년 2월

최 성 곤

Contents

Part 4
태권도 수련의 이해

Part 5
태권도 경기의 이해

Part 6
태권도와 교육의 이해

Part 1

태권도 특성의 이해

1.태권도의 특성

2.태권도 정신의 이해

3.태권도 기능의 이해

1. 태권도의 특성

태권도의 태(跆)는 '발로 뛰고 차고 밟는다'는 뜻이며 권(拳)은 '주먹'을 의미하며, 도(道)는 '길 또는 정신수양'을 의미하고 있다. 그러므로 태권도는 신체의 모든 부분, 특히 손과 발을 조직적으로 단련하여 뛰고, 차고, 지르고, 막고, 피하는 등등의 기술을 적절히 적용해 냄으로써 움직이는 목표물을 재빨리 포착하는 동시에, 일격필살(一擊必殺)의 신념으로 상대방(적)을 제압할 수 있는 호신술이다. 이러한 태권도는 인체의 관절을 무기화(武器化)하는 기본동작과 이부기를 적시에 활용할 수 있도록 가상의 적(敵) 방향에 대한 공격, 방어의 기술을 연결한 품새가 있고, 이러한 기술을 사용하여 상대와 함께 정중동, 동중정의 수련을 통해 종합적인 측면에서 인간완성(人間完成)을 위한 노력을 시도하는 것이다.

이를 총괄한다면, 태권도는 인간형성을 위한 정신교육인 동시에 체력단련을 위한 신체교육으로서 하나의 중요한 영역을 차지하고 있다. 즉 태권도는 신체를 단련하여 체력을 향상시키고 건강을 증진시키며, 자위(自衛)를 위한 호신술로서도 그 가치를 인정받고 있는 것이다. 또한 태권도는 우리 민족 고유의 무예로서 계승되어 왔으며, 오늘날에는 과학적 기초 위에서 이론과 기술이 체계화되어 범세계적으로 성행하고 있는 만큼, 지금까지 '폭력'으로 연상했던 편견이나 오해를 벗어 던지고 일반인들에게 태권도를 올바르게 이해시킴으로써 참다운 우리 민족 고유의 무예로 승계되어야 한다.

이런 태권도는 기본동작, 품새, 겨루기, 호신술로 구성되어 있고 심신수련을 통해 예의, 인내, 겸양 등의 여러 가지 덕성을 길러주며, 다음과 같은 특성이 있다.

1) 남 · 녀 · 노 · 소 누구나 구별없이 수련할 수 있다.

태권도는 어떤 점에서 볼 때 체조와 비슷하고, 대부분을 혼자서 행 할 수 있는 운동이므로 자기의 힘에 알맞은 수련만 하면 된다. 더욱이 태권도는 힘보다 기술을 위주로 하기 때문에 신체가 강건한 사람이 무거운 연기를 한다면, 약한 사람은 신체가 단련될 때 까지 가벼운 연기를 행할 수 있는 것이다. 또한 형(型)의 선택이나 회수(回數)의 조절을 마음대로 할 수 있고, 강 약의 구별 없이 상호대련을 실시할 수 있기 때문에 자기의 힘의 정도에 따라서 단련의 정도를 가감할 수 있다.

이상과 같은 요인들이 있으므로 태권도는 남녀노소 누구나 수련할 수 있는 것이다.

예로부터 태권도의 대가(大家)로 지칭되던 사람은 거의가 선천적인 역사(力士)라기보다 어릴 때부터 태권을 수련하여 후천적으로 힘과 기술을 연마한 사람들이다. 원래 허약하던 사람이 태권을 수련 함으로써 강건해진 예를 많이 볼 수 있다.

2) 시간과 장소, 또는 일기나 기후에 제한받지 않는다.

태권도는 도장이 있다면 이상적이겠지만 특별한 도장이 없을 경우에는 신체를 움직일 수 있는 곳이면 야외, 실내를 포함하여 아무 곳이나 훌륭한 수련의 전당이 될 수 있다. 또한 일기나 기후에 관계없이 수련할 수 있고, 시간의 제약을 받지 않는 운동이므로 한 평(坪)또는 두 평 가량의 공지(空地)만 있으면 간단한 형까지도 할 수 있다. 실례를 들면 태권도 연무지로서 내외에 알려진 보병 제28사단에서는 처음부터 아무런 도장도 없이, 다만 자신들이 주둔하는 고지 초소 혹은 광장 등에서 자유로히 수련을 하여 마침내는 국군태권의 발상지로서의 기반을 닦아 놓았던 것이다. 이를 통해서 볼 수 있듯이 태권도는 장소와 시간 , 기후 등에 관계없이 수련할 수 있는 운동이다.

3) 복장, 기구, 시설등이 특별히 요구되지 않는 맨손운동이다.

태권도는 도수공권(徒手空拳)을 특색으로 하는 무예이므로, 형(型)만을 행한다면 사실 도복(道服)도 필요가 없다. 물론 도복이 있으면 이상적이겠지만 평상복 차림으로도 수련을 할 수 있으며, 러닝 등 가벼운 옷차림으로도 수련할 수 있는 운동이다. 주먹과 손, 각력(脚力), 악력(握力), 기타 부분을 단련함에 있어서도 주먹단련대 구봉(球棒) 혹은 아령 철봉 등이 꼭 있어야 한다는 법은 없으며, 쉽사리 얻을 수 있는 말목이나 서 있는 나무 등에 새끼줄을 얽어 매거나 마대(麻袋)에다 모래를 채워서 아무 곳에나 놓고 이것을 발로 차고 주먹을 단련시킨다.

만일 이것조차 구할 수 없을 경우에는 두 사람이 겨루기를 하거나 혼자서도 능히 단련할 수 있다.

4) 시간의 길고 짧음에 구애받지 않는다.

태권도의 품새는 20여개의 동작에서부터 70여개의 동작으로 구성되어 있다.

하나의 형(품새)에 소요되는 시간은 30초에서 2분이면 족하고, 돌발시에 대비할 수 있는 보신법(保身法) 겨루기라 할지라도 20~30분이면 충분하다.

그러므로 태권도 수련은 그 수련의 시간이 문제가 아니라, 중단하지 않고 꾸준히 실천하는 지속성이 중요하다.

5) 한사람이 여러 사람을 지도할 수 있어 개인 또는 단체수련이 가능하다.

태권도는 혼자서도 할 수 있고 여럿이 함께 연습할 수도 있는 융통성 있는 무도이다. 혼자일 경우에는 단련 또는 형을 하면 될 것이고, 둘일 경우에는 1대1 겨루기, 셋이면 1대2, 넷이면 1대3 혹은 2대2 겨루기 등이 가능하기 때문에, 인원이 많고 적음을 떠나서 연습할 수 있다. 또한 태권도는 반드시 상대가 있어야만 행할 수 있는 무도가 아니기에 사범이 혼자서 구령하여 수십 명을 일제히 가르칠 수 있다.

6) 경제적 부담이 적다

특별한 연습기구 또는 소모성 장비를 필요로 하지 않고 어떠한 복장으로도 연습을 할 수 있기 때문에 경제적인 부담이 적은 운동이다.

7) 손과 발, 전신을 이용하는 운동으로 균형 있고 강건한 신체를 만들어 주며, 호신능력을 배양한다.

태권도는 손과 발을 이용하여 상대의 공격을 막고, 지르고, 차는 운동으로 어떠한 방향이나 자세에서도 방어와 공격을 할 수 있도록 하는 많은 형태의 동작이 있다. 이 때문에 평상시에 사용하지 않는 타 운동에 비해 균형 있고 강건한 신체를 형성시켜 준다. 또한 불의의 기습이나 위험으로부터 자신을 보호하는 호신능력을 배양하는 것이 태권도의 주요 특성이라 할 수 있다.

2. 태권도 정신의 이해

1) 태권도의 본질

태권도의 본질적인 측면들을 살펴보기 위해서는 우선 태권도와 다른 종목과의 차이를 알아보는 것이 필요하다. 여기서 중요한 것은 본질적인 차별성이다. 태권도의 특수성에 제한하거나 특정내용에 한정시켜 버리는 것이 아니라, 본질적이고 보편적인 관점에서 태권도는 무엇이고 어떤 성실을 가지고 있는지 제시할 필요가 있기 때문이다.

태권도는 명백히 격투와 연관되어 있다. 기초훈련과 반복훈련은 차고 막는 기술과 연관되며, 가상의 적에 대한 품새와 겨루기, 차고 막기의 연속동작은 시합을 위해서 준비하는 것이다. 분명한 것은 태권도가 단순히 격투술로만 해석되어서는 안 된다는 것이다. 또 태권도는 건강을 위한 것만은 아니다. 물론 태권도를 위와 같이 맨손 격투술로 분류한다고 해서 완전히 틀렸다고 주장할 수는 없을 것이다.

세상에는 여러 유형의 맨손 격투술이 있는데, 태권도는 이런 유형들과 어떤 차별성이 있는지 살펴보자.

태권도는 태권도의 독특한 품새와 기술로 이루어져 있으며, 직선과 회전동작을 동시에 가르치는 아주 강하면서도 유연한 품새로 구성되어 있다. 태권도는 합기도와 달리 던지는 것이 없다. 그러나 태권도가 다른 무술과는 구별되는 독자적인 수련방법을 갖고 있기는 하지만, 태권도가 발전하면서 수련방법도 변할 수 있기 때문에 태권도를 특징짓는 다른 본질적인 성격을 찾는 것이 타당할 것이다.

태권도가 갖는 가장 본질적인 성격은 그것이 한국 고유의 무예라는 사실이다. 물론 이 점만을 강조하면 문제가 생길 수도 있다. 그런데도 이것이 부각될 필요가 있는 것은, 태권도가 스포츠화되어 여러 나라 사람들이 수련하게 되면서 그런 성격을 그다지 중요하지 않게 여기는 사람들이 많아졌기 때문이다. 태권도는 분명 한국의 역사 속에서 성장 발전되어 온 하나의 문화이자 스포츠인 것이다. 그러므로 태권도는 단순한 격투술 이상의 것이며, 삶에 대한 하나의 방식이고 태도이다. 태권도를 정의할 때 '좋은 품성과 반폭력적 태도를 길러준다'는 중요한 특성이 사장되어서는 안될 것이다.

태권도가 단순한 격투술에 지나지 않는다는 규정을 벗어나 태권도의 중요한 요소들을 결합한다면 다음과 같이 정의할 수 있을 것이다.

태권도는 어떤 특정한 기술과 품새를 수련하며, 무기를 쓰지않는 한국의 무예이다.

위의 정의에서 태권도는 단순한 격투술이 아닌 무예(예술)로 규정할 수 있다. 그러면 태권도를 왜 무예라고 부르는지 살펴볼 필요가 있겠다.

우선 '예술'이라는 의미는 반드시 그 의미 규정이 똑같지 않다는 점에 주목할 필요가 있다. 그 이유는,

첫째, 어떤 기술이 이미 획득되어졌거나 아니면 연습되고 있거나 간에 모든 기술은 예술이라는 의미로 사용되는 경우이다. 그러나 예술을 이렇게 정의한다면 태권도가 예술이라는 의미는 그다지 큰 가치가 없는 것이 되고 만다.

둘째, 예술은 보다 높은 이상에 관한 것이라고 정의하는 경우이다. 예술을 이렇게 정의하면 조각가나 무용가가 일반 기술자와 구별될 수 있다. 마찬가지로 예술을 이렇게 정의할 때에만 태권도가 왜 다른 격투술과는 달리 무예인가 하는 점이 밝혀지게 된다.

단순한 격투술과 무예의 차이점은, 무예는 수련생들에게 격투 이상의 그 어떤것을 가

르친다는 점에 있다. 태권도의 품새 수련은 격투술 뿐만 아니라 예술적 즐거움을 수련생들에게 부여하며, 격투에 대한 관심을 예술에 의한 즐거움으로 승화시켜 주는 것이다. 이 때문에 싸우지 않는 경우에는, 두려움 때문에 도덕적 견해를 내새운다는 오해를 벗어날 가능성이 크다.

이 점을 좀 더 단순화시켜 살펴보자. 만약 누가 자신의 사상과 도덕적 견해로 인해 '한쪽 빰을 때리면 다른쪽 빰을 내밀어야 한다'고 생각할 때, 다른쪽 빰을 내미는 의미는 싸우는 방법을 알고 있는 경우와 그렇지 않은 경우가 완전히 다르다. 물론 도덕적 관점을 무시한다면, 싸우는 방법을 모르는 사람이 다른쪽 빰을 내밀어 무저항의 태도를 보이는 것은 자신을 방어하기 위한 최소한의 방법이기도 하다 그러나 싸우는 방법을 잘 알고 있는 사람이 싸우지 않는 것은 훨씬 더 정직하고 차원높은 행위이다.

다음으로 사람들이 왜 태권도를 배우는가에 대한 항상적이고 구조적인 이유들을 살펴보자.

아무리 맨손 격투술이 뛰어난 사람이라 할지라도 현대식 무기인 총에 견줄 수는 없다. 그런데도 이러한 맨손격투술이 중요한 것은, 사람이 치명적인 타격을 받게 될지도 모르는 습격과 같은 형태의 공격에 대해 자신을 방어할 수 있는 능력과 기술을 가질 수 있기 때문이다. 더구나 사람의 신체는 기계에 비해 실수가 없기 때문에 맨손 격투술은 여전히 이 사회의 기본적인 싸움수단이 된다.

현대사회는 점점 개개인의 비무장화 경향을 나타내고 있다. 따라서 맨손 격투술은 누구나가 배워야 할 자기보호 수단이 된다고 볼 수 있다. 태권도는 그 기술이 주는 효과와 예술적인 측면이 있는데, 특별한 조건이나 경비 없이도 수련을 쌓을 수 있다는 점과 국제적인 문화전통을 체득할 수 있다는 점, 그리고 태권도의 독특한 기술과 이념을 통해 싸우는 방법을 가장 효과적으로 체득할 수 있다는 점이 그것이다. 또한 태권도의 심오하고 깊은 정신적 측면은 선(禪)불교와의 강한 역사적 연관을 지니고 있는데, 선(禪)의 목표가 태권도 수련에서도 탐구되고 있기 때문이다. 선은 인간의 행위 자체에 대해서 끊임없이 의미를 부여하여 생각할 것, 그리고 한 행위로부터 다른 행위로 넘어갈 때의 흐름을 강조하고 있다. 선에서와 마찬가지로 태권도의 정신적 수련에서 어떤 상황을 단절적으로 생각하는 것은 무기력한 망설임으로 귀결된다고 하여 거부하고 있다.

선 수행자들이 추구하는 목표는 무아(無我)의 경지이다. 이 상태에 이르면 개인과 상황, 인식과 행위 등의 이분법이 사라지게 된다. 이와 마찬가지로 태권도에서도 무아의 경지를 추구한다. 예를 들어 겨루기를 할 때 상대방의 어떤 특정한 동작에만 집착한다면 전체 상황에 대한 집중력을 잃게 될 것이다. 반면에 수련을 통한 일종의 자각(自覺)을 열심히 추구하게 되면 상대방의 동작을 빨리 간파할 수 있고 처리할 수 있으며, 행동반경 내에 있는 어떤 움직임도 의식적인 생각없이 반사적으로 감지하여 상대방을 물리칠 수 있게 된다.

이런 상황에 도달할 수 있도록 하기 위해 태권도 지도자는 조직적 체계적으로 수련생들을 교육시키며, 기술이나 품새를 끊임없이 반복시키는 이유도 다음 동작을 의식하지 않고 반사적으로 대응할 수 있도록 하기 위함이다. 물론 태권도의 겨루기 수련은 무의식적으로, 주저 없는 동작을 연속적으로 수행하기 때문에 체력 소모가 많다.

태권도에서 집중과 집력(集力:power focus)을 강조하는 것은 예견력을 높이기 위해 한 사물에 대해 묵상하는 선기술과 유사하다. 그러므로 이러한 수련과정은 무아의 경지에 다다를 수 있는 좋은 조건을 만들어 주는 것이다. 그러나 선이 우리에게 주는 가르침은 이러한 상태가 쉽게 저절로 주어지는 것이 아니라는 것이다. 이상과 같이 태권도를 배운다는 것은 단순하게 격투술을 배우거나 몸의 균형을 잡는 것이 아니다. 태권도를 배우게 될 경우에는 태권도가 지니고 있는 보다 깊은 오묘한 심미적 정신적 철학적 경지를 맛 볼 수 있도록 노력해야 할 것이다.

3. 태권도 기능의 이해

1) 몸의 동작과 신경계

운동을 실시하면, 그 운동의 전체적인 개념이 여러 가지의 감각 수용기에 의해서 피드백 된다. 그 결과는 감각적으로 의식되는 경우와 의식하부(의식되기 전)에서 다시 운동을 조절하도록 조절하는 경우로 나눌 수 있다. 전자는 감각 수용기에서 구심성 신경을 거쳐 대뇌의 지각령까지 피드백 된다. 후자는 감각 수용기에서 구심성 신경을 거쳐 척수 혹은 뇌간에서 직접 원심성신경으로 연결되어, 운동신경을 거쳐 근육의 수축에 영향을 주게되며, 이것을 일반적으로 반사라고 한다. 반사란 감각 수용기에서 구심성 신경에 의해 전달된 입력정보(자극)가 중추신경의 어딘가에서 의지(의식)와는 무관하게 전환되어 원심성 신경에 전달되어 효과기(근육 등)에 그 효과가 출현하는 현상을 말한다.

반사는 생명활동의 유지에 빼놓을 수 없는 것으로, 생물의 진화라는 점에서 보면 하등동물일수록 반사운동이 많으며, 인간처럼 대뇌의 발달이 두드러진 경우는 반사가 억제되는 일이 많다. 바꾸어 말하면, 대뇌의 발달이 미숙한 신생아와 유아는 성인에게는 볼 수 없는 반사운동을 관찰할 수 있다.

(1) 척수반사

척수에서 구심성 신경으로부터 원심성신경으로 전환되는 것을 척수반사라 총칭한다. 이것으로 가장 잘 알려져 있는 것이 슬개건 반사이다. 무릎밑의 건(腱)부분을 두드리면 무릎관절이 신전한다. 건이 두들겨짐으로써 대퇴의 신근군이 펴진다. 근육이 펴지면 근방추에서 구심성신경을 통해 척수의 운동신경세포에 입력정보가 보내져 대퇴의 신근군을 수축시키는 것이다. 그래서 이와 같은 반사를 신전반사(伸展反射)라 한다. 신전반사는 인간이 바로서기 자세를 유지하고 있을 때 중요한 작용을 하고 있어, 신체가 조금이라도 기울면, 기울어진 자세로 인해 신전 된 근육이 수축하여 원래의 위치로 되돌아가는 것이다. 술에 취한 사람이 넘어질 듯 넘어지지 않는 것은 주로 이 반사의 덕분이다.

손 혹은 발의 피부 위에 강한 통증을 느끼든지, 뜨거운 것이 닿는 자극을 받으면 같은 쪽의 팔 혹은 다리를 굴곡하여 자극에서 멀어지려한다. 이것을 굴곡반사(屈曲反射)라 한다. 이 경우는 피부로부터의 구심성 입력정보는 척수에서 관절을 굴곡시키는 근육에는 촉진(수축)을, 반대로 신전시키는 근육에는 억제(이완)를 하게된다.

굴곡반사가 일어날 때, 자극이 강한 경우는 반대측의 팔 혹은 다리관절이 신전하게 된다. 이것을 교차성신전반사라 한다. 예를 들면, 오른팔을 강하게 굴곡하면 왼팔이 펴진다. 즉, 태권도의 주먹지르기, 발차기가 이것이다. 오른팔을 재빠르게 펴면 왼팔굽은 강하게 굴곡되어 후방으로 빠진다. 바꾸어 말하면 왼팔굽을 굴곡하여 후방으로 빼면 오른손 지르기가 빠르게 된다는 것이다. 또한, 근육이나 관절, 피부 등에 자극이 주어지면, 자극 받은 팔다리는 굴곡반사가 일어나고 반대측 팔다리에는 교차성 신전반사가 일어나지만, 이것은 또 다른 팔다리에까지 파급되어 사지(四肢)전체가 정해진 자세를 취하는 일이 있다. 예를 들면 앞굽이주먹지르기와 같이 오른주먹을 지르면, 오른팔은 신전, 왼팔은 굴곡, 오른다리는 굴곡, 왼다리는 신전하게 된다. 이것을 사지간반사(四肢間反射)라 한다.

(2) 자세반사

머리부(頭部)가 몸통(體幹)과의 상대적 위치를 바꾸든지, 머리부 자체의 공간적 위치가 변하면 그 변화에 맞추어 팔과 다리의 근육의 긴장이 변하는 반사를 총칭하여 자세반사라 한다. 자세반사 중에서 몸통에 대한 머리부의 위치에 맞추어 팔과 다리의 근육이 수축 혹은 이완하는 것을 긴장성경반사(緊張性頸反射)라 한다. 정상인에게는 거의 볼 수 없지만 뇌에 손상을 입은 사람이나 신생아에서 볼 수 있다. 머리부를 오른쪽으로 돌리면 우측의 신근군이 수축하여 좌측의 굴근군이 수축한다. 그 결과 오른팔과 오른다리가 펴지고, 왼팔과 왼다리가 굽혀진다. 또 머리부를 후방으로 굴곡 시키면, 양팔이 펴지고, 양다리가 굽는다. 반대로 머리부를 전방으로 굴곡 시키면 양팔이 굴곡하고 양다리는 펴진다. 이것은 개나 고양이의 동작을 보면 잘 관찰할 수 있다.

몸통과 머리부와의 위치관계가 아닌 머리부자체의 공간적 위치, 즉 똑바른지, 앞으로 기울었는지, 옆으로 기울었는지의 상태에 따라서 팔과 다리의 근육이 수축하든지 이완하는 것을 "긴장성미로반사(緊張性迷路反射)라 한다. 머리부가 앞으로 기울면 양팔이 굴곡하고 양다리가 신전한다. 반대로 머리부가 후굴하면 양팔이 신전하고 양다리가 굴곡 한다. 이 미로반사는 경반사와 상호영향을 미쳐 가장 목적에 맞는 자연스런 자세를 만들어 내고 있는 것이다.

2) 태권도와 자세

무도는 예로 시작해서 예로 끝난다는 말을 우리는 자주한다. 서도, 다도 등에서도 예를 중시하며, 기법의 규범을 가지고 있다. 태권도의 수련은 사람의 몸 기술을 통해 이루어지는 기예의 수련이며 몸을 통해 문화가치를 표출하는 행위로서 이 기법의 규범을 예라고 한다. 무도를 하는 사람은 자세가 반듯하다는 말을 많이 듣는다. 즉 자세가 좋다는 말이다. 일반적으로 자세의 자(姿)는 외적인 모양으로 정적인 측면을 나타내며, 세(勢)는 내적인 에너지를 동적인 측면으로 나타낸 것으로, 자세는 내적으로 에너지를 축적한 모양을 의미한다. 그래서 무도인은 앉아 있을 때나 걸을 때나 항상 빈틈이 없음을 느낀다. 이 빈틈이 없음은 단정하고 반듯함을 나타내며, 단정하고 반듯함은 미학적으로는 아름다움을, 의학적으로는 건강함을, 심리적으로 기분이 좋음을, 생리적으로는 능률적임을, 역학적으로 안정적임을 나타낸다.

그렇다면 반듯한 자세의 근거는 어디에 두고 있는가? 일반적으로 그것은 척주(등뼈)가 반듯한 상태를 유지하는지의 여부에 두고 있는 듯하다. 즉 자세의 중심단어는 척주(등뼈)이다. 척주는 인체에 있어 아주 중요한 역할을 담당하고 있는 대들보 내지는 축이며, 센터임을 앞서 알아보았다.

독일에서는 약50년 전부터 신체적 혹은 지적으로 장해가 있는 사람의 재활훈련으로 승마요법을 의료행위로서 인정하고 있다. 처음은 말을 잘 탈수 없지만 횟수를 더할수록 말에서 떨어지지 않으려고 등을 쭉 펴고 전후좌우상하로 흔들리는 말위에서 점차적으로 균형을 잡아간다. 이와 같은 승마훈련이 척주를 자극하고, 이것이 뇌신경에 전달되어 여러 가지의 기능개선으로 연결되는 듯하다. 그리고 치매성 노인에 대해서 실시하는 요법으로서 트램플린 위에서 음악에 맞추어 가볍게 점프하는 음악요법도 상하운동이 척주를 자극하게 되어 뇌에 전달하게 되는 것이다.

일상생활에서 사람들은 자신도 의식하지 못하는 사이에 책가방이나 무거운 짐을 한쪽 팔로만 든다든지, 무거운 짐을 메고 다닌다. 이러한 것이 일상의 습관이 되어 있기 때문에 팔도 한쪽이 보다 발달되어 있고, 척주를 지지해 주는 척주기립근도 한쪽이 더 발달되어 좌우가 불균형하게 발육 발달한다. 이것은 자주 사용하는 배근(척주기립근)을 혹사하게 되어 근이 피로해 지고 근육이 굳어져, 근을 구성하는 근 길이가 짧아지고 척추사이가 밀착되어 신경이 압박되기 쉽고, 또 골반에 좌우차이가 나타나게 된다. 그 결과 척주기립근의 일측우위(근육의 비대)를 가져오게 되어 만성 요통으로 고생하는 경우가 많다. 척주기립근의 좌우 불균형에 따른 요통의 경우는 좌우 균형적으로 척주기립근을 발달시키는 것이 요통을 예방하는 제1보이다.

아울러, 중고령자가 되어 복부비만으로 인해 배가 나오거나, 젊은 청년이라 하더라도 배근력에 비해 복근이 약하다든지, 또는 허리를 젖혀 걷든지 달리는 나쁜 자세는 복압성척주지지능력(腹壓性脊柱支持能力)을 저하시켜 요통을 초래하기 쉽다. 복압성척주지지능력이 저하하면, 허리가 많이 젖히고 배면의 요추 사이가 밀착되어 신경이 압박되면서 요통이 야기된다. 그래서 비만해져 복근이 약해 진 경우는 체중을 줄이고 허리가 뒤로 젖히는 것을 막으며, 젊은이도 복근을 강력하게 강화할 필요가 있다.

허리를 젖혀서 걷는 자세가 나쁜 사람은 우선 허리를 많이 젖히는 것이 요통의 원인임을 자각하여 허리를 젖히지 않도록 자세를 교정한다. 자세를 고치는 것이 요통을 막는 최선의 방법이다. 평소에 허리를 많이 젖혀 생활하는 것은 아무리 배근과 복근을 단련하더라도 요통을 막을 수 없는 것이다.

무거운 물건을 들어 올릴 때는 동작학적으로 허리는 필연적으로 젖혀지는 기분이다. 허리의 젖힘이 클 때에는 허리에 벨트를 하면 어느 정도 완화된다. 이것은 허리에 벨트를 함으로써 복부에 벽을 만들고 높아진 복강내압을 요추 쪽에 가하여 요추부에 내압을 높이는 것이다. 그 결과 젖혀지려던 요추를 후방으로 밀어주어 요통을 막아주는 작용을 하게 된다. 벨트를 복부에 착용하는 것은 복압성척주지지능력을 높이는 보조작용이 있다.

태권도를 수련할 때에 "등을 펴고 아랫배에 힘을 넣어"라는 말을 흔히 듣고 있는데, 실제로 척주는 S자형의 생리적 만곡을 그리고 있는 것이 정상이다. 즉 등을 편다는 것, 아랫배에 힘을 넣는다는 것은 척주를 이루는 경추, 흉추, 요추, 선골, 미골 등이 정상적인 생리적 만곡을 이루도록 하게 한다는 것을 의미한다.

등을 편 바른 자세, 좋은 자세를 유지하는 방법에는 두 가지가 있다. 첫째는 항상 머리에 보이지 않는 끈이 있어 천정에 매달려있는 이미지로 목을 펴고, 머리를 어깨에서 멀리하며, 이동시에는 머리가 기차를 끄는 기관차라는 감각으로 머리부터 이동하는 것이다. 즉 머리 정점이 끈에 매달려있는 감각으로 자세를 취하게 되면 자연히 턱도 앞으로 나오지 않고 목과 등도 쭉 펴져 척주가 정상적인 만곡을 하게 된다. 둘째는 아랫배를 당겨 힘을 넣는 것이다. 이렇게 하면 앞으로 내밀어진 요부(골반부)가 뒤로 당겨지면서 정상 만곡이 되어, 안정적인 자세로 피로해지지 않으며, 긴장이 없어지고 편안한 자연체의 자세가 되는 것이다.

태권도 품새를 실시할 때에는 앞에서 설명한 두 가지 방법을 이용하면서 상체가 지면에 대해 수직이 되도록 하면 반듯한 신체자세가 이루어지면서 태권도 수련에 의한 효과를 기대할 수 있게 된다.

3)자세의 중요성

자세라는 말을 국어사전에서 찾아보면 두 가지 의미가 있다. 하나는 "앉아 있다든가 서 있다든가 하는 몸을 가지는 모양"으로 신체에 관한 것이며, 다른 하나는 "무슨 일에 대한 마음가짐, 곧 정신적인 태도"로서 정신에 관한 것이다.

자세라는 말에 육체적인 의미와 정신적인 의미가 있는 것은 육체와 정신이 별개의 것이 아니라 하나로 연결되어 있다는 것을 암시한다. 자세가 바른 사람은 마음도 바르며, 생각하는 것도 실천하는 것도 바르게 된다. 자세가 반듯하다는 것은 신체의 상태, 마음의 상태도 반듯하다는 것이다. 신체의 어딘가가 탈이 나든지 마음이 어둡게 되면, 신체는 무의식중에 위축되고, 등도 움츠리게 된다.

예를 들면, 자세가 좋은 사람은 신발이 흐트러져 있으면 곧바로 가지런히 정리하며, 방안이 어지럽혀져 있어도 바로 청소를 한다. 그러나 비뚤어진 사람은 비뚤어진 것이 비뚤어지게 보이지 않는 것이다. 그래서 방안이 아무리 어지럽혀져 있어도, 또 다른 사람이 지적을 해 주어도 번거롭고 성가시게 생각하여 좀처럼 정리정돈을 하지 않으려 한다. 모든 것은 마음의 표현인 것이다.

태권도에서의 기본동작 수련 시 특별히 자세교육에 중점을 두는 이유는 여기에 있다고 생각한다. 자신이 수련하고 있는 한 동작의 머리, 몸통, 팔, 다리의 자세가 정확하게 이루어지고 있는가를 의식하고 인식한다는 것은 자신을 소중히 하는 것에 지나지 않는다. 자신을 소중히 한다는 것은 다른 사람도 소중히 할 수 있다는 것을 의미한다. 때문에 우선적으로 서기 자세부터 하나하나 바르게 정확하게 익히는 것은 신체의 자세를 바르게 하고 생활의 자세를 반듯하게 하는데 관계하게 된다. "자립(自立)"이 무엇인가. 자기스스로 자신의 두발로 단단히 지면을 딛고 등을 쭉 펴서 당당히 서는 것을 말한다. 이것이 태권도의 도(道)의 시작이라고 저자는 생각한다.

4) 좋은 자세의 이해

"좋다"라는 말은 목적에 꼭 맞는 것을 의미한다. 좋은 자세를 가져야 하는 목적을 크게 5가지로 나누어 생각해 보면 다음과 같다.

(1) 피로해지지 않는 자세 : 피로라는 말은 효율이 떨어진 상태를 일컬어 말하는 것이다. 정신적으로나 신체적으로, 혹은 근육 등의 조직 기관이 충분히 활동할 수 없게 된 상태를 말한다. 이와 같이 심리 생리적으로 피로해지지 않기 위해서는 같은 자세를 오랜 시간동안 취하지 않는 것이 좋다. 예를 들어 누워서 잠자는 자세는 편안한 자세이지만 장시간동안 같은 자세로 누워 자지는 않는다.

(2) 안정된 자세 : 사격, 궁도, 양궁 등 정확성을 다투는 스포츠에서는 안정된 자세를 필요로 한다. 운동역학에서 안정된 자세의 조건으로 요구하는 것은 지지면적이 클 것, 중심이 낮을 것, 체중이 무거울 것 등이다.

(3) 아름다운 자세 : 현실적으로 몸에 대한 미적 의식은 균형 잡힌 몸매와 효율성 높은 동작을 할 수 있는 몸에서 찾을 수 있다.

(4) 건강을 위한 자세 : 초등학교 선생님들이 종종 말씀하시는 "좋은 자세"를 말한다. 등은 반듯하게 펴 주세요, 눈은 책에서 30cm 정도 떨어지게 하세요, 하는 말씀으로 기억된다. 세살 버릇 여든까지 간다는 말이 있듯이 어릴 때 자세에 나쁜 습성이 들어서는 안되기 때문에 선생님들이 강조했던 듯 하다.

(5) 능률적인 작업자세 : 시계 및 보석세공과 같은 세밀한 손작업을 할 때, 또는 공사장에서 작업하는 인부가 무거운 물건을 들 때에 보여주는 자세가 능률적인 작업을 하기 위한 일반적인 자세이며, 각종 스포츠에서 보여주는 준비자세는 각각의 스포츠 경기규칙에 표시된 경기목적 즉 이기기 위한 목적에 부합되는 몇 개의 동작을 발휘하기 위한 준비자세이다.

5) 준비자세 와 몸의 반사계

자세를 잡기 위한 몸의 신경지배에는 반사계가 주된 역할을 담당하고 있기 때문에 몸의 신경지배가 원활히 잘 이루어져야 한다. 특히 척수와 소뇌의 역할이 중요하다. 그러나 이들의 작용이 눈에 보이지 않는다. 그래서 이들의 반사경로를 작용시키기 위해 정보를 입수하는 종류를 알아 볼 필요가 있다.

(1) 근건방추에 의한 정보: 근방추, 건방추는 근육이나 건안에 있는 긴장의 정도를 알려주는 감각기라고 생리학 교과서에는 서술되어 있다. 근력긴장의 감각적 느낌의 정도로서, 예를 들면 무릎이나 고관절의 굴곡상태에서 일어나는 관련 근육군의 중량감의 정도를 말한다.

(2) 근군의 연쇄계에 의한 정보: 긴장성 경반사, 긴장성 요반사로 일컬어지고 있으며, 경부의 근육 또는 요부의 근육군이 어떠한 힘의 발휘상태에 있는가에 따라 사지에 힘이 들어가기도 하고, 빠지기도 하는 회로가 몸 안에 들어있다. 예를 들면, 목을 오른쪽으로 돌리면 왼팔 근육군의 긴장이 이완되면서 오른팔 근육군의 긴장이 높아진다.

(3) 미로에 의한 반사: 미로는 귀의 내이부분에 있으며, 삼반규관과 전정으로 구성되고, 작용도 다르다. 삼반규관은 머리부의 기울기 정도를 알려준다. 또 전정은 빠르게 이동하는 것을 알려준다. 듣는 쪽이 있기 때문에 이동방향에 능숙함과 비능숙함이 나타나지만, 일반적으로는 습관처럼 알고 있다.

(4) 피부에 의한 반사: 뒤꿈치에 체중이 가있다, 양발의 앞꿈치에 체중이 있다, 혹은 양발에 균등히 체중을 배분 한다 등 상체의 위치를 알려준다. 또 도복 등의 옷과 피부와의 스치는 감각에서 팔과 다리의 상태를 알 수 있다.

(5) 시각에 의한 반사: 평형기능(밸런스)테스트 때에 눈을 감고 측정하는 것은 시각의

정보원을 제외하는 좋은 예이다. 무용, 체조경기나 피겨스케이팅 때의 스핀 턴은 우선 고개를 돌려 목표시점을 정하고 이것에 따라 몸을 회전하며, 마지막에 시점을 떠나지만, 다시 고개를 재빠르게 돌려 다음 회전을 위한 목표시점을 잡게 된다.

6) 신체중심과 평형

운동을 변화시키는 원동력은 힘이다. 우리들이 생각하는 것처럼 신체를 움직이는 것은 여러 가지 형태로 힘을 발휘하고, 그것을 신체를 둘러 싼 외계로 가하고, 그 반작용을 신체에 받음으로써 이루어진다.

이러한 힘 외에 지구상의 모든 물체에는 연직하방의 힘인 중력이 작용한다. 신체에 작용하는 중력의 성질을 들면, 중력은 신체(혹은 물체)의 모든 부분에 작용하고, 그 크기는 모든 부분의 중량에 비례하며, 힘의 방향은 항상 연직하방(지구중심의 방향)으로 향하고 있다.

중력은 신체(혹은 물체)의 모든 부분에 작용하지만, 그 부분을 2개 이상으로 나누더라도 그 나누어진 부분의 중량에 비례한 힘이 아랫방향으로 작용한다. 이것을 반복해 가서 신체 혹은 물체를 아주 세분하면 각각의 부분은 거의 한 개의 점으로 간주할 수 있게 된다. 이것을 질점이라고 부른다. 신체를 질점의 집합으로 생각하면 개개 질점의 위치와 질점이 갖는 중량(질량)이 문제가 된다. 각각의 질점에 가해지는 중력은 그것을 합성하여 하나의 힘으로 할 수 있다. 이 힘의 작용점을 중심이라 부른다.

중심위치는 질점의 위치관계(배치)와 개개 질점의 중량(질량)만에 의해 결정되며, 반드시 중력이 작용하지 않더라도 결정된다. 때문에 질점의 위치를 그 질점의 질량으로 간주하여 평균해서 얻어진 위치라는 의미에서 질량중심이라 부르기도 한다.

신체를 운동 중 모양이 변하지 않는 강체로 간주하고, 전완 상완 대퇴 하퇴 몸통 머리부라는 부분(세그먼트)으로 나누고, 각 세그먼트에 고정된 중심(부분중심)을 전술한 방법으로 합성하면 신체전체의 중심을 산출할 수 있다. 개개 세그먼트의 중심위치는 신체의 크기가 다르더라도 신체의 모양이 거의 비슷해 보이는 범위에서는 상대적으로 동일한 위치에 있다고 생각된다. 개개의 세그먼트를 원주, 원추, 타원, 구(球) 등의 기하학적인 단순한 모양 혹은 근사(近似)하면 세그먼트의 중심은 대칭축(중심축, 장축)상에 있고, 각 세그먼트는 크기가 다를 뿐으로 서로 닮은 모양이 되기 때문에 장축상의 중심위치를 세그먼트 한쪽 끝에서 세그먼트 길이에 대한 비율로 나타낼 수 있다.

사람의 신체중심은 허리 가까이에 있다. 씨름의 샅바는 상대의 중심을 잡도록 하기위해 있다고 해도 과언이 아니며, 태권도, 유도 등에서의 도복 띠도 허리춤에 위치해 있다. 또 중량물을 들어올리는 동작을 할 때 "허리를 넣어"라는 말을 자주 듣는데, 이것은 발휘한 힘과 중량을 중심에 두라는 의미가 된다.

중심을 질량의 중심 혹은 중량의 중심이라고 운동역학에서는 말한다. 어떠한 물체라도 분해하면 마지막엔 하나의 점이 된다. 기하학에서는 점을 위치는 있지만 면적은 없는 것이라고 정의한다. 그래서 물체의 점을 질점이라고도 한다. 이것은 질량을 갖는 점이라는 의미이며, 이것에 중력이 작용하면 중량을 갖는 점이라는 의미가 된다.

우리들이 차려 자세를 했을 때 바닥에서 중심까지의 높이는 남자성인의 경우 신장의 56 - 57%지점에 있으며, 여자성인의 경우는 신장의 55 - 56%의 지점에 있다. 이와 같은 표시방법을 비중심고(比重心高; 각 개인의 신장에 대한 비율)라고 한다. 일반적으로 상체가 발달한 체조선수는 중심이 높으며, 하체가 발달한 태권도선수는 중심이 낮다.

중심의 위치는 자세의 변화에 따라 이동한다. 차려 자세를 했을 때 체중은 발끝 가까이에 있을 수 있고, 뒤꿈치에 있을 수도 있다. 이것은 중심선이 이동하기 때문이다. 운동역학에서는 중심이 지지면내에 있을 때는 넘어지지 않는다고 하지만, 인간의 발은 엄지의 선단에서 발목돌기 후단 범위까지 밖에 차려 자세를 유지할 수 없다. 왜냐하면 발은 많은 뼈로 이루어져 여러 개의 관절을 구성하고 자세유지를 위해 중심선이 지지면내에서 있을 수 있도록 근력 및 몸의 평형기능인 조정력 등의 여러 가지 영향이 관계하고 있기 때문이다. 따라서, 중심선은 항상 움직이고 있는 것이다.

양발을 벌려 체중을 한발에 이동시킬 수 있다. 이것도 중심선의 이동이다. 차려 자세를 한 다음 양팔을 머리 위로 올리면 중심은 4 - 6cm 위로 이동한다. 다른 동물에 비해 사람은 상대적으로 비교적 팔이 길기 때문에 중심의 가동거리가 크다.

신체중심은 운동 중의 여러 가지 자세의 평형과 밀접한 관계를 가지고 있다. 평형이란 빠르기나 방향적인 측면에서 그 상태를 바꾸지 않는 상태를 말하며, 정적인 평형과 동적인 평형으로 구분할 수 있다. 그러나 자세의 유지는 신경근에 의해 조절되어 평형을 유지하고 있으며, 이 상태에서 밸런스라는 말을 사용할 수도 있다.

어깨너비로 서있는 사람의 양발의 지지점을 연결하여 이루어지는 평면을 지지면이라고 부른다. 이때는 적어도 3점의 지지점이 필요하다. 2점으로는 평면을 만들 수 없기 때문이다. 사람의 중력선 즉 중심선이 이 평면내를 지나는 수직선상에 있는 동안은 안정된 평형을 유지한다. 몸을 기울여 이 중심선이 지지면의 가장자리를 벗어나 전도한계선을 넘으면 사람은 넘어지게 된다. 이 지지면의 한계선에 중심선이 위치했을 때는 불안정한 평형상태가 된다. 불안정한 평형상태에 있는 사람을 조금이라도 밀면 넘어지게 된다.

여러 가지 스포츠나 무도의 종목에 따라서는 측면에서 작용하는 외력에 대해 몸을 안정하게 지지해야만 하는 경우가 많다. 역학적 측면에서 지지의 안정성을 측정하는 3종류의 방법이 있다. 그것은 기하학적인 방법, 에너지적인 방법, 그리고 운동역학적 방법이다.

기하학적인 방법에서는 전도임계각이라는 측정치를 사용한다. 이것은 물체가 넘어질 때까지 기울인 각도, 즉 중심선이 전도임계선의 바로 위를 지날 때의 경사각이다. 물체를 기울이지 않은 상태에서도 이 각도를 산출할 수 있다. 이 각도는 간단히 산출되기 때문에 전도임계각으로 사용한다. 이 각도는 중심의 수직 높이와 중심선에서 전도임계선까지의 수평거리로서 산출한다. 전도임계각이 크면 지지안정도가 높다. 이와 같은 큰 전도임계각을 만들려면, 중심이 낮든지, 중심선과 전도임계선사이의 수평거리를 크게 하면 된다.

에너지적인 방법도 이 근거에 설명할 수 있다. 물체의 기울기에 따른 중심의 위 방향으로의 변위와 그에 따른 일량(에너지변화량)이 크면 전도임계각이 크게 되는 것이다.

운동역학적 방법에서 측면방향의 힘과 중량에 의해 만들어지는 합력이 지지면을 지나면 물체는 측면의 힘에 대해 평형을 유지하게 된다. 측면에서 힘이 물체에 가해 질 때 이 물체의 지지면이 적을수록, 또 지지면에서 보아 측면 힘의 작용이 높을수록 물체는 측면으로 넘어지기 쉽다. 사람이 차려 자세를 했을 때가 몸을 낮추든지 힘이 작용하는 방향으로 발을 벌렸을 때보다 넘어지기 쉽다는 것은 누구나 잘 알고 있는 사항이다.

7) 무도의 기본자세

무도의 기본자세는 나란히 서기이다. 이 자세는 자연스럽게 선 자세를 말한다. 양발의 너비는 한바닥 길이로 하되 양쪽 발날등이 자연스럽게 나란히 되게 서며 두 무릎을 펴고 체중을 양발에 균등히 배분하며 배에는 자연스럽게 힘을 넣어 허리를 굽히지 않고 가슴을 굽히지 않으며 머리와 몸통은 지면에 수직으로 반듯하게 앞을 향하여, 다리, 팔, 어깨에 자연스럽게 힘이 들어 있으며, 입은 가볍게 다물며, 눈은 전방을 응시하지 않고 먼 산이나 큰 나무를 바라보는 듯이 서는 자세이다.

이 기본자세는 다음의 여러 가지 동작을 개시하는 가장 바람직한 자세라고 해도 좋을 것이다.

(a) 자기를 중심으로 한 안팎의 자극에 대해 순간적으로 적절하게 반응할 수 있는 출발 자세이다.

(b) 전후좌우상하의 모든 방향으로 몸을 자유자재로 활동할 수 있는 동적자세이다.

(c) 균형이 잡힌 안정도가 높은 자세이다.

(d) 작은 노력으로 자세를 유지할 수 있고 피로도 적다.

(e) 건강적인 자세이다.

기본자세인 나란히 서기에서 한발바닥 더 벌려서면 주춤서기가 되며, 나란히 서기에서 방향을 왼쪽으로 90도 돌리면 왼 서기가 되고, 여기서 한발바닥 더하여 왼다리를 굽히고 뒷다리의 무릎을 펴고 체중의 2/3를 앞에 두면 왼 앞굽이 서기가 된다. 주춤서기에서 방향을 90도 왼쪽으로 돌리고 발과 발의 각도가 90도가 되게 하고 뒷다리를 굽혀 체중의 2/3를 뒤쪽에 실리도록하면 오른 뒷굽이 서기가 된다.

8) 겨루기자세의 원리이해

여기서는 기본 겨루기 자세로부터 여러 가지 방향으로 움직일 때의 동작을 고찰한다. 어떠한 겨루기 자세라도 정지 상태에서 몸의 중심은 양발이 지면에 접지한 부분을 둘러싼 지지면 위에 있다. 앞서 설명한 바와 같이 중심이 지지면에서 벗어나면 넘어져 버린다. 다만 몸이 움직이고 있을 때에는 동적인 밸런스라는 것이 있기 때문에 이 경우는 예외이다.

중심이라는 것은 몸의 어딘가에 정해져 있는 점이 아니라 자세에 따라서 변하는 점이다. 양무릎을 펴고 엉덩이를 깊게 뒤로 빼서 몸을 앞으로 굽히고 양팔을 앞으로 편 자세를 취하면 중심이 몸 바깥으로 나오는 일도 있다. 중심이 배꼽부분에 있는 것은 어디까지나 보통 서 있을 때의 경우이다. 겨루기 자세를 취했을 경우 가장 움직이기 쉬운 것은 양발을 이은 직선방향이다. 그 이유에 대해서는 앞에서 설명했다. 뒷발(오른발)을 오른쪽 뒤로 차면 마루로부터의 반력이 뒷발에 작용한다. 이 힘의 작용선은 중심(중력선) 또는 그 가까이를 지나기 때문에 중력선을 지나는 수직축을 중심으로 신체를 회전시키는 작용이 거의 없다 그래서 앞발과 뒷발은 양발을 이은 직선방향으로 이동하면서 몸은 회전하지 않고 중심은 왼쪽 앞으로 나아가는 것이다.

그러면 왼서기(왼발을 앞으로 한 서기자세) 자세에서 상대의 공격을 피하기 위해서 몸을 왼쪽으로 피하는 것을 생각해 보자. 뒷발(오른발)을 오른쪽 앞으로 비스듬히 차면 지면의 반력이 왼 방향으로 작용한다. 이 힘의 작용선은 중심(중력선)을 지나지 않는다. 작용선과 중심(중력선)사이에 모멘트 암(중심에서 힘의 작용선에 내린 수직선의 길이)이 생기면서 중력선을 중심으로 오른 방향(시계방향)의 모멘트가 생긴다. 수평방향의 지면반력으로 중심은 왼쪽으로 나아가지만 모멘트에 의해 몸은 오른쪽(시계방향)으로 회전한다. 그리하여 왼쪽으로 이동하고 있는 왼발을 마루에 착지하면 전진 운동을 회전운동으로 바꾼다는 원리에 의해서 몸은 오른쪽으로 회전하고자 한다. 이때 뒤따라온 오른발을 마루에 착지하고 마루와의 마찰을 조정해서 적절한 각도로 회전을 멈출 수 있다. 즉, 오른발로 마루를 오른쪽 앞으로 비스듬히 차는 단순한 동작으로 중심은 왼쪽으로 이동하면서 몸은 오른쪽(시계방향)으로 회전한다. 몸은 자동적으로 오른쪽 비스듬히 전방에 있는 상대를 향하고 있어 반격하기에 좋은 자세가 된다.

만약 앞의 경우와 반대로 왼서기 자세에서 공격을 오른쪽으로 피하고자 해서 앞발(왼발)을 왼쪽 앞으로 비스듬히 찼다고 가정해 보자. 지면으로부터 반력(오른 방향)의 작용선이 중심(중력선)의 앞을 지나 몸을 오른쪽(시계방향)으로 회전시키고자 한다. 따라서 몸은 오른쪽으로 이동함과 동시에 오른쪽(시계방향)으로 회전하여 상대에게 등을 보이게 되어 불리한 서기자세가 된다.

왼서기 자세에서 양발을 이은 직선과 평행 되게 왼발(앞발)을 왼쪽으로 차면 몸은 회전하지 않고 오른쪽 비스듬히 후퇴한다. 혹은 왼발(앞발)을 조금 더 뒤로 차면 몸은 더 뒤로 오른 쪽 비스듬히 후퇴한다. 동시에 몸은 왼쪽(반시계방향)으로 회전하여 상대를 향하기 때문에 유리한 서기자세가 된다.

Part 2

태권도 역사의 이해

1. 운동욕구와 태권도
2. 삼국시대의 태권도
3. 고려시대의 태권도
4. 조선시대의 태권도
5. 현대의 태권도

1. 욕구와 태권도

인간은 자기를 지키고 종족을 보존하려는 본능을 가지고 있다. 이를 위해서 의식적, 무의식적으로 신체활동을 하게 된다. 그러므로 인간은 운동을 제거할 수는 없으며, 그 활동을 통해서 성장 발달한다.

동서를 막론하고 무기가 발달하지 못했던 원시 사회에 있어서는 각자의 생활영위와 종족보존을 위한 식품의 획득과 외적방어라는 인간 본능의 생활요구에 따라, 자연 발생적으로 노수공권의 투쟁형태가 투기 또는 자위무술로 발달하여 그 시대의 유일한 체육적 활동으로 행하여지게 되었다. 또한 인간의 지혜가 발달함에 따라 자신의 육체적 힘만으로는 동물보다 우세할 수 없음을 알아 명석한 두뇌로 무기를 발명하였고 단체의 힘이 개인의 힘보다 우세함을 알아서 집단생활을 하게 되었다. 그러나 무기 사용 이후에도 자신의 몸을 튼튼히 하려는 생존의식은 계속되었고 체력과 기술을 발휘하고자 하는 인간 본능이 투기나 자위무술을 체계적으로 발전시켰다.

또한 이 시대는 농업을 위주로 하던 농경시대였으므로 천신, 태양, 산악 등을 숭상하는 원시 신앙, 인간 신앙이 유일의 생활이니만큼 오월 파종, 시월 추수가 끝나면 군중이 모여 신에게 제사하는 풍습이 있어서 부족에 따라 부여에서는 동맹, 마한에서는 시월제, 신라에서는 가위라 불렀다. 이때 힘과 기술을 겨루었던 투기시합은 지금까지 전하는 농악, 씨름 등 민속놀이에서 그 자취를 엿볼 수 있다. 이러한 제천대회에서 여흥 적으로 즐기던 유희 오락과 투기 등이 점차 경쟁의식을 갖게 되어 경기로 발전하였음은 거의 의심할 바 없다.

또한 부락의 단위가 확대됨에 따라 국방능력과 전투 기능의 향상을 목표로 강한 정신력과 체력 배양을 위한 무예의 필요성이 강조되었다. 이러한 시대적 환경에 따라 제천대회의 체육활동 역시 투기를 중심으로 한 무술 경기를 중요시 하였다. 이에 따라 전 부족민이 무예수련을 생활로 삼았으며, 대회에 참석한 무사들은 그들의 기를 다루는 것이 상례가 되었다. 제천 행사가 계속됨에 따라 신체 건강을 위한 양생술이 발전되었고 동작이나 힘이 우세한 동물의 공방 자세 등을 자신들의 투쟁경험을 위주로 체계화시켰으니 여기서 오늘날의 태권도가 싹트게 되었으리라 생각된다.

〈한국체육사〉에 '이 시대의 환경 조건으로 보아 각저 수박 등의 투기가 행하여졌다.'라고 기술한 것도 이러한 사실에 근거를 두고 있다. 태권도는 발생 후 태견, 턱걸이, 택건이, 수박, 태껸, 탁견 등으로 불러 오다 태권도로 바뀌어 오늘에 이르고 있다.

삼국시대에 들어와서도 고구려, 백제, 신라가 대내적으로 세력 확장을 위한 영토분쟁과 민족 통일을 위한 각축전을 벌였으며 대외적으로는 외적에 대한 민족적 의식의 각성을 촉진시키기 위해 무술을 중심으로 한 체육활동이 성행하였다. 이러한 사실은 삼국의 시조가 모두 무인이며 또 삼국사기 열전의 인사가 87명인데 그 중 무인이 60명인 것을 보아도 나라의 주인이 무인이었음을 알 수 있다.

이렇듯 시대적 환경이 무예체육의 실행을 촉진하여 마침내 고구려의 조의선인, 신라의 화랑도 같은 동서고금에 빛나는 무인 청년단의 확립을 보게 되었다.

이 시기의 무인들은 검술이나 다른 무술의 기초 수련으로써 태권을 행하였음을 고찰할 수 있는데, 〈해동죽지〉에 '검술은 수술의 묘로부터 나온다.'라고 기술하고 있음은 수술이 검술의 기본이라는 증거의 하나이며, 무예서로서 정평이 있는 〈무예도보통지〉에 의하면 '태권(권법)은 손발을 마음대로 사용하고 사지와 몸의 활용법을 연마시켜줌으로써 무예의 토대가 되며 힘을 양성해 준다.'고 하여 당시의 무인들은 검술의 기본이나 무예의 초보로 태권을 실시하고 있었음을 알 수 있다.

이렇게 우리나라의 무인들은 일찍이 부족국가시대부터 무예의 기본이나 무술의 하나로 태권을 행하였음을 추정할 수 있다. 고대 부족국가시대는 부락의 부족들이 자위상 군장을 맹주로 삼아 그 족장에 복종하는 마음과 아울러 동기 상부하는 사상에 기인한 자치 관념이 점차 발전하여 사회 윤리의 근원이 되고 문화 발달을 촉진한 무사도가 이루어지게 되었다.

그 대표적인 예가 고구려의 '선배'와 신라의 '화랑'이었으며 이들의 심신 단련과 무예 수련의 방법으로 태권도가 행하여졌다고 추찰된다.

2. 삼국시대의 태권도

1) 고구려

(1) 시대적 배경

고구려의 영토는 백두산을 중심으로 한반도의 한강 이남을 제외한 전역과 중국의 만주 대륙을 포함하는 방대한 국가였다. 요동에서 동으로 1천여리 떨어져 있는데 남쪽에는 조선(낙랑), 예맥(동예), 동쪽에는 옥저, 북쪽에는 부여와 접하고 있으며, 큰 산과 깊은 계곡은 많지만 언덕과 못은 없다고 되어 있다. 산골짜기를 따라 산골 물을 마시고 살았지만 좋은 밭이 없어 힘써 일해도 배를 채울 곡식이 모자랐기 때문에, 고구려는 건국 초기부터 생존권을 확보하기 위해 주위의 많은 강적들과 투쟁을 계속하여야 했다. 그 까닭에 자연히 무예를 숭상하고 용맹을 좋아하며, 신라나 백제보다 기력이 호전적인 국가가 되었다.

고구려의 이러한 지리적 조건과 사회환경은 그들에게 강력한 군사력을 필요로 하게 만드는 요인이 되었고, 이러한 과정에서 고구려 지배층의 군사조직은 더욱 견고해졌다.

사실 비옥한 농토나 평야는 한의 군현이나 그 영향력 아래 있었고, 이와 같은 사정으로 인해 고구려는 그들과 싸워서 이겨야만 살 수 있었다.

따라서 고구려인들은 평상시에도 전투적인 훈련에 전염했는데, 그것이 그들에게 가장 큰 생산수단이었기 때문이다. 그들은 국내에서 만족할 수 없는 생산의 부족을 전쟁에 의존하여 보충해야만 했다. 그러므로 고구려 시대는 국민개병제뿐만 아니라 직업적 무인들이 절대적으로 필요했다는 것을 알 수 있다.

또한 고구려인들의 전투적인 기질과 영토 확장에 대한 야망은 결국 생존권의 확보에만 그치지 않았으며 마침내 고구려를 동북아시아의 강대국으로 발전시키는 결정적 요인이 되기도 하였다.

고구려를 건국한 주몽은 그 나이가 7세 때 남달리 뛰어나서 스스로 활과 화살을 만들어 쏘았는데, 언제나 백발백중이었다. 부여의 말 중에는 주몽을 '활 잘 쏘는 사람'이라 하는 까닭에 그의 이름을 '주몽'이라 하였다는 기록이 있으며, 주몽을 활뿐만 아니라 말 타기와 기타 무술에도 매우 뛰어났음을 알 수 있다.

주몽은 32년 갑오(B. C 147) 10월 북옥저를 정벌하고 왕으로 오른이후, 비류국을 병합하고 행인국을 정복하는 등 그 세력을 넓게 뻗쳐 나갔으며, 이러한 상무정신의 기반을 바탕으로 하여 동북방의 말갈족을 격퇴시켰다.

주몽에 이어 유리왕 때에는 선비족을 항복시키고, 세력을 점차 확대시켜 송화강 유역 일대에서 중국세력과 우호관계를 맺고 부여를 격파하여 대외진출의 기반을 넓혔으며, 대무신왕(A. D. 18~44)대에는 이러한 인근 지역에 대한 통합정책을 보다 강력히 추진하여 개마국, 구다국, 낙랑국을 차례로 병합시켜 영토를 넓혀 나갔다.

이와 같이 서서히 성장하던 고구려는 태조 왕대를 맞이하면서 강력한 대외팽창정책을 추진하여 중국과의 본격적인 충돌이 시작되었다. 태조왕은 먼저 갈사국, 조나국, 주나국을 차례로 정벌하여 압록강 동가강 유여그이 작은 나라들을 완전히 통합하였으며, 동옥저를 정복하여 그 영역을 동해안까지 넓히고, 남으로는 청천강 상류지역까지 진출하게 되었다.

이로써 고구려는 동해연안의 풍부한 물자를 공급받을 수 있게 되었고, 중국과의 투쟁에 있어서도 하나의 후방기지를 얻어 배후 및 측면으로부터의 위협을 막게 됨으로써, 중국에 대한 적극적 공세를 취할 수 있게 되었다.

또한 제19대 광개토왕은 우리나라 역사상 유래 없는 영용한 임금이었는데, 그는 태자 때부터 이미 용맹을 떨쳐 남 북정벌에 결코 실패하는 일이 없는 맹장으로 이름나 있었다.

광개토왕 당시 고구려는 만주대륙의 완전한 주인이 되었으며, 건국 당시부터 숙원이던 고조선의 옛 땅을 완전히 통일하였다.

광개토왕은 즉위하자마자 곧 대방공략전을 펴 백제의 북면 지역인 석현 등 10여 성을 취했고, 396년에는 수군을 이끌고 파죽지세로 밀고 들어가 백제의 수도로 진격하였다. 또 398년에는 서쪽 산서성까지 진격하여 태원에 주둔하고 있던 북위의 탁발규를 쫓아버리고, 이 지역에 고구려 주민 46만 명을 이주시켰다.

이와 같이 고구려가 동북아시아의 강대국으로 등장한 것은 단순한 패기와 의지의 소산이라기보다는, 오랫동안 계속된 중국과의 치열한 전투를 치르고 얻은 대가였다. 이것은 고구려인의 적극적이고 진취적인 기상과 고조선의 옛 땅을 회복하려는 '다물주의'정신을 철저히 실천한 결과였다.

또한 광개토왕의 뒤를 이은 장수왕은 부왕의 정복사업을 계승하여 475년 백제의 한성을 포위하여 한강 전 지역을 점령하고 죽령, 조령 일대로부터 남양만을 연결하는 한강 이남지역까지 그 판도를 넓혔다. 따라서 광개토왕 이래 장수왕 말년에 이르기까지 고구려는 만주와 한반도에 걸친 광대한 영토를 정복하고 안으로는 제도가 완비된 대제국을 건설하게 되었다.

또한 영양왕 때에는 수나라의 문제와 양제의 4차에 걸친 침범을 막아냈는데, 사실 고구려는 수나라의 문제가 조공을 바치라는 오만불손한 글을 보내오자 영양왕 9년부터 본격적인 전쟁상태에 들어갔던 것이다. 그러나 사전에 치밀한 계획을 세운 고구려는 수군으로 수의 보급선을 격파하면서 성을 중심으로 지구전을 폈고, 군수물자의 수송이 두절된 상태에서 갈팡질팡하던 수나라 군대를 거의 섬멸시킬 수 있었다.

수문제에 이어 수양제는 100만이 넘는 대군을 이끌고 쳐들어 왔으나, 을지문덕 장군의 유도작전에 말려들어 살수에서 크게 패하고 말았다. 수나라는 그 뒤로도 두어 차례 공격을 시도했지만, 결국은 내란에 휩싸여 망국의 길을 걷게 되었다.

또한 당 태종에도 645년에 이세적이 총사령관이 되어 고구려에 쳐들어 왔는데, 이때 당의 동맹군으로는 거란병과 말갈병이 있었고, 신라는 고구려의 수곡성까지 진격하였다. 그러나 안시성에서 4개월 동안 고구려의 양만춘 장군에게 발이 묶여 추위와 군량부족으로 군대가 더 이상 머물 수 없게 되자, 당 태종은 안시성 공격을 포기하고 물러갈 수밖에 없었다.

이처럼 여러 차례에 걸친 수 당의 공격을 물리친 고구려인들의 기개와 더불어, 나라를 지키고 국력을 신장하여 그 세력을 넓히기 위해서는 반드시 무인들이 필요한 것이 시대적, 국가적 요청이었다.

비옥한 평야가 없는 척박한 땅에 자리 잡은 고구려는 국가로서 어느 정도 기반이 잡힐 때까지 이웃 부족국가들을 공격해야만 했으며, 또 국가의 기틀이 잡힌 후부터는 남에게 빼앗기지 않으려는 방어전을 펼쳐야 했다. 이런 이유 때문에 고구려 국민들은 항상 신체단련과 무예훈련을 소홀히 하지 않았고, 또 일반적인 여흥이나 오락에서도 신체 단련과 아울러 무예시범경기나 시합을 했던 흔적이 남아 있다. 더구나 무인들의 가장 기본적인 기초체력 연마를 위해 맨손 격기가 성행 했으며, 특히 태권도가 그 당시에 이미 유행했던 사실이 오늘날까지 남아 전해지고 있다.

(2) 고구려의 '선배'와 택견

고구려는 원래 주위의 한족과의 투쟁 과정에서 성장 발달하여 신라나 백제보다 기력이 있고 호전적인 국민이었다.

고구려는 초기에 국가체제를 갖추기 시작한 2세기경 태조대왕과 차대왕의 2대에 걸쳐 '선배'라 는 강력한 무사단을 형성하였는데 이는 국가의 강성과 중앙 집권 체제의 강화를 위해 창설된 것으로 풀이된다.

역사책에는 '선배'를 선인, 조의선인, 백의선인, 예속선인이라 기록되어 있다.

여기서의 선인은 선배의 소리말 '선'이요 인은 '선배'의 배의 뜻을 빌려 쓴 이두문이며, 백의, 조의는 우두머리의 옷과 빛깔, 예속은 무사 모의 깃 절풍에서 유래한 것이다. 학자들 간에 선인을 관직으로만 보는 견해가 있으나 발해사에 선인을 '사정병'이라 하고, 〈삼국사기〉에 '선비는 싸움에 당하여 물러서지 아니한다.'고 한 것을 보아도 선인이 '선배'라 부르던 무사단에서 유래한 이름임을 알 수 있다.

〈해상잡록〉 에서도 '명림답부 연개소문은 조의 선인 출신이다. 라고 하였고 또 연개소문의 아들남생이 '총명하여 9세에 선인의 한 사람이 되었다.'하였으니 그 사실로도 선인이 단순한 관직명이 아니고 무사단 '선배'에서 비롯된 것임을 알 수 있다.

〈조선상고사〉에는 이에 대해 태조 때에 와서는 매년 3월, 10월에 신수두 대제에 모든 군중을 모아 칼로 춤추고, 활도 쏘며, 앙감질도 하였다. 또는 수박도 하며, 강의 얼음을 깨고 물속에 들어가 물싸움도 하였다. 가무를 연하여 아름다움과 추함을 보며, 대수렵을 행하여 그 잡은 양의 많고 적음을 보아 그 내기에서 승리한 사람을 '선배'라 칭하고 선배된 사람에게는 국가에서 녹을 주어 그 처자의 생계를 유지케 하여 가실에 누가 없게 하였다. 또 '선배'된 자는 각각 무리를 지어 한 집에서 먹고 자며, 고사를 외우고 학예를 익히며 삼수를 탐험하거나 성곽을 쌓거나 도로를 닦고 군중을 위하여 강습하거나 일신을 국가와 사회에 바쳐 모든 어려움을 사양치 않았다.

고구려 당시에는 각종 지위가 출신에 의한 세습제였으나 오직 '선배'만은 출신의 미천이 없이 학문과 기술로 개인의 지위를 정하는 까닭에 인물된 사람이 그 중에서 가장 많이 나왔다.

이로써 고구려에서는 문과 대등한 무의 위치를 엿볼 수 있고, 오히려 무예를 중요시 하는 진취적인 상무정신이 더욱 두드러져 있음을 볼 수 있다. 무를 중시한 고구려에서 무예의 근간인 택견이 으뜸의 위치를 차지한 것은 당연한 것으로 생각된다. 이러한 사실을 고증할 수 있는 유적으로는 통구에서 발견된 고구려 시대 고분인 삼실총, 무용총, 각저총의 변화를 들 수 있다. 이들 고분에서는 고구려인들의 생활 풍속을 나타낸 그림이 섬세하게 그려져 있는데 삼실총 제3실 서벽에는 무사가 맨손으로 무예를 수련하는 모습이 그려져 있고 무용총에는 현실과 주실 천정에 각각 두 장사가 겨루고 있는 그림 즉 쌍방이 공격하려는 순간의 광경을 기운찬 필치로 그리고 있다.

2) 백 제

(1) 시대적 배경

한반도 중서부 지역을 차지한 백제는 온조왕대에 북으로 예성강, 동으로 춘천, 남으로 익산, 서로는 서해안에 이르는 광역을 확보하고, 마한지역을 병합해 나가면서 꾸준히 자기 발전을 이룩하였다. 그리고 고이왕대에 이르러 고대국가로서의 위용을 갖추고 동아시아의 해상 왕국을 향해 힘차게 그 나래를 펼치기 시작했다.

백제가 차지했던 한반도 중서부 지역은 극히 중요한 전략적 요충지로서, 이 지역을 차지한다는 것은 곧 한반도의 패권, 나아가 해상세력으로서 국제진출이 가능하게 되는 거점을 확보한다는 점에서 매우 중요했다. 그러므로 당시의 북방세력뿐만 아니라 이웃의 고구려, 신라도 이 지역으로 진출하기 위해 안간힘을 썼던 것이다.

초기 백제사는 동북쪽에서 침략해 오는 말갈과, 북쪽 국경을 접하고 있던 낙랑과의 전투 기록으로 점철되어 있다. 백제는 이러한 북방지역에서의 전투 외에 진한 지역을 배경으로 꾸준히 성장해 온 신라와도 동부지역에서 영토전쟁을 치루어야 했다. 백제 신라의 전쟁은 백제의 역사가 막을 내리는 그날까지 일진일퇴를 거듭하는 장기적인 양상을 보였다.

이처럼 백제사는 끊임없는 전쟁의 연속이었다.

백제를 건국한 구성원은 북방으로부터 온 유민으로서, 경기도 광주에 위치했던 백제는 바로 온에 의해 세워졌으며, 백제로 된 것이다. 따라서 북방으로부터 내려온 유민은 부여로써 고구려의 기질과 풍습을 이어받았을 것이며, 또 용맹성과 투지력을 갖고 있었을 것이다. 이런 성격을 가진 백제는 치열한 공방전을 벌이고 있었던 신라와 3대 기루왕 45년에 국교를 맺고, 고구려와 힘을 합쳐 현도를 공격하기도 해서 결국 낙랑이나 현도는 만주 북쪽으로 밀려나게 되었다. 현도를 공격한 것으로 보아, 당시 백제의 수군은 서해안에서 막대한 힘을 갖고 있었다고 봐야 할 것이다.

3대 기루왕 45년에 막을 열게 된 백제의 해상진출은 9대계왕 때 요동만 서쪽 해안에 근거지를 만들고 10대 분서왕 때에는 요동반도 남부에 자리 잡고 있던 낙랑군의 서현을 급습하였다. 낙랑군은 서쪽으로 백제, 동족으로 요동의 고구려 사이에서 시달리다가 고구려 15

대 미천왕 14년에 멸망하게 되었다.

동이전에 의하면, "백제는 동북으로 신라에, 서쪽은 바다 - 서해 필자주 - 월주에, 남으로는 바다 건너 왜국에, 북으로는 바다 건너 고구려에 닿았다"는 기록이 있는 만큼, 백제는 중국의 혼란기를 틈타 절강 해안의 요새를 점거하고 군대를 주둔시키는 등 그 세력을 크게 진출시켰던 것을 알 수 있다.

따라서 백제는 한반도내에서 크게 세력을 떨친 고구려와 마주칠 수밖에 없었고, 백제 세력과 고구려 세력은 예성강에서 마주치게 되어 양국 간에 한 치의 양보도 없이 충돌을 거듭하여 한반도에서의 세력다툼이 치열했던 것이다.

한반도는 고구려, 백제, 신라가 정립된 이래 서로 한 치의 양보도 없는 끊임없는 싸움터였다.

기존의 국사는 우리나라 삼국시대에서 중국대륙과의 관계랄 고구려의 역사에만 한정하였고 백제는 중국과 왜와의 왕래정도로 알려졌는데. 중국의 사서는 백제의 중국대륙 진출을 자세히 기록 해 주고 있다. 즉 〈송서〉의 백제전, 〈양서〉의 백제전, 〈구당서〉의 동이전, 문헌비고, 만주원류고 등이 그 예이다.

백제가 한반도에서 가장 큰 승리를 거둔 때는 13대 근초고왕 때일 것이다.

근초고왕은 위대한 정복군주로서, 그동안 점차 축소되어 가던 마한을 멸하여 전라도 남해안까지 그 영역을 확대하고, 가야 지방을 세력권 안에 넣었으며, 다시 북으로 진출하여 369년에는 태자 근구수를 보내 백천 전투에서 고구려 군을 격파하고 5천여 명을 포로로 잡았으며, 371년 겨울에는 근초고왕 자신이 태자와 함께 정병 3만 명을 이끌고 고구려의 평양성까지 쳐들어가서 마침 이곳을 순행하던 고국원왕을 전사시켰다.

또한 369년에는 왜왕에게 칠지도를 하사함으로써 4세기부터 북규슈에 있던 백제의 후국에 대한 지배권을 확인했다.

이후에 백제는 475년 고구려 장수왕의 침략으로 개로왕이 죽음을 당했고, 문주왕이 국도를 웅진으로 옮기면서 세력이 위축되었다. 고구려의 끊임없는 남진정책으로 인해 신라도 위협을 느끼게 되자 백제와 함께 나제동맹을 맺고 고구려의 침략에 공동대처 할 것에 합의했다.

백제의 위축을 극복하고 고구려에게 당했던 복수를 꿈꾸며 전쟁준비를 진행시킨 성왕은, 즉위한지 16년 만에 다시 도읍을 웅진에서 사비성으로 옮기고 국호를 남부여라 하는 등 강성했던 옛 백제의 모습을 회복하고자 했다.

마침 548년 정월 보름에 고구려가 남침해 오자 성왕은 신라의 동맹군과 함께 고구려군을 격퇴하였고, 551년에는 백제 신라 두 나라가 힘을 합해 고구려의 통치하에 있던 한강유역 일대를 공격하였다. 이때 성왕은 백제군과 가야군의 일부를 친히 거느리고 고구려를 공격하여, 드디어 개로왕 이래의 숙원이었던 한성을 탈환하였다. 성왕은 다시 한강을 건너 북진을 계속했고, 개로왕의 패사 이후 76년간 고구려의 통치하에 있던 북한산성과 그 주위의 6군의 옛 땅을 수복하게 되었다.

그러나 백제의 동맹국이었던 신라의 진흥왕은 백제의 승리를 이용하여 죽령 이후 고현 이남의 10군의 땅을 자기의 영토로 삼았으며, 76년 만에 회복한 백제의 남한산성과 북한산성, 주위의 6군을 재빨리 탈취하여 120년 동안 이어졌던 나제동맹의 국제적 신의를 무참히 짓밟아 버리고 말았다.

이에 격분한 성왕은 동왕 32년 왕자 여창과 함께 신라의 영토까지 깊숙이 쳐들어갔다. 그러나 신라군들에게 포위당해 결국은 체포되기에 이른다. 몸은 백제에 돌아가고 목은 경주 북청 계단 밑에 묻히게 된 성왕의 비참한 최후는 곧 백제의 세력을 회복해 보겠다는 오랜 염원이 좌절 되고 말았다.

성왕 이후 백제의 중흥을 꾀한 왕으로는 무왕이 있으나, 그는 말년에 사치와 유흥에 빠져 있다가 승하하니 결국 백제의 꿈은 무산되고 말았으며, 의자왕을 끝으로 백제는 슬픈 비운을 맞이하게 된다.

그러나 황산벌 전투에서 나 당연합군에 맞서 끝까지 싸우다 전사한 백제의 계백장군과 5천 명의 결사대는 백제 무사의 구국정신을 나타내 주었으며, 그것은 오늘날까지 영원한 역사의 귀감으로 남게 되었다.

이와 같이 백제는 678년 동안 그 웅장한 기상과 용맹성을 중국 대륙에까지 뻗쳤을 뿐만 아니라 해상권을 장악하였고, 일본을 공략하기도 했으며, 중국의 종교, 문화 등을 수용하기도 하며, 중국의 종교, 문화 등을 수용하기도 하며 그것을 일본에 전해 주는 역할도 했으나, 개로왕의 죽음과 함께 몇 번이나 중흥을 꾀하려다 결국 실패하고 말았다. 백제의 멸망으로 이후 우리 민족의 활동무대는 한반도 안에 갇혀버리게 된다.

백제는 1대 온조왕부터 31대 의자왕에 이르기까지 678년의 역사를 지내오는 동안 온조왕, 고이왕, 근초고왕, 성황, 무왕 등 뛰어난 영주들이 나라의 중흥과 백제의 국위를 천하에 떨치는 데 이바지 하였다. 그러나 이들 뛰어난 임금이 통치하던 시대는 나라의 힘을 강성하게 만드는 막강한 군사력이 있었을 것이며, 이들 군사들을 용맹스럽고 날랜 무사로 만들기 위해서는 뛰어난 장수, 무인들이 있었을 것이다.

근초고왕 때 고구려 적진에서 왕자 근구수를 구해 낸 막고해 장군의 이야기는 위의 사실을 잘 말해 주고 있다. "백제 명장 용졸은 수벽타의 명수들로서 농군들의 수벽타 와 함께 백제를 지키는 데 공헌한바 컸다. 그 중에서도 뛰어난 장군이 있었으니 그가 바로 명장 막고해 장군이다. 막고해는 수술이 능할 뿐 아니라 기마에 선수였다. 근초고왕이 26년 군사를 이끌고 고구려를 공략할 때, 농민은 농구를 놓고 칼을 잡았고, 편전회와 수벽타로 익힌 몸을 가지고 전쟁터로 달리는 사기는 하늘을 찌를 듯 충전했다고 한다.

이 내용을 간추려 보면, 막고해 장군은 왕을 호위하는 장군인데 근초고왕의 왕자인 근구수가 고구려의 적진 깊숙이 들어가서 생명이 위태롭게 되자 막고해 장군이 포위망을 뚫고 들어가서 왕자의 목숨을 구하고 고구려의 왕인 고국천왕을 죽였다는 무용담이다. 이는 [삼국사기] 근구수왕조의 기록과는 다소 차이가 나지만, 백제 무사들이 용맹성과 진취성을 살펴볼 수 있는 좋은 예이다.

다음으로 계백장군과 백제부흥의 중심적 역할을 담당했던 복신, 흑치상지, 승 도침을 통해서도 백제의 무인정신을 살펴볼 수 있다.

특히 계백장군은 지와 용과 덕을 겸비했던 장수로서, 지휘력이 탁월하여 신라와 맞붙었을 때 5천의 결사대로 5만의 대군을 맞이하여 4차례나 격퇴시켰다는 점에서 지휘관으로서 그의 위력과 부하들의 복종심을 알 수 있다. 또 삼국시대는 불교가 성행했던 시대였으므로 불교의 살생을 금하는 덕목이 계백장군으로 하여금 무용한 살생을 피하도록 한 유명한 일화가 있다.

즉 적장 관창이 돌진하여 왔다가 포로가 되었을 때, 계백은 그가 나이가 어린데도 용감히 왕사에 진충하는 것을 보고 측은한 생각이 들어서 죽이지 않고 돌려보냈던 것이다. 또한 계백은 출전할 당시 죽음을 각오하고 자신의 가족이 후일에 적국의 포로가 되어 그들의 노예가 될 것을 염려, 자기 손으로 모두 죽이고 나간 것 등은 당시 사회가 요구하는 공동체에 대한 자기희생의 철저한 정신이라고 볼 수 있는 것이다. 그것은 풍전등화 같은 국운을 앞에 두고 막강한 신라대군을 맞아 싸우는 죽음의 출정에서 당시 무인이 취할 수 있는 유일한 길이었을 것이다.

그는 이와 같이 대를 위해 소를 희생할 수 있는 대장군으로서의 자신이 긍지를 잃지 않았으며, 나이 어린 적장 관창의 용감성을 기특히 여겨 돌려보내는 아량을 배풀기도 했지만 관창이 재차 돌격해 오자 그의 목을 배게 함으로써 연민과 인정의 한계를 명확히 하여, 절제있는 지휘관의 역량을 보여주었다.

백제에는 수많은 명문대작이 있었겠지만 국가의 최후를 장식한 충절은 오직 계백과 그의 5천의 결사대, 그리고 낙화암에 꽃처럼 떨어진 3천 궁녀만이 역사에 남아 있다.

백제멸망 후에 부흥운동을 벌였던 흑치상지와 복신, 승 도침 등도 백제의 무인정신을 살펴볼 수 있는 주요한 인물들이다. 이들은 백제 부흥운동을 지도하여 많은 무리들을 불러 모아 조직적으로 저항하는 위력을 보여 주었다.

흑치상지는 백제가 항복한 후에도 200여 성을 되찾았으며, 무왕의 조카인 복신은 군사를 거느리고 승 도침과 함께 나 당 연합ㄱ군에 4년간 저항하였다. 그러나 백제 부흥운동을 지도하며 많은 무리들을 불러 모아 조직적으로 저항하는 위력을 보여 주었다.

흑치상지는 백제가 항복한 후에도 200여 성을 되찾았으며, 무왕의 조카인 복신은 군사를 거느리고 승 도침과 함께 나 당 연합군에 4년간 저항하였다. 그러나 백제 부흥운동 세력간의 갈등과 내분으로 말미암아 백제 부흥군의 본거지였던 주류성이 함락 당하자, 백제의 부흥운동은 여기서 끝나고 말았다.

나라가 망하고도 다시 부흥시키기 위해 4년 동안 그것도 조직적으로 나 당 연합군의 발을 묶어 놓고 저항을 했던 복신과, 중이면서도 부흥운동에 가담한 도침 등을 생각할 때 의자왕이 좀 더 버티어 주었었다면 하는 역사적 가정을 해보는 것이다.

(2)백제의 태권도

백제에서의 태권도 실시에 대한 실증은 희박한 편이나, 삼국이 세력다툼을 하던 시대인 만큼 태권도가 고구려와 신라에서 행해졌고 후일 고려에 전승된 점으로 보아 백제에서도 다른 무예와 같이 수박이 행해졌다고 볼 수 있다.

건국 이래 공격과 방어의 전쟁이 끊임없이 이어졌던 백제에서 무예의 필요성은 다른 국가와 마찬가지로 중요했을 것이다. 더구나 삼국은 같은 시대에 서로 호각지세를 이루었으므로 이웃 나라의 정보에 민감했을 것이다. 따라서 백제는 고구려의 선배제도가 청년 무사단체이며 또한 신라의 화랑제도가 있다는 것을 알았을 것이다.

백제는 인접국인 신라에서 화랑도에 의한 국력배양에 총력을 기울이자, 농경민을 주축으로 하는 향토방위 체제를 갖추고 유사시에는 농군이 출전하여 나라를 지켰다. 오늘날 농사짓는 사람을 '농군'이라 하는 말은 농사꾼이나 농부에서 유래되었다기보다는 백제의 농군에서 유래되었다는 추측이 가능한 것도 지리적 사정을 고려해 볼 때 타당성이 있다.

백제가 한창 전성기였을 때 강력한 해상권을 유지하기 위해서는 전문적인 수군이 필요했을 것이고, 백제의 지리적 위치가 서해와 남해를 접한 것으로 보아 어촌에서는 자연히 무예에 익숙한 장정들이 많았을 것이며, 그런 전문적인 수군이 있었을 가능성도 전혀 배제할 수도 없지만, 아마도 농군의 조직은 백제 후기의 조직이 아니었나 생각된다.

백제는 외세의 침공을 방지하는 데 온갖 힘을 기울였고, 그로 인해 백성들은 말타기와 활쏘기를 즐겼으며 격검술이 널리 성행했다. 특히 고구려에서 힘찬 태동을 본 태껸은 백제의 이르러 이웃 신라와 함께 태권의 개화기를 맞게 되고 부락마다 태권에 의한 우열을 가름하는 민속놀이가 유행하였다.

또 농군들의 심신단련의 방법과 국력증강을 목적으로 도수공권의 태권을 수련했음이 「해동운기」에 오늘날 '수벽타'로 전해져 소개되어 왔으며, 전라남 북도에 10여년 전까지 전해 오는 달맞이 집싸움에서 그것이 역력히 입증되고 있다.

백제의 민속놀이 가운데 가장 두드러진것은 강강수월래로, 달 밝은 한가위에 목청이 좋은 여자가 선창을 하면 후속으로 나머지 사람들의 합창이 벌어지는 여자들의 놀이이다. 손에 손을 잡고 둥근 원을 돌며 몇 백리라도 좋은 무한대의 원을 그리는 이 놀이는 아낙의

놀이에서 그치는 것이 아니라 스포츠나 레크레이션으로도 큰 효과가 있었을 것이다.

강강수월래는 원래의 뜻이 강강의 강은 '둥글다'는 호남방언에서 유래했고, 술래는 순라에서 변형된 것으로 '경계한다'는 의미를 포함하는 일종의 전략놀이였다. 일설에는 임진왜란 때 이순신 장군이 적군에게 군대세력을 과시하기 위해 일종의 시위 역할로 사용했다고 전해오지만, 실은 농군의 아낙네들이 생각해 낸 향토방위의 한 방법이었을 것이다.

남성들도 이에 못지않는 놀이로서 마을과 마을의 힘센 장정들이 무기 없는 도수, 공권의 수벽타 사움을 벌려 강한 자는 마을의 영웅이 되고, 유사시에는 군졸의 장이 되기도 했다. 이러한 내용의 민속은 전라남도 순천지방에서 정월 대보름에 즐기던 달맞이 집 싸움에서 찾아볼 수 있고, 「해동운기」에서 수벽타를 소상히 기록한데서 역사의 고증은 더욱 뚜렷해진다. 「해동운기」에 나타난 기록을 보면 "옛 풍습에 수술이 있는데 마치 칼쓰는 것과 같다. 척장군은 그것을 병법으로 가르쳤다. 두 손이 왔다 갔다할 때 만일 한 손이라도 법에 어긋나면 눈 깜빡할 사이에 머리가 떨어진다"고 하여 백제에서 수벽타가 행해졌음을 알 수 있는 것이다.

또한 남쪽 지방에는 그곳의 특산물인 대나무가 자라고 있어서, 달이 뜨는 명절에 마른 솔잎과 장작을 밑에 놓고 그 위에 대나무 짐을 지어 달이 떠오름과 동시에 불을 당겨, 남녀노소가 그 불 주위를 돌면서 새해의 풍작을 기원하고 마음에 품은 소원을 빌었다. 이때, 솔잎이 타서 장작에 불이 붙고 대나무로 지은 집에서는 요란한 굉음을 내며 밤새도록 '꽝'하는 대나무 터지는 소리가 계속되는데, 이때를 기다려온 마을은 환성이 오르고 축제는 절정에 이르게 된다. 여기서 주목할 점은 폭죽놀이가 아니고, 이웃의 젊은이들의 소해에 근원이 된 편전회 이다.

폭죽을 즐기기 위해 마을마다 달맞이 집을 며칠씩 걸려서 완성을 하고 달이 뜨는 순간을 기다리며, 마을이 축제 분위기로 들떠 있을 때 다른 마을의 패거리들이 몰래 숨어 들어와서 달도 뜨기 전에 남의 마을 달맞이 집에 불을 붙여 버리므로 달을 기다리던 마을 사람들을 낭패로 만드는 짓궂은 짓을 한다. 그래서 이를 복수하려고 힘쎈 장정을 골라 대비하였다가 그 다음해 정월 대보름에 복수를 시도하게 된다. 이러한 장난이 거듭되는 동안 마을마다 다른 동네의 젊은 장정들이 들어오지 못하도록 시키게 되었고, 보름날에는 예외 없이 불을 당기려는 다른 동네 젊은이들과 달맞이 집을 지키려는 동네 젊은이들 사이에 치열한 공방전이 벌어졌던 것이다.

이렇게 하여 평소에 잘 훈련된 수벽타로 서로 겨루는 싸움이 벌어졌고, 이를 성원하는 남녀노소 앞에서 겨루는 장면은 장관이다. 이 때 무기나 돌을 사용하지 않는다는 것은 불문율로 되어 있어 맨손과 맨발에 의한 태권이 사용됐으리라는 추측이 가능해진다.

나현성은 "삼국이 다 같이 개인의 호신술인 각저, 수박 등의 경기 적이고 유희적인 무술을 하였다"고 지적하고 있고, 또 백제의 대좌평 지적 등을 일본 조정에서 초청하여 일본 건아들과 상박을 하였다는 기록을 통해서도 백제시대에 태권이 행해졌음을 알 수 있다.

이상으로 백제시대의 태권도를 백제의 민속놀이를 중심으로 훑어보았다. 그러나 그 기록이나 실증이 명확한 고증을 얻어내기에는 모호한 점도 있다. 다만 이웃 나라인 고구려나 신라에서 태권도가 행해졌다는 점과 비교해 볼 때, 백제도 고구려나 신라처럼 젊은 무인들의 단체인 선배제도나 화랑제도 같은 뚜렷한 제도가 존재했다는 사실은 발견되지 않았지만, 이웃 나라의 영향을 받지 않을 수도 없었고 또한 스스로 나라를 지키기 위해서는 강력한 군사조직이 필요했을 것이다.

그러므로 백제는 두레조직이나 국민개병제로서의 농군제도에서 그 군사조직을 훈련시키거나 신체단련을 시킬 때 반드시 맨손 도수훈련이나 체조를 했으리라는 것을 감안한다면 백제에서도 태권도가 실시되었다고 할 수 있다.

3) 신라

(1)시대적 배경

한반도의 동남방 지역에 위치했던 신라는 B.C 57년 박혁거세에 의해 서라벌을 기반으로 세워졌다.

역사책에서는 흔히 고구려, 백제, 신라의 3국 중 신라의 건국이 가장 빨랐던 것으로 되어 있으나 이는 신라, 고구려 이어지는 정통사상에 의한 후세의 조작에서 나온 것이다.

신라라는 명칭은 본래 삼국지위지에 표현되는 사로, 삼국사기와 삼국유사에 나타난 서벌, 서나벌 등에서 비롯된 것이었다. 신라는 처음에 경주를 중심으로 한 조그만 부족국가였으나, 북으로부터 이동해온 유이민을 받아들이면서 부족연맹의 세력을 형성하게 되고 박, 석, 김의 3성이 교대하여 나왔던 것이다. 그 후 4세기 말엽인 17대 내물왕 때부터 지배세력이 강화되어 고대국가의 기초가 성립되기 시작했다.

B.C 57년부터 A.D. 935년까지 천년동안 이어진 신라의 역사를 간략히 정리해보면, 1기부터 5기까지의 시대구분을 할 수 있다. 1기는 17대 내물왕 이전의 시기, 2기는 내물왕부터 22대 지증왕, 3기는 23대 법흥왕부터 28대 진덕여왕까지, 4기는 태종무열 왕부터 36대 혜공왕 까지, 5기는 선덕왕부터 마지막 56대 경순왕까지로 나눌 수 있다.

제1기는 경주평야에 자리잡은 급량, 사량, 보피, 모량, 한저, 습비등 6개 씨족의 후예들이 모여 구성된 사로국이 신라의 모체로서 형성되어, 이 사로국의 최초의 지배자는 박혁거세였다. 그는 급량 출신으로, 사로국의 지배자는 급량에서 선출되었음을 추측할 수 있다. 후에 동해안 지방을 지배한 석탈해가 세력을 잡았으나 그도 역시 연맹관계를 벗어나지 못했다. 즉 서거간, 차차웅, 이사금이라는 지배 칭호는 바로 존장자, 무, 계군의 성격을 가졌던 것이다.

제2기초인 내물왕 때는 왜군의 침입을 자주 당하여 399에는 광개토왕이 군사를 지원하여 신라의 침입한 왜군을 몰아내는등 고구려의 보호를 많이 받았으며, 이때 신라는 고구려의 발전된 문화와 고구려를 통해 중국의 문화를 도입하면서 차차 성장해가는 계기를 마련했다.

제3기에는 들어서면서 신라는 커다란 발전을 보게 되었다. 520년에 율령과 관제가 반포되고, 528년에는 불교를 공인하면서 국가체제를 크게 정비하였다. 또 532년에는 낙동강 하류 지역에 진출하여 금관가야를 정복하고 백제와 연맹관계를 맺어 백제를 통하여 양나라와 교역하였으며, 이때부터 중국 남조의 문화를 받아들이면서 발전을 거듭하게 되었다. 551년에는 백제와 함께 북진하여 한강 상류지역을 정복하였고, 533년에는 백제가 정복했던 한강 하류지역을 탈취하여 백제를 포위하였다.

이러한 신라의 팽창은 낙동강유역과 한강유역의 비옥한 땅을 소유 하게 되어, 백제를 억누르고 고구려의 남진 세력을 막게 되었을 뿐만 아니라 인천만에서 수나라, 당나라와 교류하여 이들과 연맹관계를 맺고 삼국의 정립을 꿈꾸게 된다. 이때의 신라의 팽창은 이른바 진흥왕 순수비인 4비가 증명해 주고 있다.

수 당과 연맹을 맺은 신라는 드디어 661년에 백제를 멸망시켰고, 여러 차례에 걸쳐 고구려를 공격한 결과 668년에 이를 멸망시켜 삼국을 통일하였다.

제4기는 삼국통일 후 백제 전부와 고구려의 일부를 포함한 전국 행정구역의 편제를 비롯해 여러 가지 개혁을 서두르고, 밖으로는 당과의 관계가 더욱 긴밀해져 성당문화가 물밀듯이 들어와 신라문화의 전성기를 이루었다. 그러나 전성기를 맞이하면 반드시 문물 풍속이 패악해져서 나라는 기울기 마련인 것처럼, 신라도 그 동안의 정신적 지주였던 화랑제도를 폐지하고 온갖 부패와 향락에 빠져 쇠랑기에 들어서게 된다.

제5기는 150년 동안 20왕이나 교체되었으며, 왕권을 둘러싼 중앙 귀족간의 다툼이 심했다. 그리고 각 지방에는 도둑이 일어나고 특히 해적들의 행패가 심하여, 이를 토벌하기 위해 활약한 장보고는 오히려 해상권을 쥐고 흔들었다.

이처럼 안과 밖의 혼란이 심했으며, 892년에는 견훤이 후백제를 세웠고, 901년에는 궁예가 후고구려를 세워 후삼국시대가 출현하였다. 그 후 개성과 예성강 지역에서 성장한 왕건이 궁예를 내몰고 왕위에 올라 국호를 고려라 하니, 이는 곧 고려의 태조이다. 신라는 이에 항복하여 완전히 망했으며, 고려는 후백제까지 합쳐서 후삼국을 통일하였다.

이상으로 신라시대를 개괄적으로 훑어 보았다. 여기서 신라가 삼국통일의 위업을 이룩하게 된 정신적 물질적 기반에 대해 살펴보기로 하자.

신라가 삼국통일의 위업을 이룩한 것은 하나의 국가적인 무사단, 즉 화랑제도가 그 밑받침이 됐다. 이 화랑제도는 국선도로서, 토착적인 무속종교와 함께 도교사상의 영향, 불교의 영향을 크게 받았다.

신라의 불교가 공인되기까지는 오랜 시일이 걸렸는데, 그 이유는 귀족들의 강한 반발 때문이기도 했지만 신라인들이 원래 고유의 토속신앙에 깊이 뿌리내린 현세중심의 생활을 해 왔으므로 미래, 즉 내세생활을 이해한다는 것이 어려운 점도 있었으리라 본다.

그러나 오랜 박해 끝에 왕실 중심으로 불교가 국교로 공인된 것은 왕권을 더욱 강화하고 왕권 중심의 지배체제를 유지하는 정신적인 지주로서 불교가 적합했기 때문이었다. 귀족들도 처음에는 화백제도에 의한 회의방식으로 묻는 국사를 처리하며 좀더 강력한 귀족세력을 유지하기 위해, 불교를 도입해 왕권이 강화되는 것을 반대하였다, 그러나 왕권이 강대해지고 세습화되면서, 귀족들도 엄격한 신분제사회에서 윤회전생의 사상이 귀족의 특권을 인정해주는 것을 알자 불교를 인정하게 되었다.

이와 같이 불교가 국교로 공인되면서 신라는 하나의 사상적 구심점을 확립했고, 불교는 호국불교로서 빠른 속도로 확대되었던 것이다.

더구나 불교에 심취했던 진흥왕이 화랑제도를 만든 것을 고려해 볼 때, 화랑도의 성격도 불교사상과 밀접했을 것으로 짐작된다.

여기서 화랑이란 본래 신라에서 생겨난 말인지를 고찰해 볼 필요가 있는데「한단고기」의 기록을 보면 "무술 20년 소도를 많이 설치하고 천지화를 심었다. 미혼의 자제로 하여금 글 읽고 활 쏘는 것을 익히게 하며 아들을 국자랑 이라고 부르게 되었다. 국자랑들은 돌아다닐 때 머리에 천지화를 꽂았으므로 사람들은 이들을 천지화랑이라고도 불렀다"고 하며, "원화는 여랑을 말하고 남자를 화랑이라 하며 또 천왕랑이라고도 하니……"란 기록도 있다. 이것으로 봐서 화랑이란 말은 벌써 신라 이전부터 있었던 것으로 추측되며, 또한 그 당시 화랑의 심신수련 방법이나 소도에서 화랑이 무예를 익혔다는 기록을 통해 신라 진흥왕 때 화랑제도가 처음 조직된 것이라기보다는 이미 전 시대부터 있었거나 아니면 여러 사서나 구전으로 전해져 내려왔다가 신라 진흥왕 때 국력의 확립을 위해 조직됐을 가능성이 짙다.

사실 신라 진흥왕는 활발한 영토 확장과 아울러 신라 웅비의 기초를 이룩하기 위해 화랑도를 제도화하고 그 정신을 국민들의 생활 속에 심을 수 있었다. 당시 신라는 고구려, 백제를 상대로 항상 전쟁을 벌여야 했기 때문에 많은 병력과 훌륭한 인재를 필요로 하게 되었고, 그 인재양성의 방편으로 화랑도를 제도화했던 것이다.

그렇다면 이런 필요에 의해 조직화된 화랑도의 정신, 즉 무사정신은 어떤 것인가 살펴보기로 하자. 전기한 대로 화랑도는 유, 불, 선과 토착신앙이 융합된 정신임을 추측할 수 있으며, 국가의 어려움을 극복하고자 할 때 우선시되는 정신은 충의 사상이 될 것인 바, 이 충은 곧 유교와 상통하게 될 것이다.

특히 화랑도 사이에서 중요시되던 신에 의하여 횡으로는 사회적 결합을 이루고, 그것이 충을 통하여 위로 왕권과 연결됨으로서 유교를 국민을 결속시키는 중요한 사회도덕적 구실을 했던 것이다.

신라의 화랑은 귀족의 자제들 가운데서 선발하여 통상 3년을 하나의 수련기간으로 정하였고, 이 기간 동안 경주 부근의 남산을 비롯하여 금강산, 지리잔 같은 명산대천을 순례하면서 국토사랑의 뜨거운 애국심을 기르는 한편 도의 함양과 심신 연마에 주력하였다.

화랑도가 연마한 도의는 원광법사의 세속오계에 잘 나타나 있는데, 군신유의, 부자유친, 봉우유신, 임전무퇴, 살생유택의 세속오계 중에서도 특별히 중시한 사회 윤리덕목은 '충'과 '신'이었다. 이것은 비단 화랑들만의 덕목이 아니라 그 시대를 살아가는 전 신라인의 덕목이기도 했을 것이다.

이와 같이 삼국통일의 원동력이 되었던 화랑정신은 조국을 배반하지 않고 뜨거운 우국충정을 불태웠던 화랑들의 지고지순한 애국심을 바탕으로 하여 위대한 도약을 꿈꾼 신라의 저력이자 한반도 통일의 원동력이 되었다.

또 삼국통일 이전에 신라의 모든 인재는 이들 화랑도에서 뽑았고, 진흥왕 이후 삼국통일의 대업을 거쳐 역대의 국가 지도자는 거의 모두 화랑도 출신이었다. 특히 삼국통일의 대업을 이룩한 인물로서 김유신은 그 인격과 공적이 널리 알려져 있다.

김유신은 17세에 고구려, 백제, 말갈이 자주 국경을 침범하는 것에 비분강개하여 도적을 무찔러 나라를 평안케 하겠다는 결심을 하고, 장차 출전대비로서 먼저 깊은 산중에 들어가 목욕제개하고 천신께 맹세했으며, 산에서 비법을 익혀 내려왔다는 일화를 비롯해 수많은 일화를 남기고 있다.

그는 35세부터 아버지를 따라 종군을 하면서 그 명을 다한 79세까지 수많은 전쟁터에 나가 싸웠지만, 싸우면 반드시 이기고 공격하면 반드시 빼앗아 언제 어디서나 승리하는 무인이었다. 그는 전쟁을 할 때 3가지의 전투원칙을 반드시 지켰다.

첫째는, 죽기를 각오하고 결사적으로 싸우는 것이다.

그는 싸움터에서는 그 목숨을 버리고 죽기를 결심하고 싸우되, 죽음은 최후가 아니라 싸움의 시작이었다, 따라서 적의 세력이 강한 기색이 보이면 반드시 먼저 결사대를 보내어 용감하게 죽게 하는 동시에, 적의 사기를 꺾이게 하고 아군의 사기를 흥분시켜서 높이게 했다. 무사가 전쟁에서 죽지 아니함을 치욕으로 알았던 그는 아들 원술이 당병과 싸울 때 패배했으면서 살아 돌아온 것을 군법 시행하여 참수하려 했고, 평생을 다시 보지 않았다고 한다.

둘째는, 마음과 힘을 합치는 단결력이다.

김유신의 이 원칙은 절대적이었고, 만일 전쟁이 일어나도 민심이 통일되지 않으면 출정하지 않았다. 그 예로 김유신이 압량군주로 있을 때, 백제의 군사가 쳐들어와도 술만 마시고 있다가 민심이 수습되고 한마음 한 뜻으로 뭉쳤을 때 비로소 출정했던 것이다.

셋째는, 국가에 대한 충성심이다.

김유신은 부하를 설득시켜 복종시키려는 것보다는 자신이 먼저 선봉으로 나가서 싸웠다. 따라서 어려운 일이 있으면 먼저 실천하여 그 문제를 해결했다. 그 예로, 김유신이 상장군이 되어 백제를 치러 갈 때 자기 집 문 앞을 지나가면서도 자기 집을 들르지 않고 50보 밖에 가서야 우물에서 갖고 온 냉수를 마시고 그냥 출발하니 따르는 병사들은 대장군이 저런데 우리가 집안과의 이별을 안타깝게 생각할 수 있겠는가 하고 그대로 출정하였다.

김유신을 통해서 알 수 있듯이, 화랑정신을 기반으로 한 신라 화랑도의 국가에 대한 충성심은 삼국통일의 위업을 이룩하고도 남음이 있었다. 신라에서 김유신 외에도 김춘추, 죽지, 비녕자, 관창 등의 화랑출신 무인들과 통일신라 이후 신라말경 바다를 다스렸던 청해진 대사 장보고의 뛰어난 활약이 널리 알려져 있는데, 이들에 대해서 일일이 소개하는 것은 생략하기로 한다.

이상으로 신라 천년 동안의 역사와 삼국통일의 기반이 되었던 신라 화랑제도의 이모저모를 살펴 보았다.

화랑제도는 진흥왕 37년에 시작되어 삼국통일의 위업을 쌓는데 큰 역활을 했으나, 그 뒤로는 나라의 무사와 인재를 배출할 필요성이 결여되면서 그 성격이 변질되어 버렸다.

(2) 신라의 화랑과 택견

한반도의 남단에 위치한 신라는 건국 초기에는 외적의 침입이 없어 평화로운 생활을 영위하였으나 백제의 건국, 고구려의 침입 등 세력 팽창과 영토확장을 위한 싸움을 시작하면서 무예의 발달을 보게 되었다.

신라의 무예라면 먼저 화랑도의 수련을 대표적으로 들 수 있는데 이는 진흥왕이 고구려의 선배제도를 모방하여 당 12년에 이르러 풍류도, 풍월도란 민간청년 단체를 재정비 강화한 것으로 보인다. 특히 화랑도는 무사도의 용맹과 충, 효를 기초로 국가사회를 위해 헌신하는 희생정신이 강하였으며 원광법사의 세속오계를 바탕으로 삼아 인격도야의 심신단련에 힘써 국가를 이끌어 갈 인재를 많이 배출하였으니 삼국통일에 기여한 김유신, 김춘추 등이 그 대표적인 예이다.

〈조선상고사〉에 기록된 바에 의하면 '국선화랑은 진흥대왕이 곧 고구려의 선배제도를 닮아 온 것이며 신수두단전의 경기회에서 뽑아 학문에 힘쓰며 수박, 격검, 기마, 덕견이, 깨금질, 씨름 등 각종 경기를 하며 원근산수에 탐험하여 시가와 음악을 익히며 공동으로 한 곳에서 숙식하며 평시에는 환난구제, 성곽이나 도로수축 등을 자임하고 난시에는 전장에 나아가 죽음을 영광으로 알아 공익을 위하여 일신을 희생하는 것이 선배와 같다'하였다.

또한 〈팔관회교에는 '진흥왕 12년 고구려와의 전쟁에서 귀화한 혜량을 승통으로 팔관회를 만들었는데 불교의 팔제보다는 민간 신앙의 제천 대회에 가깝고 군사적, 가무적, 수련적 기능을 가진 화랑이 참석했다.'고 하였다.

금강역사상은 경주박물관에 있는 동조인 금강역사상을 보면 공격과 방어의 뚜렷한 자세를 엿볼 수 있다.

특히 석굴암 금강역사상의 주먹모양은 현재의 바른 주먹과 같고 그 밑의 손 모양 역시 현재의 편 주먹과 같으며 동조 금강역사상을 보면 발을 사용한 흔적을 보여주고 있어 현재의 태권도와 상당히 흡사함을 발견할 수 있다.

상기와 같이 사실은 이 시대의 불교가 단순한 종교로서가 아니라 호국사상으로서의 역할을 담당하고 있었으므로 무예를 통하여 호국을 담당하는 무인들의 풍모나 기질이 불교와 영합하면서, 여기서 그들의 모습이 불교 조각에 등장하게 된 것으로 이해한다.

여기서 특히 수박이란 용어와 덕견이(택견이)가 같이 나타남을 보아 지금까지 체계가 불분명하던 태권이 신라로 넘어오면서 손기술과 발기술이 분화되었다고 추측된다. 수박이란 손기술의 명칭으로 무기를 사용하는 무인이나 상류층에 치중된 기술이 검술이나 다른 무술의 기초 수련으로 실시되었고, 일반 평민들은 몸 이외에도 다른 무기가 없었으므로 위력이 강한 발을 중심으로 술을 발전시켰다. 이는 '태견'이란 말이 이두에서 비롯되었다는 것과 후일 이 말이 탁견이란 글자로 표기되었음을 보아도 충분히 짐작할 수 있다.

3. 고려시대의 태권도

1) 시대적 배경

고려 태조 왕건은 고구려의 그 웅대한 번영과 광활한 영토를 의식하지 않을 수 없었고, 그래서 고구려의 영토를 다시 찾고자 하는 웅대한 포부로 국호를 고려라 하였다. 그는 남방의 통일뿐만 아니라 북방 전략에도 상당한 관심을 기울였던 것이다.

태조는 즉위 초에 서북으로 종제 왕식렴을 보내어 평양을 지키게 하고, 또 장군 유금필을 동북면에 파견하여 지금의 안변 이북의 당을 다스리게 하였다. 더욱이 그는 평양을 중시하여 이름을 서경이라 고치고 양가의 자제들을 이주시켰으며, 새로 관부와 관리를 두고 도성을 수축하고 학교를 창설하는 등 서북 용도로서의 모습을 차차 갖추게 하였다.

이와 같이 웅대한 포부를 가지고 출발한 고려이지만, 건국 초부터 태조 왕건은 북방의 여진, 거란과 불편한 관계에 있었고, 특히 발해를 멸망시킨 거란이 고려와 외교적 교섭을 트기 위해 사신과 낙타 54필을 보냈을 때 왕건은 이를 불쾌히 여겨 그 사신을 해도에 귀양 보내고 낙타를 선부교다리 아래에 붙들어 매어서 아사케 하였다. 또한 발해에 대한 동정과 그 유족의 귀부를 무제한 받아들였던 만큼, 발해의 멸망을 안타깝게 생각했을 뿐만 아니라 건국 초의 남방의 혼란과 북방과의 불편한 관계는 고려 태조 왕건의 큰 포부를 달성시키는

데 어려움을 주었다.

어느 왕조나 건국 초에는 구세력의 귀족들과 선진세력 간의 암투와 알력이 있기 마련인데, 고려 역시 그 출발 초기부터 국내 외의 암투와 알력으로 나라의 끝없는 혼란과 불안정, 그리고 외침에 부딪혀야 했다. 그래서 한반도에서 최초로 반도통일을 이룩했던 고려는 926년 멸망한 발해의 그 넓은 영토를 포기할 수밖에 없었고, 신라의 그 영토만을 획득한 것에 불과했다.

이와 같이 34대 475년간(918~1392년)을 지나는 동안 고려는 끝없는 혼란과 나라의 불안정으로 그 역사가 순탄치 못했는데, 이 475년간의 고려는 그 역사를 크게 4시기로 구분해 볼 수 있다.

즉 제1기는 태조부터 10대 정종(1034~1046년)까지의 재통일, 재조직기, 제2기는 11대 문종(1046~1083년)부터 16대 예종(1105~1122년) 까지의 황금기, 제3기는 17대 인종(112~1146년)부터 24대 원종(1259~1274년)까지의 내란과 왜구의 내침으로 인한 동란기, 그리고 제4기는 25대 충렬왕(1274~1308년)부터 34대 공양왕(1389~1392년)까지의 쇠퇴기로 구분될 수 있다.

고려사를 볼 때 뛰어난 기백과 지도자로서의 자질을 갖추고 나라의 대업을 이룩할 수 있었던 인물로 태조 왕건이 있었다면, 이를 도와서 국가의 기반을 구축하는 데 큰 공을 쌓고 나라를 위해 충절로 헌신한 장수로서 유금필이 있었다는 것은 왕건의 복이요 고려의 행운이었다.

유금필은 태조 때 기병장군이었는데, 태조가 후삼국을 통일할 때 가장 어려웠던 문제는 오랑캐와 남쪽의 견훤이었다. 이때 훌륭한 계략을 써서 북방의 안정을 찾게 해 준 인물이 바로 유금필이었으며, 견훤의 군사를 격파시켜 고려의 천하통일을 이루도록 한 것이 바로 유금필이었다. 고려 태조 왕건의 유업은 그 반이 유금필의 헌신적 노력과 장렬한 충성심 덕분이었다 해도 과언이 아닐 것이다.

전기한 고려 역사의 시기구분에서 가장 주목을 요하는 시대는 제3기에 해당되는데, 이 시기에 특기할만한 것은 그동안의 역사에서 문신들의 횡포에 반발하여 일어난 무신의 난이었다.

사실 고려는 건국 이후 통일신라의 문신정치를 거의 그대로 답습하였다. 통일신라에서는 무인들이 국사에 그리 필요한 존재가 아니었다. 이런 신라의 정치 성향을 답습한 고려는 신라의 그 성향을 본받았다. 그래서 고려조는 문인중심의 정치로 인하여 무인들이 천대받고 인격적으로 멸시를 받았으며, 관리등용제도 역시 문인중심의 과거제도였던 것이다.

문인중심의 정치는 결국 무인천시사상을 낳았을 뿐만 아니라 국가의 자주성을 외면하고 사대주의의 그릇된 정치풍토를 낳았으며, 국가의 기강이 해이해지고 편협한 정치가 계속되자 새로운 세력의 도전을 받게 되는 것이 당연했다.

고려에 문신들의 득세가 시작된 계기는 4대 광종(949~975년) 9년 중국후주인으로서 고려에 귀화한 쌍기의 건의에 의한 과거제도 실시 이후일 것이다.

물론 신라시대부터 중국의 유학이 유입됐지만, 관리등용의 한 방법으로 과거제도를 실시한 것은 자연히 무신의 지위나 국력을 저하시키는 결과를 가져오게 되었다.

이와 같이, 통일국가를 건설한 고려왕조는 문치주의에 입각한 귀족 정치를 하였고, 무신의 사회적 열세를 초래하였다. 무신들은 정치적으로 소외되어 문신보다 하위에 있었고, 경제적으로도 열세에 놓여 있었고, 그리고 무신이 맡아야 마땅할 군사령관직까지 문신이 맡는 임무로 되어 있었다. 쉬운 예로써 고려초인 현종 9년(1017년) 20만의 거란군을 물리친 명장 강감찬이나 예종 2년(1107년)에 여진족을 급습하고 정벌하고 함흥 부군에 9성을 구축한 윤곽, 그리고 인조 14년(1136년) 묘청의 난을 평정한 김부식 등이 모든 문신이었던 것을 들수 있다.

이처럼 무인들을 천시하고 문신들만을 위하다가 나라가 혼란에 빠지고 원나라와 왜구의 끊임없는 침략에 시달린 고려조의 허약함은, 건국 초기의 웅대한 포부와 달리 고려가 무인들을 경시함으로써, 형편없이 몰락하게 되는 결과를 낳았으며, 이는 후세에도 크게 깨달음을 주는 것이다.

천대받는 존재가 된 고려의 무신들은 문치주의가 팽배한 고려사회에서 국력이 쇠퇴하고 끊임없는 내우, 외침이 계속되자 자연히 무력을 앞세운 새로운 세력으로 등장하기 시작했다.

현종 5년(1014년)에 최질, 김훈 등의 무신이 주동이 되어 쿠데타를 일으키다가 실패한 사실은 100여년 뒤의 무신의 난을 예견케 했던 것이다.

의종 24년 정중부가 이의민, 이고와 함께 일으킨 무신의 난은 그 직접적인 도화선이 수박희의 놀이에서 발달됐지만, 이미 정중부는 그 당시 세도가 당당했던 김부식의 아들 김돈중으로부터 수염을 태우는 수모를 당한 바가 있었다.

정중부는 본시 해주 사람으로 용모와 체구가 건장해서 선군에 뽑혀 군인이 되었으며 넓은 이마와 아름다운 수염을 가지고 있었는데, 김돈중은 바로 이 수염을 가지고 장난을 쳤었다. 그 뒤 20여년이 지나 의종 24년에 그는 무신의 난을 일으켰던 것이다.

정중부는 무신란을 성공시킨 후 중방을 설치하여 정권을 휘둘렀다.

그는 "문관을 쓴자는 비록 서리라도 다 주살하라"는 명령을 내려서 의종의 신임을 받던 문관 50여명을 찾아내어 죽였고, 의종과 태자를 각각 거제도와 진도로 보냈으며, 19대 명종을 즉위시켰다. 뒤이어 이의민을 제거하고 혼자 득세하여 그 위세를 떨쳤지만 정중부는 청년장군 경대승에 의해 살해된다.

정중부의 무신란 이후 무인들이 정권을 잡았던 100여 년 간, 고려사회는 새로운 변화에 직면해야 했다. 정중부, 이의민, 이고 등 무신란을 일으킨 주역들은 각기 자기 세력을 확장시키면서 그 발언권을 강화시켜 나갔고, 천민들의 전국적인 반란이 일어나는 등 사회적 혼란이 야기되었다. 이 혼란을 수습하고 정권의 안정을 가져온 인물이 최충헌이었다.

최충헌은 고려 역사상 공전무후의 무인집안 출신으로, 군인으로 출세하여 조위총 반란군의 토벌에 공을 세우고 두각을 나타내기 시작한 인물이었다. 그는 19대 명종 26년부터 23대 고종 6년까지 24년간 권력을 장악하고 있던 이의민을 죽이고 그의 권력을 빼앗았으며, 자기 파에 속하더라도 명령을 거역하는 자는 즉시 제거하였다. 이처럼 그는 자기의 모든 적대세력을 차례로 억압하고 드디어 무인 독계정권의 수립에 성공한 것이다.

이와 같이 정중부로부터 최충헌까지 이어진 세월이 30여년, 최충헌으로부터 최우, 최항, 최의 등 4대 60여년 걸친 최씨의 무단정치가 시작되었다.

이들 무신정권은 자기가 소유한 관적에 수반되는 법제적인 권한을 초월하여 대단한 실권을 가지고 있었으며, 이러한 것이 곧 집정이었다. 이 무인집정은 왕의 존재를 무시하고 국정을 전담하면서, 왕권을 억압 침해하는 여러 가지 횡포를 함부로 자행하였다.

그러나 이 무신정권이 한국역사에 큰 의의를 남긴 것은 몽고에 대한 끊임없는 항쟁을 벌여 삼별초에 민족적 기개를 성립시켜 놓았다는 사실에 집약시킬 수 있다. 또한 고려 무사들의 정신을 논하자면 무신정권 때 30여년간에 걸쳐 진행되었던 장구한 대몽항쟁을 빼놓을 수 없는 것이다.

고려의 삼별초를 설명하자면 우선 고려의 중심적인 군사조직인 산무사제를 언급할 필요가 있다.

고려의 군사조직은 문반과 무반이 병립되어 있었으나 무사의 영속적인 특별기관은 없었다. 그리고 국민개병제가 됨에 따라 국민 전체가 모두 군인이 될 의무가 있었으나, 개인적으로 튼튼하고 건강한 체격을 소유한 남자는 개인적인 무사로 자립할 수 있어서 평상시에는 승려, 문사, 기타 다른 생업에 종사하다가도 무사의 본분을 발휘해야 할 시기, 즉 전쟁에 임하게 될 때 참여하는 무사가 곧 산무사였다.

고려시대는 이런 산무사가 많이 있었으므로 사병제가 가능했으며, 무신들이 정권을 잡은 후 각자 그들의 정권을 유지하고 서로를 견제하기 위해 조직한 중방, 도방, 정방 역시 이러한 맥락에서 나온 사병제였다.

그 중에서 최우는 기동력이 있는 신변보호 기관의 필요성을 느껴 기병대인 삼별초를 조직하여 의장대를 겸하게 했는데, 몽고의 침략에 30여년 동안 항쟁했던 무사군이 바로 이 삼별초였다. 삼별초는 야별초, 좌별초, 우별초로 구성되어 무신 최우는 사병 노릇을 했으므로 폐단이 많았지만, 몽고의 침략에 끝까지 항거한 고려 무인의 전통적인 정신을 확립시켜 주기도 했던 것이다.

즉 몽고가 대대적으로 쳐들어오자 최우는 이미 강화도로 피신하여 항쟁의 준비를 했으며, 이때 삼별초군을 지휘하던 배중손은 몽고에 항복하려는 개경 - 개성 - 정부와 몽고에 저항하면서 강화도의 방비를 굳혔다. 최씨의 마지막 집권자였던 최의는 이미 무신 유경과 무신 김준에 의해 살해되었고, 모든 정권은 일단 왕에게 돌아갔다. 그리고 왕은 몽고에 대한 강화를 결정하고 원종 11년 고려는 개경으로 환도함으로써 사실상 무인정치는 막을 내렸다.

그동안 개경 환도와 몽고와의 강화를 반대하던 삼별초군은 배중손, 김통정의 지휘하에 진도, 탐라도로 번갈아 들어가 마지막 4년간의 대몽항쟁을 벌였던 것이다. 그러나 삼별초군의 대몽항쟁은 개경정부와 몽고의 연합군에 의해 탐라도에서 마지막 저항을 하다가 1273년 드디어 폐하였다. 이러한 삼별초의 난은 몽고의 지배를 반대하는 고려 무인들의 전통적 정신의 마지막 말로였다.

그 뒤 고려는 원나라와 강화를 맺으며, 약 80년간 원나라의 부마국으로서 치욕적인 역사의 길을 걷게 된다.

이상으로 고려의 역사와 시대적 배경을 간략히 살펴 보았는데, 고려가 문인만을 중시한 정치는 그 결과로서 무신의 난을 불러 일으켰고 무신의 난에 성공한 무인들은 각기 개인의 세력을 유지하기 위해 중방, 도방 및 막부인 경방을 설치하여 사병을 키웠으며, 사병 중 무예에 뛰어난 자는 출신 여부를 막론하고 중용될 수 있었으므로 고려의 사병제는 무인이 능력만 있으면 출세할 수 있는 근거를 마련해 주었다. 한편 무신정권은 대몽항쟁에 앞장선 삼별초를 고려 역사에 등장하도록 했으며, 삼별초의 대몽항쟁은 무신의 난이 남겨 놓은 하나의 바람직한 성과였던 것이다.

2) 고려의 태권도와 군제

삼국시대에 기본동작, 손기술, 그리고 발기술로 분화 발전된 태권은 고려시대에 들어와서도 계승, 발전되었다. 고려시대는 삼국시대를 거친 태권이 기초 단계를 넘어서서 무예적 가치를 인정받아 벼슬과 직결될 만큼 무인의 필수 수술이 되었으며, 기술과 위력도 인명을 살상할 정도로 무기의 수준에 도달하였다. 수련 형태또한 오병수박희라 하여 실전에 응용할 수 있는 집단대련으로 발전하였다.

그 당시는 사회적으로 국방능력과 전투기능을 필요로 했기 때문에 무예적 기능만 있으면 군사로서 특별채용 될 수 있었다. 그러므로 고려시대의 태권은 고려시대의 군제와 함께 살펴볼 필요가 있을 것이다.

개인의 무예적 기능이나 자질은 무인의 자격요건에 중요한 이유가 되었기 때문이다.

고려사회는 본래부터 신분사회였다. 그래서 문반과 무반의 차별은 극심했다. 바로 이 차별이 무신의 난을 일으키게 한 가장 큰 요인이 되기도 했지만, 문반은 무반의 상군사, 중군사, 하군사, 상원수, 부원수, 원수 등의 높은 직위를 겸직할 수 있었으나 무신의 난 이전까지는 무반이 문반을 겸할 수가 없었다.

그 이유는, 고려시대에 있어서 문반은 대개 좋은 가문 출신이 되는데 비하여 무반은 서민 출신의 군졸에서 기용되었기 때문이다. 이와 같은 문벌의 차이가 문반과 무반 사이에 엄격한 구별을 확정하여, 비록 법제상으로는 동렬적인 양반계급을 형성하였다 해도 실제에 있어서는 문반에 대한 무반의 열위가 상호통교를 허용하지 않았다.

이처럼 서민 출신은 과거와 벼슬의 길이 막히고 보니, 그들이 관리가 되고 유일한 길이 있다면 군인으로 들어가 발탁되거나 기용되어 무관이 되는 방법밖에 없었으며, 가문이 좋은 양반계급은 문반직에 채용되었으므로, 문 무양반은 차별적으로 대우를 받게 되었고, 무신의 원망과 복수심이 싹텄던 것이다.

한편, 무반은 과거의 길이 막혀 있어 나라의 큰 변란이 일어날 경우에는 그 난리의 진압을 문반이 겸직하여 행하였다. 즉 고려시대에는 문관들이 재신으로서 군사통수권을 독점했을 뿐만 아니라 충정군의 원수, 도통사, 행영병마사가 되어 군대를 지휘하고 전쟁에 참여하는 것을 일반적이었으며, 그 예로서 강감찬, 윤관, 김부식이 있음을 전기한 바 있다.

따라서 무반은 교육과 과거에 의하여 기용되는 것이 아니라 주로 무예 있는 군인을 기용하는 방법을 취하였다. 즉 고려 태조 왕건은 '훈요십조'에서 매년 가을에 용맹함이 뛰어난 병졸을 뽑아서 적당히 가수하라고 했는데, 이것은 무관적인 대정에 임명하는 것이며, 무반에 임명되는 신분은 상당히 포괄적이었다. 군인은 그를 보충하는 길이 밑으로부터 열리고 있어서 일반 농민이나 천인까지도 군인이란 교량을 통해 무반으로 승진할 수가 있었으며, 농민층의 군인으로서의 진출은 선군제에 의해 행해졌는데, 이 선군은 군력을 세습할 자손이나 친족이 없는 경우에 그를 보충하는 수단으로 행하여졌다.

그런데 고려사에서 중요한 몫을 차지한 무신의 난의 주동인물들은 대체로 경군 출신들이었다. 이 경군은 세습제로서, 60세 이상 70세까지도 군역을 했다. 그리고 그 군인들 가운데 자손이나 친족이 없는 경우 또는 필요에 의해 군인을 보충하기 위해 선군제가 필요했던 것이다.

군인에의 간선은 본인의 의사가 무시되고 대상자로 규정된 사회계층 안에서 국가의 선발기준에 적합한 자를 필요한 인원만큼 언제든지 징발할 수 있었다는 의미에서, 강제적 징병제였다고 할 수 있다. 또한 선군을 면하려던 자들에 대한 처벌 규정도 있는 것을 봐서 강제성을 띠었겠지만, 두경승은 처음 공학군에 보임되었을 때 이를 거부했다는 사실로 보아 자유 응선도 가능했으리라 볼 수 있다.

그리고 선군제에 의해 일단 선군이 되고 나면 개경으로 올라와서 경군에 소속되었다. 즉 선군이 되면 경군에 속했고, 여기서 출중한 자는 공학군, 견룡군, 내순검군 등 왕의 시위군으로 뽑혔으며, 즉시 대정으로 임명되어 무반의 서열에 오르게 되는 것이다. 무반의 최하위 품계가 바로 종9품의 대정이기 때문이다.

무신의 난을 일으킨 정중부나 이의민 등은 선군으로 뽑혔을 뿐만 아니라 경군에 속하여 왕의 시위군으로 있었다는 사실이 바로 그들의 무인으로서의 출중함을 증명해 주며, 왕의 측근에서 호위를 할 수 있었기 때문에 그들은 쿠데타가 가능했던 것이다.

무신의 난 이후 고려 병제는 그 성격이 바뀌었다. 국가의 공병은 무너지고 무신들의 사병이 발달하게 되었으며, 또 무인정권이 무너진 후에는 군인이 없는 공백상태가 초래된 것이었다.

당시 고려는 북방과 몽고관계가 심삭해지고 항상 왜구가 침범했으므로 많은 군대를 필요로 하였는데, 상비군을 갖지 못한 상황에서 위급함을 맞이한 고려는 농민을 동원할 수밖에 없었다. 따라서 점차 국민개병제와 병농일치의 원칙에 입각한 병제의 재편성을 하지 않을 수 없었다.

이와 같은 국민개병제로 인해 고려 백성들은 무술 익히기를 생활하하여야 했으며, 천민의 출세에 있어서도 무술은 절대적으로 필요했다.

또한 일반 백성들 사이의 연회나 오락으로도 무술은 널리 보급되었던 것이다. 그리고 천민이나 백정이 출세하기 위하여 무술이 필요한 것을 알고 또 그 사실이 항간에 널리 퍼졌을 때, 무술이나 태권도는 필수적으로 갖춰야 할 무예였다.

더구나 선군되어 공학군이나 견룡군으로 뽑히면 임금 앞에서 연회때 틈틈이 무술 시범

경기를 보였으며, 선군으로 개경에 올라오면 궁중에서 또 한번 시험을 치르기도 하였다.

그리고 선군을 받을 때는 여러 무예를 선보였겠지만 가장 기본이 되는 맨손 격투기, 특히 태권을 시범으로 보였을 것이다. 사적 기록을 보면 '수박'이란 말이 많이 나오는데, 바로 이 수박이 오늘날의 태권도인 것이다.

고려사」를 보면 수박의 위력에 관해 자세히 기록되어 있는데, "이 의민과 두경승이 자리를 같이 하여 서로 힘자랑을 하는데 이의민이 맨주먹으로 기둥을 치니 서까래가 움직였고 두경승이 주먹으로 벽을 치니 주먹이 벽을 뚫고 나갔다"고 한다. 또 "이의민이 맨손으로 사람의 척추를 쳐서 살해하였다"는 기록도 있다. 이것은 격파와 같은 단련을 통해 태권의 위력이 인명을 살상할 수 있을 정도로 무기의 수준에 달해 있음을 말해 준다.

고려조 때 부족한 군인을 보충하는 방법으로 선군제가 있었다는 것을 전기했는데, 그 선군의 방법 또한 「고려사」에 자세히 기록되어 있다. 즉 "두경승은 성질이 온후하고 글은 짧으나 그 용력이 대단하여 공학군에 처음 임명되기도 했는데 수박을 잘하였으며, 우학유는 힘이 세었고 그 기개가 대단했으며, 기탁성은 그 용모가 아름답고 활을 잘쏘았으며, 진군도 그 힘이 대단했고 박순필은 그 자태가 의젓하고 아름다운 수염을 길렀으며, 백임지도 그 용기가 대단하여 피선되었고…"등이다.

특히 수박에 관계된 기록으로는 앞에서 두경승과 이의민에 관한것을 언급했지만, "최충헌이 일찍이 연회를 배풀어 중방의 힘있는 자들로 하여금 수박케 하여 승자는 곧 교위, 대정에 임명하고 상을 주었다"는 기록이 있으며, "의종이 보현원으로 행차 도중에 오문전에 이르러 무신들로 하여금 오병수박희를 하도록 하였다"는 기록은 단체 대련이 무신들에 의해 행해지고 있었음을 말해 준다. 또 충혜왕이 상춘정, 화비궁, 마암 등에서 수박희를 보았다는 기록이 있는데, 이것으로 보아 왕이 거동할 때는 항상 수박희를 전문으로 관람할 수 있는 시범체제가 갖추어져 있었던 것으로 짐작되며, 당시 무인들에게 수박이 상당히 성행하였음을 알 수 있다.

특히 수박에 관계된 기록 중 이의만은 수박을 잘하였는데 의종이 그것을 사랑하여 대정을 별장으로 진급시켰다는 기록을 통해, 수박희를 잘하여 왕의 총애를 받고 한날 소금장수 같은 천민 신분의 이의민이 수박을 잘하는 덕으로 대정에서 별장까지 승진될 수도 있었다는 사실을 알 수 있다. 또한 척준경도 이의민 같이 수박으로 대정이 된 사실이 고려사에 전한다.

이것으로 미루어 보아 당시에는 수박(태권)을 잘하는 사람에게 매우 파격적인 대우로 승진 기회를 주었음을 알 수 있고, 수박이 벼슬과 직결될 만큼 무인들에겐 필수 무술이었음을 알 수 있다.

또한 수박희는 왕이 직접 관람할 만큼 당시 사회의 스포츠적 성격을 띠었고, 군사는 물론 일반 백성들에게 널리 익숙해진 기본적인 무예나 연회였을 것으로 추측된다. 그리고 수박이 벼슬과 승진에 직결된 만큼 성행했던 것으로 보아 당시 수박희는 기술이 매우 발달했으며, 겨루기를 통해 승자를 가리는 데 규칙과 함께 심판이 있었을 것으로 추측된다.

한편 수박희가 일반 백성들에게 유행된 증거로는, 고려에서 연중행사로 중동팔관, 이월연등의 국가적 대제진을 비롯하여 원일(정월 1일), 상사(3월 3일), 4월 8일, 5월 단오, 유두(6월 6일), 백종 (7월 15일), 추석(가위)에 행하는 놀이가 있었는데 이때 부녀들의 추천희와 남자들의 각저희 등이 행해졌다는 것이다.

이런 수박은 "지영이 성내어 가동으로 하여금 묶으게 한데 총수가 말하기를 장군수박이 아니면 누가 감히 나를 묶으리 하니 지영이 그 기상을 장히 여겨 석방하였다"란 고사처럼, 이 시대의 수박은 무예로서 뿐만 아니라, 스포츠로서 국가가 널리 권장했으며 겨루기의 내용도 1인 대 1인 뿐만 아니라 오병수박희 등 여러 종류가 있었다는 것을 말해주고 있다. 또한 겨루기가 어느 정도 체계화되어 있었음을 알 수 있는 것이다.

이와 같이 대중화된 수박은 그 수술과 각술이 점점 발전되어 갔으나, 고려 말기에 이르러 화약이 발명되고 새로운 무기가 등장함에 따라 국가의 제도적 뒷받침이 부족하게 되었다. 그리하여 수박의 무예적인 비중이 줄어드는 반면, 수박은 민속경기로서의 기틀을 마련하여 갔다.

신체호의 「조선상고사」에는 "송도 수박이 조선까지 내려오고 있다"고 하였고, 「고려사」에는 "수박으로 돈이나 물건을 내기한 자는 곤장 일백이며, 유숙시킨 주인 및 노름밑천을 대준 자 또한 곤장이 일백"이라 하였다. 이는 고려의 수도였던 송도에서 수박이 민속경기로서 일반 서민까지 저변이 확대되었으며, 백성들이 수박으로 돈이나 물건내기를 하고 있어 이를 법적으로 규제할 만큼 많은 백성들이 이를 민속으로 행하고 있었음을 알 수 있다.

수박은 그 수술과 각술의 용어, 실시방법과 시대에 따라 변, 수박, 권법, 권박, 수벽 등으로 사용되는 한편 탁견, 태껸 등으로 불리워지다가 그 후 공수, 화수, 당수, 등으로 사용되어 현재의 태권도로 불리워지고 있는 것이니, 우리나라 수박의 역사는 가위 전통적이며 수박은 우리나라 고유의 무예임을 알 수 있다.

여기서 공수, 당수란 말은 KARATE란 일본 용어에서 나온 것인데, 고려시대에 태권이 일본에 어떻게 전파되었는가를 살펴볼 필요가 있겠다.

일본과 우리나라의 관계는 그 역사가 무척 오래 되었고, 특히 일본의 문화, 문물은 백제의 영향이 지대했다는 것을 알 수 있다. 또한 고려시대의 대송 무역에 개성상인의 인삼 수출은 우리나라와 송나라의 문물교류가 활발했음을 입증해 주는 사실이며, 빈번한 대외교섭에서 외국인의 출입이 잦고 문물과 풍속의 교류가 이루어지다 보면 고려의 수박회를 일본과 유구(오키나와)에서 배워갔을 것이다.

유구는 본래 경작지가 적고 뚜렷한 특산물이 없으므로 주민의 대부분이 헐벗고 굶주리는 생활을 하였으며, 태풍 때문에 농사도 어려워 생산이란 전혀 없고 항해무역에만 전력하는 한편, 국가사업으로 동남아 각국에서 무역품을 사다가 조공의 형식으로 명나라에 비싼 값으로 팔았다. 약소한 나라의 조공을 가상히 여긴 중국대국에서는 조공선을 수리해 주고 배도 한 척 하사하는 등 후한 대접을 해 주었다. 이것은 고려의 경우도 마찬가지였으며, 고려는 중국보다도 더 후하게 유구를 후대해 주었다.

유구는 북산, 중산, 남산으로 3분되었던 때에 고려에 조공을 바쳤고, 1389년 8월에 중산의 왕 찰도는 아들옥지를 사절로 해서 유구산유황, 동남아산 소목과 후추를 창왕에게 헌상하였다. 이에 고려는 예물로서 중국의 모직물과 고려청자 등을 만재하여 보냈으며, 이는 곧 양국의 국교수립을 의미하는 고려에서 조선에 이르기까지의 상호수호의 태동임을 의미한다.

이렇듯 유구는 고려와 송, 그리고 명대를 넘나들며 교역을 활발히하는 한편, 고려에서 도공을 모셔다 기와 굽는 기술을 익히기도 했다.

현제도 유구에는 고려인의 후손에 의한 사당이 곳곳에 있으며, 고성에서 발견되는 기와에는 '계유년고려와장조'라고 쓰여진 부각역문자가 나타나고 있다. 뿐만 아니라 널뛰기와 7월 보름의 에이사라는 춤도 고려의 팔관회 행사의 춤이 변모하여 전해오는 것이며, 고려의 수박희는 '오키나와데'로서 전해져 오고있는 것이다.

더구나 오키나와가 일본의 속국으로 되자, 일체의 무기 휴대 금지와 무기 압수정책에 의해 오키나와 사람들은 고려의 수박을 받아들여 오키나와데를 창시했을 것이며, 중국의 권법 중 그 장점도 같이 취했을 것이라는 추측이 가능하다.

다만 아쉬운 것은 경도잡지에 민족 무예인 씨름을 중국에 배워 그 이름을 고려희라고 불렀다는 기록이 전해지는데, 수박의 오래에 관한 기록이 없다는 점이다. 경도잡지 원문에는 "서울의 소년들이 남산 기슭에 모여 씨름을 한다. 그 방법에 두 사람이 상대하고 구부려 각각 오른 손으로 상대방의 허리를 잡은 다음 일어나서 서로 번쩍 들어 메어친다. 중국인은 이를 본받아 고려희 또는 요교라고 불렀다"는 기록이 있다.

이상의 기록으로 봐서도 고려의 무술을 유입할 때 하필이면 씨름만 유일했는가 하는 논리는 너무 기록에만 의존하려는 편협한 생각이라 할 수 있으며, 씨름과 함께 고려의 수박희도 전래되었으리라는 추측은 결코 과장이 아닐 것이다.

오키나와에 이어 일본의 경우도 살펴볼 필요가 있는데, 일본국은 백제의 문화를 전승한 이래 고려가 한반도를 장악하자 그 전통을 이어 통상을 계속하였다.

고려는 11대 문종 시대에 이르러 일본과의 교역이 크게 활기를 띄었고, 왕은 상인을 보호하는 한편 사신과 상인을 개경까지 불러서 크고 작은 행사에 참관시켜 교류를 독려하였다. 특히 승려들의 왕래가 잦아 불교의식의 행사에는 거국적인 잔치를 벌였으며, 가무백희를 즐기게 하였으니, 이때 백희의 하나가 수박이었음을 추찰 할 수 있다. 가무백희 중 수박희의 대결은 귀족에서 천민 신분에 이르기까지 고려 백성 모두가 즐겼으며, 이는 투기 스포츠로서 가장 성행하는 종목이었던 것이다.

이때 일본은 신라, 백제, 그리고 고려에 이르러 크게 발전한 수박희의 기술을 고스란히 배워 갔음이 분명하다. 때마침 불교에는 선종이 들어와서 무예의 정신적 예속으로 침투, 정착함으로써 도의 기품을 갖추어 놓았다.

따라서 이때 일본의 무사들 사이에 선종이 퍼져 있었으니, 이것이야말로 그들이 앞세워 주장하는 달마의 신법무예의 기원이 되는 것이다. 그리고 우리나라 태권의 발생기인 고구려의 연대에 비하면 달마가 중국에 전했다는 선법무예는 시기적으로도 엄청난 차이를 나타내며, 이것으로 봐서도 태권도의 고유성과 일본 가라테의 원류는 그 파악이 가능해진다.

또한 송대에 크게 발전하였다는 중국의 권술은 시대적으로 보아 고려의 수박희가 성행하던 때이므로 일본이 전승하여 3국이 함께 성행했으리란 추측과 함께 신라, 백제, 고구려로 거슬러 올라가 그 기원을 찾는 우리의 태권도는 가장 고유한 우리의 무예이며 전통적인 한국의 무예임을 의심할 바 없을 것이다.

이상으로 고려시대의 태권도를 훑어 보았는데, 마지막으로 태권도의 사회적 기능과 개인적 기능을 살펴 보기로 하자.

고려시대 태권도의 사회적 기능은 우선 국가 유사시세 군인이나 무인들이 위기에 대처하는 필수불가결한 요건이 되었으며, 또한 국민개병제를 통해 군산훈련 뿐만 아니라 호신술로서 반드시 갖춰야 하는 무술로서, 또 빈천하고 가난한 가문 출신에게는 출세의 한 방편으로 이용되기도 하였다.

그리고 연동회나 팔관회 등 각종 연희와 함께 수박희를 열면서 위로는 임금으로부터, 아래로는 천민과 백정에 이르기까지 널리 행해진 경기였던 것이다.

다음으로 태권도의 개인적 기능으로는 우선 태권도가 무술로서 뿐만 아니라 맨손체조로서 인간의 건강과 장수를 위해서도 필요했으며, 그것은 태권도가 자연과 야생동물의 동작 하나하나에서 그 품새를 본따 왔기 때문이다. 따라서 수박은 오늘날의 태권도, 유도, 시름처럼 세분화되지 않은 종합적이고 본능적인 공격과 방어의 품새를 형성하였으며, 인도의 요가나 중국의 양생술, 또는 도인술처럼 인간 수명장수를 위하여 야생동물의 동작을 연구한 후한말의 화타가 만들어 낸 오금희와 태권도의 품새인 오권법을 비교해 볼 때, 그 움직임의 모양이 거의 비슷하다고 추정된다. 즉 무술로서의 태권도의 품새인 오권법과 인간의 건강과 장수를 위해 만들어 낸 오금희는 서로 상통한다고 하겠다.

4. 조선시대의 태권도

1) 시대적 배경

조선은 500년의 역사를 크게 분류해 보면 이태조(이성계)의 조선 건국으로부터 경국대전의 반포로 양반 관료체제를 완성해 가는 15세기까지를 전기로 하고, 중기는 조선 전기의 사회질서가 변질되고 사림파가 훈구 권신들과 이념적 대법을 벌이면서 세력 기반을 굳혀가는 임신왜란 전까지의 16세기, 그리고 후기는 근대사회의 새싹이 나타나고 곧 이어 세계사의 질서 속에 편입되는 개항 전까지의 17~18세기 및 19세기 중엽으로 구분이 가능하다.

이를 간단히 약술해 보면, 우전 전기는 신흥 사대부들과 무장 세력이 고려 말기의 누적된 모순을 극복해가면서 새로운 양반 관료제 사회를 완성시키는 시기였다. 사상적으로는 고려 말기에 극심한 병폐를 자아냈던 불교에 대하여 유교가 조선시대의 통치 이데올로기로서 자리잡는 시대였으며, 정치적으로는 지방행정이 중앙정부의 직접적인 통치를 받는 강력한 중앙집권제 사회였다. 물론 절대군주의 강력한 왕권이 뒷받침되었지만, 사회 경제적으로는 개인의 정치 경제 사회적인 활동 범위를 규정짓는 신분제와 상업, 수공업 등이 국가의 통제하에 운용되는 관영 경제체제가 특징이었다고 할 수 있다.

조선 중기는 전기적 사회질서의 변절기라 할 수 있을 것이다. 전기의 과전법 체제가 붕괴되면서 훈구파 권신들의 대토지 소유가 고개를 들기 시작하여 부의 편재현상이 나타나는 한편, 성리학이 심화되어간 시기이다. 그러나 가장 커다란 변화는 사림파의 등장이라 할 수 있다. 전기 사회의 주도 세력이었던 훈구파가 보수적인 귀족으로 변모해 가자 사림파는 정치도의의 회복을 주장하면서 중기 사회를 이끌어 나갈 새로운 주도 세력으로 등장하게 된 것이다. 성종부터 중앙정계에 발을 들여놓기 시작한 사림파들은 몇 차례의 사화로 막심한 타격을 받으면서도 끈질기게 훈구파의 권위에 도전하여, 선조조에 이르러서는 결국 훈구파를 몰아내고 정치권력을 완전히 장악하게 되었다.

조선 후기(17~19세기 중엽)는 임진왜란 종료와 더불어 시작되는데, 이 시기의 조선은 임진왜란, 병자호란의 양란으로 인해 일대 위기에 처해 있었다. 국가재정은 고갈되고 백성들은 가난에 허덕였으며, 사회기강은 급속히 무너지고 있었다. 중앙 정부는 이 시련을 극복하기 위해 여러 부문에서 개혁을 시도해 보았지만, 급격한 변화는 이미 시대의 혼란을 제어할 수 없는 상황에 이르렀다.

사실 조선조는 개국 때부터 중국을 섬기는 사대주의를 표방하여 초기에는 북방에 강력한 무력으로 여진을 응징하고 대마도를 징벌하는 등 내 외적으로 문과 무의 균형 잡힌 정치를 폈으나, 나라가 점점 안정기에 접어들자 유교와 성리학이 발흥하면서 완전히 문치주의 중심의 정치를 펴게 되었다. 그 결과 조선은 고려 초와 같은 문약에 빠지고 무인들은 무시당하며 국방을 소홀히 하게 되어, 나라는 상상을 초월할 정도의 참담한 대란을 두 번이나 겪는다.

선조조의 임진왜란과 정유재란, 인조의 정묘호란과 병자호란은 나라의 안정은 국력을 바탕으로 하여야 한다는 뼈아픈 역사적 교훈을 일깨워 준 대사건이었다. 조선조의 역사를 흔들리게 했던 이 사건들은 조선조가 중국의 사대사상에서 벗어나지 못한 채 유학의 정신이 수천 년 동안 지배해 온 중국 의존의 모화사상을 지니고 있기 때문이 아닐까 하는 아쉬움을 주고 있다.

병자호란 이후 효정대왕은 북벌의 원대한 계획을 갖고 있었으나 그 시기가 적당하지 못하여 기회를 놓쳤으며, 이는 200여년간 진행된 당쟁에도 그 원인이 있었다 할 것이다. 그러나 민족의 역사를 지키고 이끌어 온 주체들은 바로 신분사회에서 억눌리고 살았으면서도 끊임없이 외침에 항쟁했던, 평민을 중심으로 한 의병들의 활약과 승병들의 항쟁, 그리고 이순신 장군을 위시한 권율, 곽재우, 고경명 등의 영웅적인 업적을 결코 간과할 수 없을 것이다.

조선조를 건국한 이성계도 뛰어난 영웅이며 사군육진을 개척한 세종조의 최윤덕, 대마도를 정벌한 이종무, 그리고 국가가 전혀 무방비 상태였음에도 불구하고 나라를 구하려다 순절한 성웅 이순신 장군 역시 뛰어난 영웅이었지만, 그래도 이들의 명성이 후세까지 개인적 영광으로 남는 데 비하면 이름 없이 죽어간 수많은 충혼들의 끈끈한 무사정신은 분명 추찰해야 할 것이다. 바로 이런 무명의 의인들 때문에 조선조는 그나마 명맥을 이어나갈 수 있었고, 이들의 충성과 자기희생의 정신은 조선조 말기와 일제시대까지 줄기차게 이어져 내려온 민족사의 맥박인 것이다.

또한 조선 전기는 영특한 세종대왕에 의하여 4군 6진을 개척하고 대마도를 정벌하는 등 내외에 국가의 기강이 바로 섰으며, 조선 후기는 효종조에 이르러 러시아의 토벌에 나선 것이 특이한 사실이므로 이를 간략히 살펴보고자 한다.

사실 효종 이후에는 전쟁도 없었고 무사들의 의지도 빈약하여 감히 문사를 압도할 의욕이 없었지만, 그러나 효종대왕은 청나라에서 당한 치욕을 잊을 수가 없었다. 조선 후기의 역사에 그나마 부예와 군제에 가장 관심을 기울인 왕이 있다면 효정대왕일 것이다. 상술한 바와 같이 비록 그의 북벌계획은 좌절되었지만, 효종 즉위 5년에 청나라가 러시아 원정을 위해 조선에 원군을 요청해 온 것은 북변의 군비재건에 좋은 구실을 제공해 주는 것이었다. 당시까지만 해도 조선의 군비증강 사업은 경기도 이남에만 국한되었고, 그 북쪽은 청의 의심을 받기 쉬었으므로 거의 손을 대지 못했기 때문이었다. 조선으로서는 청을 치기 위해 길러 놓은 군사로 청을 돕는다는 일이 선뜻 내키지 않았지만, 그동안 갈고 닦은 군사력을 시험해 볼 겸 원군을 보내기로 결정을 내렸다.

그리하여 1654년 3월, 함북우후 변급은 포수 100명을 거느리고 두만강을 건너 영고탑에서 대기하고 있던 청군 3천명과 합류하였고, 4월 말에는 러시아군과 두 차례의 접전을 벌여 큰 전과를 올림으로써 조선 포수의 위력을 과시하였다.

조선은 그 뒤로 1658년에도 재차 정벌에 나서서 러시아군에게 막대한 피해를 입히고 개선하였다.

조선 후기에 군병과 무예에 관심을 기울인 왕은 효정대왕 이후 또한사람을 꼽을 수 있는데, 그는 바로 정조대왕이다. 물론 정조 때는 외침을 받지 않았지만, 그래도 국력을 증시하여 무예에 관심을 기울인 정조는 1790년에 이덕무와 박제가에게 명하여 우리나라 최초의 무예에 관한 책을 편찬하게 하였는데, 바로 그 책이 「무예도보통지」인 것이다.

무예도보통지」는 학교의 「무예제보(1598. 선조 31년)」와 영조의 왕명으로 만든 「무예신보 (1759. 영조 35년)」를 바탕으로 하고 여기에 새로운 병기 여섯을 합쳐 24종의 무예기술을 도보 중심으로 해설한 종합무예서이다.

당시의 무예서들이 전략과 전술 등의 이론을 위주로 뛰어진 데 비해, 「무예도보통지」는 24종의 전투기술을 중심으로 한 실전훈련서로 사회 역사적 제문제를 종합적으로 다루고 있어 18세기 조선이 지닌 무예의 개념과 성격을 뚜렷이 나타내 주고 있다. 또한 이 책의 인용 서목을 보면 「기효신서」, 「무비지」등 140종의 책을 참고한 것으로, 그 당시 이 책의 내용 구성에 있어 조선의 무예기술과 외래적인 무예 기술이 어떻게 융합되어 우리 것이 되었나 하는 것을 알 수 있는 것이다.

이 책을 편찬한 목적은 조선건국 후 일시적인 평화시기가 계속되자 무예를 소홀히 하고 승문 일변도가 되었다가 임진왜란, 병자호란을 겪으면서 유비무환의 필요성을 절감하여 이 무예도보를 만들어 군사들에게 무예를 상습, 연마시켜 국방에 만전을 기할 필요성 때문임을 「무예도보통지」는 역설하고 있으며, 특히 건국 이래 경멸해 오던 왜인들의 검술까지 함께 다룬 것을 봐서도 양란 이후 왜인에 대한 인식이 달라졌음을 입증해 주고 있다. 이처럼 「무예도보통지」를 편찬하도록한 정조대왕은 국가의 힘이 나라의 근본에 밑받침한다는 당연한 이론을 깨닫고 있었음을 추측할 수 있다.

다음으로서 조선 후기에 특기할 사실은 민중의 저력이었다. 이 민중의 저력은 나라의 녹을 받지 않고 거의 버림을 받거나 핍박을 받아온 평민들이 국가의 위기나 외적의 침입에 스스로 종군하여 자기 희생을 아끼지 않았던 데 있었다. 조선 후기에 이 억눌린 백성들은 호랑이보다 더 무서운 양반들에게 맨손으로 저항했던 것이다. 이는 홍경래의 난이나 동학란 등이 그 좋은 예가 되겠지만, 특히 동학혁명의 피끓는 주인의식이 그 이후의 의병들의 의거에 이어지는 것이다.

동학혁명의 의미는 다음 세 가지로 정리가 가능할 것이다.

첫째, 동학의 제창은 비록 뒤늦게나마 우리 민족의 주체성과 민족의식의 태동을 가져왔고, 이를 통하여 민중의 자각과 단결이 이루어 질 수 있는 계끼가 마련되었다.

둘째, 동학혁명은 종래의 수다한 민란이나 농민폭동과 동일한 기반에서 발생했고, 탐관오리의 잔학한 주구에 대한 죽음으로써의 저항이었다. 그것이 마침내 호남 전역을 점령지배할 수 있었다는 것은 그만큼 민중의 불만과 항거가 치열했다는 얘기이며, 정부의 무능과 부패가 극심했음을 폭로한 것이었다.

셋째, 동학혁명을 계기로 정부는 청병을 불러들여 청의 한국 제지배에 호기를 제공했을 뿐만 아니라 조선침략의 기회를 노리고 있던 일본에게 출병의 구실을 줌으로써, 마침내 청 일 간의 무력충돌과 일본의 조선침투화를 초래했다는 사실이다.

따라서 동학혁명은 조선의 운명을 결정하는 데 중대한 역할을 한 사건이었다. 조정의 무능이 외세에 의존해야만 유지될 수밖에 없었다는 사실 때문에 조선 말기의 위정자들은 이 민족의 비극을 불러들인 장본인이 되었으며, 이것이 수백년이 지난 지금까지도 그 죄를 용서받지 못하고 있는 것이다.

그리고 동학혁명은 동학교도만의 의거가 아니라 당시의 부패정치에 억눌린 농민, 평민들이 무수히 가담한 의거였다. 따라서 그들은 조직적인 군대의 훈련을 받는 사람들이 아니라 농기구, 농장비를 무기 대신 들고 거의 맨손으로 항거하였으며, 그런 사태마저 수습하지 못한 조정의 위정자들은 외세를 등에 업고 되돌이킬 수 없는 잘못을 우리 역사에 남겼던 것이다. 그러나 동학혁명에 참가한 대부분의 의사들은 맨주먹으로, 위기에 봉착했을 땐 맨몸으로 대처했음은 물론, 맨손 무예나 태권도로 죽을 때까지 싸우고 불의에 항거했음은 재론의 여지가 없을 것이다.

이와 같이 맨손 격투기나 태권도는 개인의 기본체력 연마나 백병전에 절대적으로 필요했을 것이지만, 강력한 현대식 화기를 갖고 있는 일본 앞에서는 속수무책일 수밖에 없으며, 바로 이런 이유에서 현대 전에서는 태권도만으로 영웅이 될 수 없는 한계를 드러낸다고 할 수 있겠다.

조선조 말 동학혁명의 실패로, 혁명에 가담했던 많은 사람들은 지하에 숨거나 만주로 망명하는 등 거의 유리걸식을 하면서 뼈아픈 인고의 세월에 시달리거나 다시 의병속에서 흡수되어 일제의 침략에 항거하는 것으로 그 명맥을 유지해 나왔다.

한말 최초의 의병 봉기는 을미사변과 단발령을 계기로 발생하였다.

을미사변은 을미년 8월 29일 새벽 일본공사 미우라가 일본 수비대 병사 및 낭이들을 시켜 왕후 만비를 시해한 사건이다. 이에 따라 전국에서 '국모의 원수는 토벌하지 않을 수 없고, 임금의 수모는 설욕하지 않을 수 없다'는 구호 아래 의병들이 일어나기 시작했다.

다음으로 을사조약의 철회와 일제 침략전쟁에 대항하여 일어난 병오의병과, 1907년 군대해산을 계기로 일제 침략전쟁에 대항하여 일어난 정미의병은 거국적인 대일항쟁이었다.

그러나 이미 국방 외교권을 일본에 빼앗긴 한말 위정자들은 이 의병들의 봉기를 일본 폭도로 간주하여 진압시키고 제나라 백성들이 일본군에게 죽임을 당해도 어쩔 수 없이 방치한 상태였다. 또한 의병활동은 의분과 구국정신으로 일제에 저항하였지만 지방관이나 일인들, 또 친일파를 산발적으로 타격하는데 그쳤으며, 그 이유는 의병조직이 전국의 연계 조직이 아닌 점과 무기의 부족 때문이었다. 한말 의병전쟁의 실패도 의병이 소지하고 있는 무기가 관군이나 일본군에 비해 너무나 빈약하고 열세한 데 결정적인 원인이 있었다.

이런 열약하고 어려운 조건에서도 의병항쟁은 끝까지 계속되었고, 한 일합방 이후에는 독립군과 연계를 같이 하며 더 이상 견디지 못하면 중국, 만주, 러시아로 들어갔던 것이다.

이상으로 조선조 500년의 역사를 간략하게 살펴보았다. 조선시대는 한반도의 지정학적 특성과 조선조 500년간 사대주의의 모화사상에 빠져서 위정자들이 자기 위치를 망각하고 나라가 기울어지는 지경에 이르니, 이미 근본부터 뒤흔들린 나라의 갈망을 번연히 알면서도 핍박만 받고 살아왔던 백성들은 기울어지는 나라를 어떻게 해서든지 구해보려고 애썼다. 거의 맨손으로, 무기나 병기 하나 변변한 것 없이 외침에 맨몸으로 항거한 조선조 후기의 군졸들, 또한 시대적 개혁에 필요성을 뼈속까지 사무치도록 깨달은 농민들, 그리고 이미 주권, 외교권, 국방권까지 일제에 빼앗긴 상황에서 한사코 나라를 안 내놓으려고 몸

부리친 의병들, 바로 이들이 조선조 후기의 우리 민족을 지켜온 영웅들이었다. 이러한 시대적 아픔은 민족적 희한이기도 하지만, 그러나 또 한편 우리 민족의 자존심이요 긍지이기도 한 것이다.

2) 태권도와 군제

조선은 초기에 무예를 중시하여 국가의 기틀을 마련하였으며, 군대는 한강 외교의 목적을 삼는 방편뿐 아니라 국가 헌법의 안정을 목적으로 하였다. 그리고 국고금 출납도 군정에 속하여 각 관사 성문의 수직도 다 군사의 책임이며 문관으로도 현임이 없는 자는 다 군직에 부쳤다.

사실 조선 초는 고려의 군제를 그대로 답습하였으나 고려의 6부 보다는 이조의 6조가 더 관료적이었으며, 또한 승정원은 국왕의 비서기관으로 중요한 구실을 했고 때로는 다른 기관을 무시하고 권력을 행사할 만큼 강력한 왕권 통치체제를 수립하였다.

또한 조선 초에는 고려말 이후로 혼란했던 병제를 대폭 개정하고 정리하는 노력을 기울였다. 태조는 의흥 3군부를 두어 병권을 장악하였으나 아직 종친, 훈신들은 사병을 소유하고 있어서 국가에 의한 병권의 집중은 이루어지지 못하였다. 이 사병제를 혁파하여 병권의 집중을 단행한 것은 태종이었다. 태종의 사병 혁파는 고려조의 정방정치적 성격과 귀족정치의 성격을 일대 혁신시킨 것으로, 조선조는 비로소 절대왕권의 중앙집중체제를 수립하게 되었다.

그러나 국가 제도가 확립된 후부터 조선은 숭유억불 정책으로 불교를 배척하여 태조 12년에는 연등회, 팔관회를 폐지하였으며, 무예의 진흥을 소홀히 하여 수박은 무신들보다는 일반 대중들의 유희, 오락적인 민속경기로서 발전해 나갔다.

이러한 사실을 조선시대의 기록물들을 통해 살펴보기로 하자.

우선 이조실록에서 보면,

갑사를 선발하는데 의금부와 병조는 무사를 홍인문 안에 모아 그 기보사의 등급으로서 갑사에 충당하였다. 이 때에 이르러 불능자들은 삼군부에 모아 주보와 수박을 시켜 3인 이상을 이긴자는 모두 채용했으며 불능자는 모두 도태시켰다.

병조와 의흥부에서 수박회로 사람을 시험하여 방패군을 보충하였다. 담양 향리 단노 등이 국가에서 시험을 보아 군사를 뽑는다는 소문을 듣고 여럿이 모여 수박희 경기를 벌렸다.는 기록이 있는데, 이와 같이 내용은 이 시대의 태권도(수박)가 무예나 스포츠로서 뿐만 아니라 갑사나 방패군을 뽑을 때 기준이 되었다는 사실을 말해 주며 이 시대에 태권도가 큰 비중을 차지하는 무예였음을 알 수 있게 한다. 그리고 지방에까지 태권도(수박희)로 무사를 뽑는다는 소식이 전해져 태권도 경기를 하였다는 것은 일반 서민에게도 널리 보급된 국민운동이었음을 능히 짐작할 수 있는 것이다.

또한 단종실록에는 임금이 자주 태권도(수박희)를 보았다는 기록이 있으며 무예 경기가 끝난 다음 등위를 두고 시상하였다는 기록이 전해진다. 그리고 시대의 무예는 실기 뿐만 아니라 이론면에서도 체계화 된 것을 알 수 있는데, 그 실증으로 선조 때의 한교는 학술적으로 고금의 비법을 연구하고 70여명의 장정을 모집하여 무예교육을 시켜서 임진왜란 때 응용한 일이 있으며, 「무예통지」「연병지남조련도식」등의 무예교과서를 저술하여 무예에 공헌한 사실을 들 수 있겠다.

조선 초는 나라의 기틀이 잡히고 군대조직이 정비되었으나, 흥망성쇠의 논리를 따르듯 국가의 안정이 이루어진 후부터 무예는 경시되었으며, 위정자들은 문치와 당쟁에 휘말려 있다가 임진왜란과 병자호란을 맞게 되었다.

병자호란에서 패한 조선 중기의 인조는 1673년 1월 청태종에게 신하의 예를 다하여 치욕적인 항복을 하였다. 이런 치욕적인 항복을 한 인조로서는 청나라에 대한 원한을 가슴에 품은 채 물러나고, 1649년 효종이 즉위하면서 북벌계획은 본 궤도에 오르게 된다.

효정은 봉림대군 시절 부왕 인조가 당한 민족적 수모를, 어떠한 희생을 치르더라도 기필코 씻어야 한다는 생각을 한시도 버린 적이 없었다. 그리하여 효종은 군비를 확충하여 군사를 늘리고 군사훈련에까지 신경을 써서 북벌계획을 추진하였다. 상술한 바와 같이 효종의 북벌계획은 비록 좌절되었지만, 낮은 지위의 무인이라도 그 재주가 뛰어나면 파격적으로 지위를 올리고 시범연습에 잘못이 있으면 가차없이 그 적을 파직시키는 등 군사력 강화에 심혈을 기울인 왕이었다.

그러나 효종은 북벌계획을 너무 서두른 한편, 청나라의 눈치를 보느라고 겉으로 드러내 놓고 할 수 없었던 데다, 거의 매년 흉년이 계속되니 군비확충을 위한 재정적 뒷받침 또한 어려웠다. 결국 효종은 인조대왕의 치욕도 씻지 못하고 한스러운 생을 마쳐야 했다.

한편 군제 정비와 국방력 강화의 필요성을 절감한 또 다른 사람들이 있었는데, 그들은 바로 조선 후기의 실학파 사상가들이었다. 실학자들은 그들이 처해 있던 시대에 있어서 군사제도의 허상과 이로 말미암은 민중의 피해상을 서슴없이 지적해 나갔다. 그들은 조선의 군사력이 삼국시대 보다도 훨씬 약화되어 병력이 거의 없음을 지적하였다. 그리고 군보예의 편입을 수치로 여기는 사회적 풍조로 인하여 피역을 위한 부정수단이 보편화되고 있으며, 실역에는 납포대립이 불가능한 경제적 무능력자만이 편입되어 있는 현실을 지적하였다.

또한 평소에 군사의 조련도 형식적이어서 군사들은 활로 다루거나 창을 들 능력조차 갖추지 못했으며, 조련 점고를 할 때는 한사람이 4~5인의 이름에 대답하는 현상임을 밝혔다.

이런 군사제도의 불비와 함께 백성들에게 오랫동안 누습되어 온 것이 양역의 폐단이었는데, 그 대표적인 것이 백골징포, 황구첨정 인정과 족징 등이었다. 즉 죽은 사람에게 베를 징수하고, 어린 아이를 군정으로 충수하며, 이웃과 친적에게 남의 부세를 징수하는 것 등이다.

이런 구조적인 삼정의 문란을 개혁하고 영토확보와 외침으로부터의 안전 보장, 그리고 군제의 문란으로 쌓인 민중의 분노를 해결하기 위해서 실학자들은 군제에 관심을 갖게 되었다. 또한 그들은 병농일치의 주장을 펴면서 군사조직의 개혁안을 제시하였다. 그 가운데 무예쪽에 활기를 주었던 「무예도보통지」다.

「무예도보통지」는 무예를 천시했던 조선이 더 이상 치욕의 역사를 되풀이하지 않으려는 의지와 유비무환의 필요성을 절감하여 만들어진 것이다. 또한 조선 후기 실학사상의 영향으로 무예교육이 실기에서 뿐만 아니라 이론적으로도 체계가 잡혀졌음을 알 수 있는 것이 바로 정조조에 편찬된 「무예도보통지」이다.

이 책에서 태권도는 그동안 사서에 기록되었던 수박이 아니며, 권법이란 항목으로 「무예도보통지」권 4에 설명되어 있다. 즉 권법의 내력과 발생에 대하여 중국 소림사 권법을 설명하면서, 마치 한국의 태권도가 중국에서 유입된 듯 기록하고 있는 것이다. 그 이유는 조선조 때 중국의 모화사상 또는 사대사상의 영향을 받았기 때문이 아닌가 생각된다. 왜냐하면, 중국의 소림사에 달마대사가 소림권법을 펴기 훨씬 이전에 고구려의 각저총과 무용총에는 이미 씨름과 수박희(태권도)의 벽화 그림이 있었으며, 이것은 태권도가 우리 전통의 무예임을 입증하는 동시에, 달마대사가 중국에 들어온 연대보다 일, 이백년 앞서 있다는 사실을 밝혀주기 때문이다.

또한 우리나라의 무인들이 수박희를 무예의 기본으로 익혀 왔으며, 일반 백성이나 천민들 사이에도 일종의 국민정신의 하나인 상무정신을 드높인다거나 또는 스포츠 경기로서 서로 대회를 열고 경기를 벌였던 기록이 사서에 끊임없이 전해지는 것으로 봐서, 태권도는 우리 고유의 무예임이 틀림없는 것이다.

그러므로 「무예도보통지」 앞부분의 병기총서에 수박(태권도)에 관한 기록이 전혀 없었던 이유는, 우리 고유의 전통무예를 천시했기 때문으로 보여진다. 병기총서에는 우리 전래의 무술이 궁술하나만 있다고 되어 있는데, 궁술은 나라에서 정책적으로 장려한 것으로서 무인들이 반드시 갖추어야 할 무술이었다면 수박희는 무인들뿐만 아니라 평민, 상민, 천민들까지도 익힐 수 있는 맨손 격투기였던 까닭에, 조선조의 고루한 문신들 사이에서 속되다고 여겨져서 그냥 외면해 버렸음이 틀림없으리라.

그렇다면, 이와 같이 조선 후기에 그 당시의 사람들이 우리의 태권도를 어떻게 알고 있었던가를 「무예도보통지」를 살펴보는 것도 조선 후기의 태권도를 이해하는 데 도움이 될 것이다. 왜냐하면 「무예도보통지」권4에는 권법의 유래가 이전의 어떤 기록보다도 자세히 기록되어 있으며, 권법(태권도)의 품새와 동작까지 세심하게 표현되어 있다.

이상으로 정조 14년 왕명에 의하여 편찬된 「무예도보통지」를 간략히 살펴보았지만, 권법보 해설에 당송이래, 송지장삼봉, 내가권법왈, 소림기술 등 전부 중국의 무술을 인용했고, 그 품세로 보아 오랜 전통의 수박, 또는 택견과도 차이가 있으며 오늘날의 태권도와도 차이가 있음을 알 수 있다.

그러나 이 「무예도보통지」와 권법은 오늘날 태권도사를 연구하는데 그 역사적, 문헌적 가치를 결코 낮게 평가할 수 없으며, 또한 맨손 격투기로서의 수박이나 택견, 비각술이나 권법 등이 오랜 역사를 지니고 흘러 내려오는 동안에 그 성질이나 품새가 변화했을 가능성도 결코 배제할 수 없는 것이다. 그리고 조선은 중국에 사대사성을 갖고 섬긴 점 등으로 보아 아마도 우리의 전통무예인 수박이나 택견이 중국 권법과 서로 영향을 주고 받았을 것이며, 그런 영향까지 전부 작용하면서 오늘날과 같은 태권도가 되었을 가능성을 추찰할 수 있는 것이다.

그럼 이상에서 조선의 권법이 오늘날의 태권도로 그 품새가 굳어진 점을 미흡한대로 살펴보자.

안자산은 조선 후기 기록 속의 무예에서 수박과 권법 등을 '유술'이라고 주장하고, 이와 약간 차이가 나는 수박희로서 태권도를 들고 있다. 또 신체호도 「조선상고사」에서 수박, 덕견이 등을 함께 쓰고 있는데, 탁견, 덕견이 등이 다 택견과 같은 계열의 단어이며 수벽과 수박이 동일한 것으로 본다면 이들은 분명히 구분되어야 한다.

이처럼 수박과 택견의 분리에 관한 근거는 주로 기술적 측면을 중심으로 하고 있으며, 손기술을 중심으로 하는 것은 수박, 발기술을 중심으로 하는 것은 택견으로 분리하고 있다. 그러면 여기서 손기술 중심의 수박과 발기술 중심의 택견이 분리에 대한 의의를 살펴보자.

대부분이 역사연구에서 이 분리는 전대의 수박이 진화, 발전하여 수박, 택견으로 분리된 것으로 보고 있으나 「해동죽지」의 기록을 살펴보면, 단순한 전데의 수박(택견)이 수박, 택견으로 분화된 것으로 보기에는 아쉬운 점이 있다 하겠다.

「해동죽지」의 수벽타조에는

검술은 먼저 손재주의 묘한 것으로부터 나온다.
척장군이 하마 군사에게 재주를 가르쳤다.
세 구절에 만일 한 구절만 어긋나도

눈 깜짝할 사이에 주먹이 머리에 떨어졌다.

라고 하여 수술의 중요성을 강조하고 있으며, 척계광이 수박기술을 자기 병사에게 가르쳤다고 하는 것은 해동죽지에 나오는 수박이 바로 척계광의 「기효신서」에 있는 수박기를 말하는 것이거나, 그 소산물이라는 것을 알 수 있다.

여기서 「무예도보통지」를 인용했다는 점과, 권법시 권법은 무인의 검술의 기본으로 무기를 가진 권리들을 중심으로 수련되어 왔으며 택견은 무기가 없는 일반 대중에 퍼졌던 것을 감안한다면, 후기의 수박은 전대 권법의 변화 형태로 서민층에서 맥을 이어오던 우리 고유의 택견과 분리되어 설명된 것으로 보아야 할 것이다.

그러나 이 택견은 도나 무예로 취급받을 일도 없었던 것으로, 당시 이 택견은 발을 사용하여 상대를 제압하는 무도로서 손을 보조역으로 약간만 사용하는 것이 특징이다.

이상의 기록으로 보면 택견은 오늘날의 태권도로서 주로 발을 사용하며 보조역으로 손을 사용한다고 했는데, 이것은 권법에서 주로 손을 사용하고 보조역으로 발을 사용했던 점과 좋은 대조를 이루고 있다는 것을 알 수 있다. 따라서 오늘날의 태권도의 우리 고유의 무예인 택견에 중국 권법의 극히 일부가 도입됐음을 알 수 있다.

이상으로 조선시대의 태권도와 그 변천과정을 살펴보았다.

한편 일제시대에도 태권도가 면면히 이어져 왔겠지만, 일제의 혹심하 억압정책으로 우리 전래의 택견은 그나마도 기록이나 무예기술이 많이 소실되었다. 우리 민족 고유의 전통무예인 택견 역시 민족정신을 말살시키려는 일제의 잔혹성 때문에 더 없는 박해를 받았던 것이다.

택견 기능보유장니 송덕기옹(인간문화재 76호, 1893년생)은 택견을 할 줄 안다는 사실 하나로 지서에 끌려가 수차례 구타를 당했고, 이리저리 피해 다니다가 사적공원 깊은 골짜기에 은신해 있었다고 증언한 바 있다.

일제는 1909년 10월 27일자로 연합운동회를 강제로 폐지하였고 갖은 수단과 방법을 동원하여 우리 고유의 무예인 택견을 탄압하였다.

태권은 경기의 성격상 그들에게 탄압의 직접적인 표적이 되어 택견 기능보유자들의 생명까지도 앗아 갔으며, 우리의 택견이 일본의 가라데(공수도)와 비슷하다는 점을 들어 가라데라 칭하게 되고, 이 가라데형을 보급시켜 우리 고유의 태권을 말살시키려 하였다.

이런 역사적 배경 속에서 36년 동안 자취를 감추었던 태권도가 해방과 함께 그 모습을 드러낸 점으로 보아, 오늘날의 태권도는 우리 전통의 택견이 어느 정도 변화된 것으로 예상할 수 있는 것이다.

5. 현대의 태권도

해방과 더불어 민족문화와 전통에 대한 주체적 인식과 정리가 되어감에 따라 예부터 내려오던 민속경기가 되살아나기 시작했다. 예부터 '태껸'을 수련하던 분들이 나타났고 그 중 송덕기같은 사람은 전 대통령인 이승만의 생일날 우리의 태권도(태껸) 시범을 보여 한국 태껸과 가라데의 다른 점을 보여주기도 하였다.

또한 광복 이후 전문인들에 의해 태권도장이 개설되었고, 그 후 6.25동란까지 초보적 발전단계를 거치다 6.25 후에 시국의 안정과 더불어 점차로 일반인들에게 보급되기 시작하였다. 점차 수련생이 늘고 도장간의 교류가 이루어지자 1954년에 명칭을 태권도로 통일하고 그 후 1961년 9월 16일에는 태권도협회의 명칭을 대한태수도협회로 개정하였다가 1965년 8월 5일 다시 대한태권도협회로 바꾸어 지금에 이르고 있다. 1962년 6월 20일에 대한체육회의 경기 단체로 대한태권도협회가 가입승인을 받았으며 1963년 10월 24일 제44회 전국체육대회에는 태권도가 시범종목으로 참가한 후 1964년 9월 3일 제45회 전국체육대회부터는 정식경기종목이 되었다. 그 당시 체급은 플라이 급부터 해비 급까지 7체급의 개인전을 실시하였고 기술의 정도에 따라 중기부(1~2단)와 고기부(3단 이상)로 구분하였다.

1966년부터는 대통령기쟁탈 전국단체대항태권도대회(1966. 10. 28)가 1968년부터는 주한외국인 개인선수권대회(1968. 6. 16), 1970년부터는 전국국민학교태권도개인선수권대회(1970. 10. 24)와 함께 여자부 태권도 개인선수권 대회가 개최되어 현재에 이르고 있다. 또한 1963년부터 협회의 종별선수권대회에 포함되어 있던 대학부를 1974년부터 대학태권도연맹에서 대회를 주최하게 되었고, 전국체육대회도 일반부에서 대학부를 독립 설치하게 되었다.

이같이 국내의 태권도가 각계 각층으로 확산되어 보급되는 동시에 군에서도 태권도의 우월성과 국방체육으로서의 가치를 인정하여 정식수련종목으로 선정하였다. 월남전에 참전한 용사들이 태권도 기술을 응용, 실전에서 적을 제압함으로써 한국 군인과 태권도는 세계적인 각광을 받기 시작하였다.

이렇게 발전되어 온 태권도는 점차 그 가치를 인정받아 근대에 이르러 '체력은 국력'이라는 정부의 국민 체력 향상 정책과 체육인구의 저변 확대에 발맞추어 전국적으로 보급되었다. 태권도 기술의 우월성은 물론 심신수련, 인격도야, 체력향상 이라는 목적이 높이 평가되어 1971년에는 우리나라의 국기로 지정되었다.

태권도는 국방과 치안을 담당하는 군대와 경찰뿐만 아니라 학업을 전념하는 학생들까지 실시하는 범국민적 운동으로 발전하여 국내에 200여만의 수련생과 50여만의 유단자를 배출하였고 해외 102여개국에 2,000여명의 사범을 파견하여 50여만의 수련생을 지도하고 있어 민간외교와 국위 선양에 큰 몫을 하고 있다.

1972년에는 태권도 중앙도장 겸 시합장으로서 국기원을 개원하고 1973년 5월 28일에는 세계태권도연맹을 창설하였는데 현재 회원국의 수는 179여 개국의 달하며 계속 늘어나고 있는 추세이다. 또 1973년에는 제 1회 세계선수권대회를 창설하여 매2년마다 대회를 열고 있다. 1985년 9월 제7회 세계선수권대회시까지 계속 7연패함으로써 종주국의 위치를 확고히 하였다. 또 1974년부터 매 2년마다 아시아 태권도선수권대회를 개최하고 있으며 세계의 각 대륙마다 지역대회를 실시하고 있다.

또한 1975년에는 태권도가 미국체육회(A. A. U)와 국제경기연맹연합회(G. A. I. S. F)에, 1976년에는 국제군인체육회(C. I. S. M)에서도 정식경기종목으로 채택되었다. 또 1979년에는 세계태권도연맹의 김운용 총재가 세계비올림픽 종목연합회의 회장에 선임되었고

1980년에는 세계태권도연맹이 IOC의 정식 승인 단체가 되는 동시 태권도 종목이 올림픽 종목으로 채택되었다. 1981년 미국 산타클라라에서 개최된 제1회 월드게임에서는 태권도가 9개의 메달을 획득, 한국어 종합 2위를 획득하는데 크게 기여하였다.

1983년 8월 12일에는 판안게임에도 정식 경기종목으로 채택되었다.

1986년 9월 우리나라 서울에서 개최된 제 10회 서울아시안게임에서는 태권도가 정식 종목으로 채택되어 8체급 중 7체급에서 금메달을 획득하여 일본을 앞지르고 우리나라 아시아 제2의 스포츠 강국이 되는데 일익을 담당하였다.

대 회	기 간	장 소	참가국	선수 임원수
제 1 회	73. 5. 25 ~ 27	한국, 서울	19	남자선수, 임원 200
제 2 회	75. 8. 28 ~ 31	한국, 서울	30	남자선수 165, 임원 91
제 3 회	77. 9. 15 ~ 17	미국, 시카고	46	남자선수, 임원 720
제 4 회	79. 10. 26 ~ 28	독일, 수투드가르트	38	남자선수, 임원 453
제 5 회	82. 2. 24 ~ 27	에콰도르, 콰이아킬	50	남자선수, 임원 500
제 6 회	83. 10. 20 ~ 23	덴마크, 코펜하겐	66	남자선수, 임원 783
제 7 회	85. 9. 4 ~ 8	한국, 서울	53	남자선수, 임원 506
제 8 회	87. 10. 7 ~ 11	스웨덴, 바르셀로나	57	남자선수 292, 여자선수 142
제 9 회	89. 10. 9 ~ 14	한국, 서울	59	남자선수 310, 여자선수 136
제 10 회	91. 10. 29 ~ 11. 3	그리스, 아테네	53	남자선수 273, 여자선수 161
제 11 회	93. 8. 19 ~ 21	미국, 뉴욕	82	남자선수 443, 여자선수 226
제 12 회	95. 11. 17 ~ 21	필리핀, 마닐라	74	남자선수 379, 여자선수 219
제 13 회	97. 11. 19 ~ 23	중국, 홍콩	80	남자선수 434, 여자선수 276
제 14 회	99. 7. 2 ~ 6	캐나다, 에드몬톤	66	남자선수 320, 여자선수 230
제 15 회	2001. 11. 1 ~ 7	한국, 제주	90	남자선수 400, 여자선수 258
제 16 회	2003. 9. 24 ~ 28	독일,가르미사-파랜크챈	99	남자선수 542, 여자선수 352
제 17 회	2005. 4. 13 ~ 17	스페인, 마드리드	114	남자선수 449 여자선수 299

〈표 1〉 세계태권도 선수권대회 종합전적

세계선수권대회와 세계여자선수권대회는 2년마다 열리는 것으로 두 대회가 함께 열리는데 세계태권도연맹의 정회원국가는 모두 참가할 수 있다. 여자세계선수권대회는 제8회 세계선수권대회에 처음으로 여성선수들이 참가함으로써 제1회가 1987년에 스페인의 바르셀로나에 열렸다. 현재까지 열린 세계선수권대회와 앞으로 예정된 세계선수권대회는 앞의 〈표1〉과 같다.

세계주니어선수권대회는 1996년 처음 열렸으며 역시 2년마다 열리기로 되어 있다. 지금까지 열린 대회와 예정인 대회는 아래의 〈표2〉와 같다.

대 회	기 간	장 소	참가국	선수 임원수
제 1 회	96. 7. 27 ~ 30	스페인, 바르셀로나	53	남자선수 273, 여자선수 182
제 2 회	98. 9. 9 ~ 13	터키, 이스탄불	50	남자선수 263, 임원 205
제 3 회	2000. 11. 15 ~ 18	아일랜드, 킬라니	49	남자선수 295, 임원 212
제 4 회	2002. 10. 1 ~ 6	그리스, 헤라클리온	55	남자선수 302, 임원 233
제 5 회	2004. 7. 13 ~18	한국, 순천	70	남자선수 341, 임원 269
제 6 회	2006. 8. 26 ~ 30	베트남, 호치민		

〈표 2〉 세계주니어 선수권대회

월드컵태권도대회는 매년 열리게 되어 있는 대회 - 중간에 건너뛴 적도 있음 - 로서 1986년 처음 열린 이래 2002년까지 12회 열렸다. 1990년 4회 대회에 여자선수들이 처음 참가했다. 2002년 7월 15일 집행위원회 결의에 따라 이 대회는 World Cup Takewondo Team Championships란 명칭으로 2년에 한번씩 열리게 되었다. 현재까지 열린 대회는 다음의 〈표3〉과 같다.

대 회	기 간	장 소	참가국	선수 임원수
제 1 회	86. 7. 3 ~5	미국, 콜로라도 스프링스	13	남자선수 94 임원 42
제 2 회	87. 5. 15 ~ 17	필란ㄷ, 헬신키	14	남자선수 165 임원 91
제 3 회	89. 2. 22 ~ 25	이집트, 카이로	16	남자선수 114 임원 67
제 4 회	90. 11. 9 ~ 11	스페인, 마드리드	18	남자18개국 여자 9개국
제 5 회	91. 5. 16 ~ 18	유고슬라비아, 자그랩	19	남자18개국 여자9개국
제 6 회	94. 7. 21 ~23	영령 케이맨 군도, 조지타운	22	남자선수 115 여자선수 106
제 7 회	96. 5. 24 ~ 28	브라질, 리오 데 자네르	20	남자선수 107 여자선수 103
제 8 회	97. 3. 6 ~ 8	이집트, 카이로	22	남자선수 120 여자선수 122
제 9 회	98. 6. 5 ~ 7	독일, 신델피첸	27	남자선수 165 여자선수 154
제 10 회	2000. 4. 14 ~ 16	프랑스, 리옹	29	남자선수 178 여자선수 172
제 11 회	2001. 5. 31 ~ 6. 3	베트남, 호치민	30	남자선수 183 여자선수 166
제 12 회	2002. 7. 16 ~19	일본, 도쿄	33	남자선수 150 여자선수 154
제 13 회	2006. 5. 4 ~9	미국, 콜로라도 스프링스		

〈표 3〉 월드컵태권도 대회

올림픽 태권도 관련 일지

1988. 9. 17~ 20 제24회 서울 올림픽에 시범종목으로 참가

1992. 8. 3~5 제25회 바르셀로나 올림픽에 시범종목으로 참가(1996 애틀란타 올림픽에서는 시범종목이 없었음)

1994. 9. 4 103가지 파리 IOC총회에서 2000년 정식종목으로 채택

1995. 2. 15 WTF가 하계올림픽종목 국제경기연맹연합 준회원 가입

1996. 11. 5~8 멕시코 칸쿤 IOC집행위에서 2000년 시드니 올림픽 태권도 참가선수 숫자 64명에서 100명으로 확대 결정

2000. 12. 11~13 IOC집행위 : 태권도를 2004 아테네 올림픽 정식종목으로 확정

2001. 9. 18~ 20 IOC집행위 : 2004 올림픽 태권도 참가선수숫자 124명으로 확대 결정 (2008 베이징 올림픽 정식종목 변경에 대한 많은 제안을 IOC의원들로부터 받으면서 신임 Jacques Rogge IOC 위원장이 올림픽 정식종목에 대한 체계적인 검토를 주도하게 됨)

2002. 8. 28 로잔 IOC집행위 : IOC프로그램위원회 권고에 근거하여 2008 베이징 올림픽 스포츠 종목을 태권도 포함한 27개 종목으로 결정.

2002. 11. 29 114차 멕시코시티 IOC 총회 : 태권도의 2008 올림픽 정식종목 포함확정. 올림픽헌장에 따르면 각 올림픽의 종목은 7년 전에 확정되어야 한다는 조항에 따라 2002. 8. 28의 2008 올림픽 종목변경을 채택하지 않고, 올림픽 규모를 28개 스포츠, 300개 경기종목, 선수 10,500명으로 제한하되 각 올림픽이 끝나면 스포츠 종목을 검토하기로 결정

2004. 8. 26~29 2004 아테네 올림픽 참가 (남녀 4체급씩 60개국 124명 - 남 64명, 여60명)

2004. 8~12 IOC : 28개 하계종목 국제경기연맹 및 5개 IOC 승인 국제경기연맹(골프, 롤러스포츠, 럭비, 가라데, 스쿼시)에 33개 항목으로 이루어진 국제경기연맹 평가질의서 송부, 2004년 11월 15일까지 IOC에 제출토록 함. 이 질의서는 IOC 프로그램위원회가 검토하도록 되어 있음.

2005. 4. 16~20 베를린 Sport Accord 회의 시 IOC가 2012년 종목선정을 28개 종목 일괄선정이 아닌 각각의 종목에 대한 투표(IOC위원 과반수)로 결정키로했다고 발표.

2005. 7. 8 117차 싱가포르 IOC총회에서 태권도를 2012년 런던 올림픽 정식종목으로 유지하기로 결정함.

Part 3

태권도 행정의 이해

1. 문서의 이해
2. 심사규정의 이해
3. 회의진행의 이해

1. 문서의 이해

1). 공문서 작성

(1) 공문서 의의

공문서란 공적인 업무수행을 위해 작성되는 행정기관 상호간에 왕래되는 문서(도면, 사진, 테이프 및 슬라이드 포함)이다.

(2) 공문서의 종류

*법규문서 (법률, 대통령령, 총리령, 조례, 규칙 등)

*지시문서 (훈령, 지시, 예규, 일일명령 등)

*공고문서 ("예"고시공고 등 행정기관이 일반에게 알리는 문서)

*일반문서 (1,2,3 문서를 제외한 모든 문서)

(3) 문서 작성의 일반원칙

*문서의 용지 규격 및 색깔

*문서의 용어

*항목 구분

*면 표시

*문서의 수정

*문서의 간인

*끝 표시

(4)문서의 기안

(가) 전 결

1) 결재권자로부터 위임받은 사항을 일정한 자격자가 결재하는 것을 말하며 결재인란에 "전결"이라 표시하고 결재권자의 결재란에 실인 또는 서명함.

2) 기안용지 상에는 전결 해당 조항을 기입하고 결재권자란에 결재함.

과 장	부 장	국 장	부원장	원 장

(나) 대 결

1) 정규의 결재권자가 출장, 휴가 기타 사유로 부재중일 때 정식으로 직무 대리를 임명 받은 자가 자기 결재란에 대결이라 표시하고 정기 결재권자란에 결재함.

2) 대결은 정규의 결재권자가 결재한 것과 동일한 효력을 갖는다.

과 장	부 장	국 장	부원장	원 장

(다) 후 열

1) 전결 또는 대결한 주요문서는 결재권자의 결재란에 "후열"이라고 표시하고 뒤에 필히 결재권자의 열람결재를 받아야 함.

2) 후열의 경우에는 결재권자란 우측 여백에 후열의 표시를 하고 결재권자의 후열을 받음.

과 장	부 장	국 장	부원장	원 장

3) 시행문 (별첨 양식)

(가) 두 문

(나) 본 문

(다) 결 문

2.심사규정의 이해

1) 국기원 승품단 심사위원 운영지침(안)

제 1 조 (목 적)

본 지침은 국기원 승품단 심사위원 교육과 운영에 따른 제반 사항을 규정하여 정예 심사위원을 배출, 국가협회 및 심사이행 시도협회의 공저한 승품단 심사 시행을 지원하고 태권도 기술 발전에 기여함을 그 목적으로 한다.

제 2 조 (운영 방침)

1. 심사위원 교육은 1급, 2급 및 3급으로 구분 실시한다.
2. 심사위원 교육은 지속적으로 실시한다.
3. 심사위원 교육은 국가협회 및 심사이행 시도협회의 소요에 따라 실시한다.
4. 심사위원 교육은 국기원장, 국가협회장 및 심사이행 시도협회장 추천자를 접수하여 국 기원이 실시한다.
5. 심사위원 운영은 국가협회 및 심사이행 시도협회가 전담하여 지명, 추천, 운영한다.

제 3 조 (심사위원 등급 및 자격요건)

구 분	자격요건(단)	추 천	비 고
1급	9단	국기원장	국기원 심사위원 교육 수료 후 평가 합격자
2급	8단	국가, 시도협회장	국기원 심사위원 교육 수료 후 평가 합격자
3급	6,7단	국가, 시도협회장	국기원 심사위원 교육 수료후 평가 합격자

* 해외 심사위원 자격요건은 별도로 정할 수 있음.

제 4 조 (심사위원 임무)

1. 심사위원 자격증 소지자는 국가협회 및 심사 이행권을 위임받은 협회에서 시행하는 승품단 심사대회에 지명 및 추천을 받아 심사위원으로 활동한다.
2. 심사위원 자격증 소지자는 심사규정 및 채점기준에 의한 공정한 판정을 한다.

제 5 조 (심사위원 교육 및 자격증 부여)

1. 심사위원 교육은 매 차수 (24시간) 이상 이론(심사규정, 채점요령) 및 실기 (기본동작, 품새, 겨루기, 격파) 등을 실시한다.
2. 심사위원 교육 수료 후 이론 및 실기평가 합격자에 한해 자격증을 부여한다.
3. 필요시 보수 교육을 실시한다.

제 6 조 (심사위원 승급)

1. 승급 : 승단 및 심사위원 활동경력 5회 이상자로서 협회추천자
2. 승급 : 승단 및 보수교육 이수자

제 7 조 (심사위원 상벌)

1. 심사위원 공적이 많은 자는 심사이행 협회의 추천에 의해 국기원에서 시상한다.

2. 심사위원으로서 품위를 손상하거나 부정한 방법으로 심사판정에 물의를 일으킨 심사 위원은 상벌위원 회의 결의에 의해 자격을 제한할 수 있다.
3. 위 1,2항의 심사위원에 대한 상벌권은 1차 시도협회, 2차 국가협회, 3차 국기원 순으로 행사한다.

부 칙

1. (시행일) 본 운영지침은 2005년 1월 1일부터 시행한다.
2. 승품단 심사규정은 현행 규정을 적용한다.
3. 본 지침에 명시되지 않은 사항은 현행 법령 및 규정에 따른다.
4. 국기원 회원국가(해외) 심사위원 운영은 2006년 1월 1일부터 시행한다.

2) 국기원 승품단 심사규정

제1조 목 적

본 규정은 국기원(세계태권도본부) 공인 품, 단증 발급에 따른 제반심사 및 업무처리절차를 규정하여 태권도 기량의 합리적인 배양과 체계적이고 표준화된 품, 단의 부여를 목적으로 한다.

제2조 적 용

본 규정의 적용되는 범위는 아래와 같다.

1. 세계태권도연맹에 가맹된 국가협회에 소속된 도장이나 단체에서 지도하고 있는 사범과 수련 받고 있는 자.
2. 세계태권도연맹에 가맹하지 않은 국가에서 공인단증 보유자로서 지도하고 있는 사범과 수련 받고 있는 자.
3. 태권도 유사단체에서 발급받은 단증 보유자로서 국기원 제 규정을 준수할 것을 확약

하고 그 취지에 적극 찬동하는 자 중 국기원단을 받기를 희망하는 자.

4. 응심자가 주재국 이외의 제 3국에서 응심할 경우 그 곳에서의 수련 및 체제기간이 6개월 이상 경과된 자.

제3조 권 한

본원은 심사승인, 심사위임, 심사집행, 심사감독, 품 · 단사정, 품 · 단증 발행 및 징벌권을 총괄 행사하는 최고기관이다.

제4조 의 무

1. 세계태권도연맹은 각 국가협회가 국기원 승품, 단 심사업무를 원활히 수행할 수 있도록 협조하여야 한다.
2. 각 국가협회장은 심사업무 집행에 따른 제반업무를 충실히 이행하여야 한다.
3. 응심자는 심사에 관한 본원의 제 규정을 준수하여야 한다.

제5조 추천권

1. 응심자에 대한 국기원 승품, 단 심사추천권은 국가협회가 자국내의 회원을 70% 이상 장악하고, 원활한 심사업무를 집행한다고 본원에서 인정될 경우 해당 국가협회장은 추천권이 있다. 단, 개별 추천권은 허용하지 않는다.
2. 승품, 단 심사추천권이 확정되지 않은 국가협회는 위 1항과 같이 여건조성의 시기도래시까지 국기원에 대하여 개별 추천권을 갖는다.
3. 세계태권도연맹에 가맹하지 않은 국가에서 공인 사범이 지도하고 있는 수련생에 대하여 공공기관의 확인서에 의거 지도사범이 추천한다.

제6조 심사위원회 구성

1. 승품, 단 심사업무의 효율적인 집행을 위해 아래와 같이 심사기구를 구성 운영한다.

심 사 구 성	심사위원 자격	응 심 대 상
보 통 심사위원회	6단 이상자	5단 이하
고단자 심사위원회	7단 이상자	6단 이하

가. 심사기구

나. 국가협회에 6단 이상자가 없을 경우에 본원의 사전승인을 득한 후 심사를 집행하여야 한다.

다. 심사위원은 심사규모에 따라 3인 이상 10명 이내로 편성하고 응심자의 동작 관찰이 용이한 장소에 위치한다.

2. 위 1항은 국기원 승품, 단 심사 추천권자가 각국 협회장으로 확정 되었을 경우에 적용되며, 그 이전까지는 현행과 같이 본원에서 인정하는 사범과 협회의 재량에 따라 임의로 구성한다.

제7조 심사이행

1. 심사는 실기와 이론심사로 구분 다음과 같이 시행한다.

가. 5단 이하는 실기심사를 원칙으로 한다. 단 4,5단은 이론심사를 병행 시행할 수 있다.

나. 6단 이상 응심자는 실기와 이론(필답, 논문) 심사를 병행 시행한다. 단, 해외응심자의 실기는 본원에서 인정하는 지도사범 또는 국가협회 추천으로하고 이론심사는 논문(한글, 영어, 불어, 독일어, 서반아어)으로 대체하며, 논문은 16절지 10매 이상을(논제는 별도 선정) 작성하여 승단심사 신청서와 같이 제출하여야 한다.

2. 5단 이하 응심자는 시도 및 주단위로 지방에 위임하고 6단 이상 심사는 중앙에서 실시한다. 단, 국가 설정에 따라 이를 조정할 수 있다.

3. 심사권을 위임받은 협회는 심사권을 공정히 실시하여야 하며 부당한 방법에 의하여 응심자의 피해가 발생할 시에는 본원이 조정, 통제한다.

4. 국내 및 해외 거주 8단 이상 응심자는 본원에서 실기검사를 실시하며, 심사시기는 매 분기 마다(년 4회) 실시한다. 해외 거주 7단 이하 응심자에 대해 당원에서는 지역 및 국가별로 심사위원을 출장 현지 고단자와 합동으로 심사를 실시할 수 있다.
5. 심사는 월 1회 실시하는 것을 원칙으로 하며, 해당국 협회 설정에 따라 수회 조정 실시 할 수 있다.
6. 심사장에는 응심자의 안전을 위하여 심사집행부서의 장은 아래와 같은 안전대책을 취한다.

   가. 심사집행 규모를 감안하여 적정인원의 의사 또는 응급처치사를 배정한다.

   나. 응심자 및 심사집행원을 상대로 사전에 실기검사를 위한 안전교육을 실시한다.
7. 심사 진행 중 발생한 응심자의 상해 및 사망에 대하여 본원 및 심사주관 단체에서는 법적(민, 형사상)인 책임을 지지 아니함을 응심자에게 확인 신청케 한다.

제8조 승품, 단 연한 및 연령구분

1. 연한 및 연령구분

품, 단별	승품,단 연한구분	승품,단 연령 구분		참 고 사 항
		단부터 시작한 자	품부터 시작한자	
1 품			15세 미만	* 모든 응심자는 승품, 단 연한 및 연령이 경과 되어야 함. * 태권도조기 수련자임을 감안하여 품부터 시작한 자는 5단까지 승단 연령의 단축 혜택을 부여함.
1 ~ 2품	1년		15세 미만	
2 ~ 3품	2년		15세 미만	
3 ~ 4품	3년		18세 미만	
1 단		15세 이상		
1 ~ 2단	1년	16세 이상	15세 이상	
2 ~ 3단	2년	18세 이상	15세 이상	
3 ~ 4단	3년	21세 이상	18세 이상	
4 ~ 5단	4년	25세 이상	22세 이상	
5 ~ 6단	5년	30세 이상	30세 이상	
6 ~ 7단	6년	36세 이상	36세 이상	
7 ~ 8단	8년	44세 이상	44세 이상	
8 ~ 9단	9년	53세 이상	53세 이상	
9 ~ 10단		60세 이상	60세 이상	

2. 1,2,3품 보유자는 만 15세가 경과되면 단과 같다. (단 4품은 만 18세 이상)
   * 현 1,2,3품증 보유자가 만 15세를 경과할 경우 본인의 희망에 따라 단증으로 교체하여 교부 받을 수 있다. (단, 4품은 만 18세 이상)
3. 만 15세가 경과한 품보유자로서 차상위단으로 승단하고자 할 경우 보유품 승품일자로부터 기산하여 승단기간 경과자는 응심 자격을 부여한다. 단, 3품 보유자가 4단으로 승단을 희망하는 경우 만 18세 미만은 4품, 18세 이상은 4단으로 응심토록 한다.

제9조 응심구분

1. 승품, 단 심사
2. 특별승단 심사(유사단증 인준등)

3. 명예단 심사(태권도 발전에 공로가 지대한 사회인사에게 그 공적 내용에 따라 명예단을 수여한다.)

4. 추서단 심사(태권도 고단자로서 공로가 지대한 자가 순직하였을 때 1계단을 추서한다.)

제10조 심사과목

1. 실기심사
   가. 품　새
   나. 겨루기
   다. 격　파(선택실시)
   라. 특　기(선택실시)
2. 이론심사
   가. 필　딥
   나. 논　문
3. 면접심사(6단 이상 응심자에게 시행할 수 있다)

제11조 품,단 응심별 실기과목

	품새		
	지정		필수
1품,단	태극 1장~7장	1지정	태극 8장
2품,단	태극 1장~8장	1지정	고려
3품,단	태극 1장~8장, 고려 중	1지정	금강
4품,단	태극 1장~8장, 고려, 금강 중	1지정	태백
5품,단	태극 1장~8장, 고려, 금강 태백 중	1지정	평원
6품,단	태백, 평원, 십진 중	1지정	지태
7품,단	평원, 십진, 지태 중	1지정	천권
8품,단	십진, 지태, 천권 중	1지정	한수
9품,단	지태, 천권, 한수 중	1지정	일여
10품,단	심사위원회에서 심의 의결함		

제12조 채점요령

1. 실기심의 채점은 별첨 1, 2 양식(품새, 겨루기)에 의거 실시하며, 요령은 다음과 같다.

가. 심사위원은 홀수로 편성(3인, 5인)하며 1인 100점 만점으로 배점한다.

나. 각 심사위원 부여점수 60점 이상은 합격, 59점 이하는 불합격으로 한다.

(점수 부여 5점차로 함 : "예"55, 60, 65 등)

다. 편성된 각 심사위원 실기심사 부여점수 결과에 대한 합, 불 판정은 다음 예와 같다.

	A	B	C	판정결과
홍 길 동	60	55	60	합격
마 희 송	55	55	60	불합격

"예"품새(겨루기) 심사

* 심사위원 3인중 60점 이상 2개는 합격, 59점 이하 2개는 불합격 처림함.

(심사위원이 5인일 경우는 60점 이상 3개는 합격 59점 이하 3개는 불합격)

* 지정 및 필수의 2개 품새는 평균치로서 점수 산출함

라. 각 과목 중(품새, 겨루기, 이론 등) 1개 과목 불합격시는 과락으로 간주 실격 처리한다.

마. 별첨 3양식(각 과목별 점수 종합)에 의거 각 과목별 점수를 종합 기록 관리한다.

2. 채점의 확인사항

품 새	겨 루 기	격 파	특 기	이 론
시 선	시 선	시 선	격 파	정신분야
기 합	기 합	중 심	특수손기술	실기분야
완 급	완 급	힘의강도	특수발기술	
강 약	강 약	속 도		
신 축	신 축	공격부위		
중 심	중 심			
자 세	기의 다양성			

第13조 심사 복장

1. 각 응심자는 아래 복장을 필히 착용 심사에 임하여야 한다.
   가. 공인도복
   나. 각종 보호대(몸통, 머리, 샅보호대)

第14조 등록금

1. 본원의 품, 단증서 발급과 유품, 단 보유자 기록관리 유지를 위한 등록금을 별도 산정 납부한다.
2. 아래의 경우에는 등록금의 면제 혹은 감면 받을 수 있으며, 이를 위해 국가협회(장)는 서면으로 본원에 요청하며, 원장의 승인을 받아야 한다.
   가. 경제적으로 취약국가
   나. 미수교국 등 보급차원에 있는 정책적 국가
   다. 천재지변에 의한 재난을 당한 지역 및 국가
   라. 기타, 감면, 면제가 요구된다고 판단된 지역 및 국가
3. 월단할 경우는 월단까지의 각단을 합산한 등록금을 납부해야 한다.

第15조 원장 재량권

원장은 승품, 단 심사에 관한 심사규정 이외의 사항에 대하여 본원 심사심의위원회의 건의에 의거 처리할 수 있는 재량권을 갖는다.

第16조 품, 단증 발급처리

1. 본원은 승품, 단 심사심의위원회를 구성 운영하며, 심의결과에 따라 원장의 재가를 득하여 아래와 같이 품, 단증을 발행한다.
   가. 협회 중심국으로 선정된 국가(제5조 1항)의 5단 이하는 국기원장과 추천 국가 협회장 공동명의로 발행하며, 추천 국가협회장 발급명의는 별도 지정한 위치에 본원에 등록된 협회장 서명 후 해당국가에서 발행한다.

나. 국가협회 추천이 확정되지 않은 국가협회의 모든 단증은 국기원장 명으로 발행한다.

다. 6단 이상 고단자는 국기원장 명의로 발행한다.

제17조 특 전

다음과 같은 경우에는 승단(품) 연한 및 연령의 기한단축 특전을 부여한다.

1. 유공자의 경우

가.

분야별	내 용	년한 및 연령 단축
경기 실적	1. 올림픽 우승자	100%
	2. 세계연맹이 주최한 세계적 규모의 태권도대회 우승자	80%
	3. 지역 대륙별 대회 우승자.	60%
공로 실적	1. 태권도 지도, 보급 공로자로서 국가원수로부터 훈장을 수상한 자.	50%

나. 위 각 분야별 특전은 동일 성격으로서 1회에 한한다.

다. 유공에 따른 혜택을 받고자 하는 자는 다음 구비서류를 제출해야 한다.

(1) 경기실적이 있는 자는 각국 태권도협회장이 발급한 전적증명서 2부

(2) 공로 및 기타 실적이 있는 자는 이를 증명할 수 있는 공공기관의 서류 2부

라. 유공자 특전은 7단 응심자까지 해당된다.

2. 체육대학 태권도과 졸업 예정자

체육대학(태권도과)에서 태권도를 전공하며, 4학년 이전에 3단을 보유한 졸업예정자가 지도교수의 추천으로 다음 구비서류를 제출할 경우에는 연한에 구애 없이 4 단 응심자격을 부여할 수 있다.

* 졸업예정자 구비서류

- 4학년 1학기까지 120학점 이상의 취득을 확인할 수 있는 성적증명서 1부
- 4학년 2학기 등록한 자의 재학증명서 1부

3. 기한단축 요구자

가. 해외거주 응심자가 특수한 사정으로 승단(품) 연한 및 연령의 기한단축을 요구할 시는 본원에 다음 구비서류를 제출해야 한다.

(1) 승단(품) 심사신청서 1부

(2) 이력 및 무력서 1부

(3) 국가협회장 추천서 1부

(단, 협회중심국으로 선정되지 않은 국가는 협회장 또는 지도사범의 추천서)

(4) 태권도 활동상황 및 공헌 내용 1부

(5) 한국인은 해외거주를 인정할 수 있는 근거서류 1부

(6) 기타 참고자료

나. 본원에서는 위 "가"항의 응심자에 대해 심사심의위원회의 심의 후, 원장의 제가를 득하여 특전을 부여할 수 있다.

제18조 유사단증 및 월단 인준

1. 태권도 유사 사설단체와 도장에서 발급한 단증을 보유한 자가 국기원 단증 발급을 원하는 경우 본원에 다음 구비서류를 제출해야 한다.

가. 승품, 단 심사신청서 1부

나. 이력 및 무력서 1부

다. 보유중인 유사단체 발급 단증

라. 국가협회장 추천서 1부

(단, 협회중심국으로 선정되지 않은 국가는 협회장 또는 지도사범의 추천서)

마. 태권도 활동 상황 및 공헌 내용 1부

바. 해외거주 한국인은 해외거주를 인정할 수 있는 근거서류 1부

사. 기타 참고 자료

2. 국기원 단(품)증이 없거나 또는 단(품)증은 있으나 특수한 사정으로 월단(품)을 해야 할 경우에는 본원에 다음 구비서류를 제출해야 한다.

가. 승품, 단 심사신청서 1부

나. 이력 및 무력서 1부

다. 국가협회장 추천서 및 실기심사 채점표 각 1부

(단, 협회중심국으로 선정되지 않은 국가는 협회장 또는 지도사범의 추천서 및 실기심사 채점표, 국내거주 응심자는 시, 도협회장 추천서 및 실기심사채점표)

라. 태권도 활동 상황 및 공헌 내용 1부

마. 해외거주 한국인은 해외거주를 인정할 수 있는 근거서류 1부

바. 기타 참고자료

3. 본원에서는 위 1,2항의 응심자에 대해 심사심의위원회의 심의 후, 원장의 재가를 득하여 인준할 수 있다.

제19조 징 벌

1. 다음 행위는 제명, 단의 박탈, 정권 등으로 처벌한다.

가. 단증의 변조, 위조 행위

나. 무자격자의 심사 행위

다. 각국 협회 및 개인 명의로 품, 단증 발행하는 행위

제20조 승급심사

승급심사는 각 도장 지도사범의 권한에 속하며, 공인 4단 이상자로서 사범자격증 보유자가 급증을 발급한다.

제21조 행정 사항

1. 응심자 구비서류는 다음과 같다.

가. 심사신청서 1부 (국기원 양식 1호(국내), 양식 1-1호 (해외))

(1) 국외거주 한국인은 해외거주를 입증할 수 있는 근거서류를 제출한다.

(공공기관 발행 해외거주 입증서류)

(2) 국내 1(품)단 승단 신청시 주민등록 등(초)본 원본을 첨부한다.

(외국인은 국내(한국) 거주확인서 첨부)

나. 피심자가 연명부 (별첨 국기원 양식 2호(국내), 양식 2-1호(해외))

다. 심사현황 및 등록금 납부내용

2. 위 심사서류는 심사일로부터 각 국가협회는 30일, 국내(각 시도협회)는 10일 이전에 본원 앞으로 제출한다. 단, 기일 경과시는 접수일자를 심사일로 간주 처리한다.

3. 본원에서는 응심자 중 적격자로 확정된 자는 다음과 같이 해당 협회(국가협회)에 발급 송부한다.

가. 국내 응심자는 심사신청서 접수일로부터 15일 이내 송부

나. 해외 응심자는 접수일로부터 20일 이내 송부

부 칙

본 규정은 2000년 3월 31일부로 개정 시행한다.

3) 채점방법

(심사 규정 제12조 보완)

심사채점은 다음의 구분과 기준에 따르고 심사위원별, 점수별로 한다.

1) 구분

(1) 품새

- 정확도 : 서기의 간격, 목표의 정확성, 품새의 선
- 숙련도 : 힘의 강약, 리듬, 시선 및 호흡

- 품 위 : 태도, 예의, 자신감, 침착성

(2) 겨루기

- 득점력 : 기술의 정확성, 힘의 강약, 전술운영, 타이밍
- 다양성(기술) : 기술의 조합성, 중심이동, 고난이도, 연속성
- 방어능력 : 몸의 움직임, 시선, 침착성, 안전

(3) 격 파

- 자 세 : 거리, 자신감, 집중력
- 타 력 : 목표물의 정확성, 격파완성
- 품 : 착지, 안정도, 균형

2) 평가 방법

채점 기준에 따른 절대평가 방법이다.

(1) 품새의 배점

- 정확도 40
- 숙련도 40
- 품 위 20

(2) 겨루기의 배점

- 득점력 40
- 다양성 (기술) 30
- 방어력 30

(3) 격 파

- 자 세 20

- 타 력 60
- 품 20

3) 채점시 확인 사항

(1) 품 새

- 준비서기와 품새선을 확인한다.
- 동작 규정에 따른 동작인가를 확인한다.
- 정신과 품새의 이해 여부를 확인한다.
- 품새의 숙련도를 확인한다.
- 품과 동장의 구분에 따른 속도의 완급을 확인한다.
- 힘의 강약과 무게중심과 중심(균형)을 확인한다.
- 동작의 리듬과 동작간의 흐름을 확인한다.
- 호흡에 따른 동작인가를 확인한다.
- 품위 사항을 확인한다.

(2) 겨 루 기

- 공격과 반격의 조화성을 확인한다.
- 기술(차기)의 다양성을 확인한다.
- 거리 조정과 경기장 활용을 확인한다.
- 전술적인 기능성을 확인한다.
- 타이밍을 확인한다.
- 힘의 안배를 확인한다.
- 품위 사항을 확인한다.

(3) 격 파

- 목표(격파물)와 거리를 확인한다.

- 자세(정신과 시선)와 집중력을 확인한다.

- 순발력과 속도를 확인한다.

- 타력과 파괴력을 확인한다.

- 품위 사항을 확인한다.

4) "예"품새 심사

구 분	완성도 40	숙련도 40	품위 20	총 점	평 가
○ ○ ○					
○ ○ ○					

* 지정 및 필수 품새 통합 평가

3. 회의진행의 이해

1) 회의 운영

- 회　기 : 위원회가 의안 처리를 위해 집회를 시작하는 날로부터 폐회하는 날까지의 활동기간으로 위원회의 결정으로 연장할 수 있고, 휴회할 수 있으며, 또 휴회 중이라도 위원장이 필요하다고 인정하거나 기관장 또는 일정 수 이상의 위원의 요구가 있을 때에는 회의를 재개한다.
- 회의일수 : 연간 회의일수는 OO일을 초과할 수 없다.
- 정 기 회 : 위원회가 매년 정기적으로 집회하는 것을 말하며 소집시키는 위원회규정으로 정한다.
- 임 시 회 : 기관장 또는 재적위원 1/3이상의 요구가 있을 때 수시로 집회하는 것을 말한다.
- 위원의 임시개시일 : 1월 1일, 3월 1일, 4월 1일, 9월 1일 중에서 위원회 규정으로 정한다.

2) 회의 일반원칙

- 발언자유의 원칙 : 다양한 의견을 가진 위원들이 발언을 통하여 합이적이고 타당한 결정을 하기 위해서는 각 위원들에게 질의나 토론 등 자유로운 발언이 보장되어야 한다.
- 회의공개의 원칙 : 위원회 회의는 원칙적으로 공개한다. 단체의 권익 보호 등을 위하여 위원회에서 공개하지 않기로 결정한 경우 외에는 회원 등이 참관할 수 있도록 하여야 한다.
- 회기계속의 원칙 : 제출된 의안은 회기 중에 의결되지 못한 이유로 폐기되지 아니하며, 다음 회기에 다시 안건으로 상정하여 심사한다. 다만, 위원의 임기가 만료되는 경우는 예외로 한다.
- 일사부재의의 원칙 : 부결된 안건은 같은 회기 중에 다시 발의 또는 제출하지 못하는 원칙이다. 이는 의사절차의 능률성 확보 및 소수에 의한 의사진행 방해를 방지하기 위함이다.
- 다수결의 원칙 : 운영위원회의 의결은 합의체 기관의 합리적인 의사결정방법인 다수결의 원리에 따른다. 가 부동수인 대는 부결된 것으로 본다.
- 정족수의 원칙 : 다수 인으로 구성되는 합의체에서 회의는 일정수 이상의 구성원이 참석하지 않고서는 회의능력과 의결능력을 가지지 못한다.
  - 의사정족수 : 회의를 시작하고 계속 진행할 수 있는 최소한의 위원수로 재적위원 과반수를 출석으로 개의한다.
  - 의결정족수 : 의안을 의결할 수 있는 최소한의 위원수로 출석위원 과반수의 찬성으로 의결한다.
- 1일 1차 회의의 원칙 : 회의는 1일에 1차를 원칙으로 한다.
- 위원평등의 원칙 : 위원은 성별, 연령, 학력, 경력, 위원성분(학부모, 교원, 지역인사) 등에 관계없이 평등한 지위와 권한(표결권, 발언권, 선거권 등)을 가지며, 위원장도 위원의 지위에서 표결권을 가질 뿐이다.

3) 회의 용어 정의

회의진행 관련 용어

- 의사(議事) : 회의를 진행하는데 관련되는 제반사항을 총칭하는 것으로 일반적으로 회의라는 의미로 사용
- 개회(開會) : 운영위원회가 집회되어 활동을 시작함.
- 개의(開議) : 회기 중 당일의 회의를 시작함.
- 산회(散會) : 그 날의 의사일정을 모두 처리하여 회의를 끝냄.
- 정회(停會) : 개회된 회의를 진행하다가 회의를 중단하는 것으로 회의진행 중 의사정족수에 미달하는 경우, 회의장이 소란하여 질서유지가 곤란한 경우 또는 안건에 대한 이견조정, 휴식 등이 필요한 경우에 사용함.
- 속개(續開) : 정회로 중지된 회의를 다시 시작함
- 휴회(休會) : 그 회기중 일정기간 본회의를 열지 않는 것으로 본회의의 의결에 의함.
- 재개(再開) : 휴회를 해제하고 본회의를 다시 여는 것
- 유회(流會) : 의사정족수를 충족시키지 못하여 당일 회의를 열지 못함.
- 부의(附議) : 안건을 본회의에서 심의할 수 있는 상태에 놓는다는 의미로서 이를 구체화하기 위하여 상정(上程)이 필요함.
- 상정(上程) : 본회의 또는 소위원회의 당일 회의에서 안건심의를 시작하는 구체적인 행위
- 의결(議決) : 각각의 안건에 대하여 가 부를 판단하는 구체적인 법률적 의사형성 행위
- 결의(決議) : 회의체에서 의사형성 행위라는 점에서는 의결과 같으나 합의체의 전체의사를 나타내기 위한 의사형성 행위임.
- 질의(質議) : 의제가 된 안건을 본희의나 소위원회에서 심의(심사)하는 과정에서 의문나는 사항이나 문제점 등 필요한 사항을 제안자에게 물어 답변을 구하는 안건심사 절차의한 단계
- 질문(質問) : 독립적인 의사로서 심의대상이 되며 운영 전반 또는 특정문제에 대하

여 설명을 요구하고 소견을 묻는 것

- 심의(審議)와 심사(審査) : 심사는 안건을 결정하기 위하여 논의하는 것을 의미하며 심의는 본회의의 논의 단계를 심사는 소위원회의 논의 단계를 지칭
- 동의(動議)와 요구(要求) : 동의는 회의체에서 위원이 통상적으로 안을 갖출 필요 없이 발의하는 것으로서 특별한 규정이 없는 한 동의자 외 1인의 찬성으로 성립되어 의제가 되는 것을 말하며, 요구는 동의와 유사한 내용으로 일정한 요건을 구비하는 경우 피요구자는 당연히 그 요구에 일정한 행위를 해야하는 구속을 받음.
- 표결(表決) : 표결은 안건에 대한 심의(심사)를 마친 후 최종적으로 회의체의 의사를 결정하기 위하여 위원장의 요구에 의하여 찬성, 반대의 의사표시를 하는 과정임.
- 호선(互選) : 소규모 회의체에서 구성원 모두가 선거권자인 동시에 피선거권을 가지는 특별한 요식행위 없이 선거하는 방법
- 의안(議案), 안건(案件), 의제(議題)
  - 의안은 위원회의 의결을 필요로 하는 사항, 즉 안건 중에서 특별한 형식적 요건을 구비하여 학교장이나 위원이 제출하는 것
  - 안건은 본회의나 소위원회에서 논의, 처리의 대상이 되는 모든 사안으로 의안과 기타사안을 모두 포함한 개념임. (의결의 대상이 되는 것과 대상이 되지 않는 것이 있음)
  - 의제는 제안된 안건의 제목을 강조한 것으로 당일 회의의 의사일정에 기재되어 심의가 예정되었거나 상정되어 논의 중에 있는 안건을 말함.
- 발의(發議)와 제출(提出) : 위원이 의안을 낼 대에는 발의라고 하고, 기관장이 의안을 낼 때에는 제출이라 함
- 제안(提案)과 제의(提議) : 제안은 위원회가 의안을 내는 것으로 발의와 제출을 포함한 개념이며, 제의는 위원장이 안을 내는 것을 말함.
- 수정안(修正案)과 대안(代案)
  - 수정안은 제안된 원안에 대하여 다른 의사를 가하는 것으로써 새로이 추가하거나, 삭제 또는 변경하는 것으로써 원안의 목적 또는 성격을 변경하지 않는 범위

안에서 변경하는 것을 말하며,

- 대안은 수정안의 일종으로 제안된 원안에 대하여 그 내용을 전면적으로 수정하거나 체계를 전연 다르게 하여 원안을 대신할 만한 내용으로 발의하는 것임.
- 수정안은 일정한 형식과 일정수 이상의 위원 찬성을 얻어 서면으로 제출하여야 함.

● 번안(飜案) : 본회의나 소위원회에서 일단 의결한 사항에 대하여 다시 심의하여 의결하는 것을 말함.
  - 의사결정 당시와 객관적 사정이 현저히 달라졌을 경우
  - 의사결정에 명백한 착오가 있는 경우
  - 종전 의결 내용에 구애됨이 없이 수정하거나 부결시키는 행위 가능

● 축조심사(逐條審査) : 의안 심사의 한 형태로 의안을 한 조항씩 낭독하면서 의결하는 방법임. 의안이 조항으로 이루어져 구분이 가능한 규칙안, 규정안의 심사에 주로 활용되며, 예산안 같은 경우에는 소관부서나 부문별로 하나씩 의결할 수 있음.

● 의안의 철회(撤回) : 일단 유효하게 제출된 의안이 사후에 사정변경으로 제안자의 의사표시에 의하여 의안을 되돌려 주는 행위

● 회부(回附) : 제출된 의안을 위원장이 소관 수위원회에 송부하는 행위

● 이송(移送) : 위원회에서 의결하거나 채택한 안건을 OO의 장에게 보내는 행위

4) 의사 진행의 기본 요소

(1) 의사일정 작성

의사일정은 회의의 개의일시와 처리할 안건의 순서 등 회의진행 상황을 기재한 예정서이다. 의사일정의 작성은 회기동안 짜임새 있고 효과적으로 안건을 처리하기 위한 것으로 위원장과 소위원회 위원장은 사전에 의사일정을 작성하여 위원들에게 서면으로 배포하여야 한다. 경우에 따라 회의장에 게시하는 약식으로 처리할 수도 있다.

◎ 회기전체 의사일정

제 O회 OO위원회(OO회) 의사일정표

회기 : 2000. O. O ~ 2000. O. O

의사일정

일 시	부 의 안 건	비 고
0. 0. 0(요일) 00 : 00	※개회식 1. 제0회 00위원회 0회 회기결 정의 건 2. 2000년도 운영지원비회계예산안 3. 운영위원회규정개정안	• 회기 : 0. 0 ~ 0. 0 (0일간) • 휴회결의 : 0. 0 ~ 0. 0 (0일간)
0. 0. 0 ~ 0. 0. 0	소위원회 활동	본회의 휴회
0. 0. 0(요일) 00 : 00	안건처리	

◎ 당일 의사일정

의 사 일 정

2000년 월 일 요일

오후(전) 시 개의

1. 제 0 회 00 운영위원회 임시회 회기결정의 건
2. 2000년도 00운영지원비회계예산안
3. 운영위원회규정개정안

(2)위원발언

◎ 발언의 의의

회의진행은 다양한 의사를 가진 위원들이 대화와 타협에 의해 의사를 하나로 결정해 나가는 과정이므로 먼저 발언자유의 원칙이 준수되어야 한다. 그러나 한정된 시간 내에 모든 위원에게 발언권을 공평하게 부여하고 회의를 효율적으로 진행하기 위해서는 위원의 발언에 일정한 제약을 두는 것이 바람직하다.

◎ 발언의 종류

● 의제관련 발언

- 제안설명 또는 심사보고
  - 제안설명 : 안건심사의 첫 단계로서 안건 제안자가 안건의 제안배경이나, 이유. 주요골자 등을 설명하는 것
  - 심사보고 : 안건이 소위원회를 거친 경우 소위원회의 위원장 또는 소속 위원이 안건의 요지, 심사결과 등을 본회의에 보고하는 것
- 질의 및 답변 : 상정된 안건에 대하여 발의자, 제출자 또는 심사보고 위원에게 의문사항을 물어 답변을 구하는 발언
- 토론 : 상정된 안건에 대한 질의 답변이 종결된 후 찬성 또는 반대의 의견을 제시함과 동시에 다른 위원을 자기의견에 찬동시키기 위해 의견을 개진하는 과정으로 찬성과 반대의 의견을 분명히 밝히고 반대자부터 발언함.

● 의제관련외의 발언

- 의사진행 발언 : 회의진행방법 등에 대하여 이의를 제기하거나 자기의견을 개진하기 위한 발언으로 당일 회의와 직접 관련되는 것이므로 다른 발언에 우선하여 허가함.
- 신상발언 : 위원의 자격여부가 논란이 되었을 경우 등 일신상의 문제와 관련하여 회의장에서 위원 본인이 직접 해명하거나 설명하기 위한 발언

• 질문 및 답변 : OO장 또는 관계원을 위원회에 출석시켜 OO운영 전반에 관하여 물을 수 있고 그 답변을 들을 수 있음.

◎ 발언신청 및 허가

● 본회의 : 위원이 발언을 하고자 할 때에는 위원장에게 발언신청을 하고 허가를 얻어 발언하며, 질의 토론이 종결된 경우에는 질의 토론을 신청할 수 없으며, 표결을 선포한 후에는 그 안건에 대해 발언할 수 없다. 발언허가는 위원장이 회의진행상황, 안건심의 과정, 발언신청자의 수 등을 고려하여 허가한다.

● 소위원회 : 소위원회는 어떤 절차나 형식에 구애됨이 없이 자유롭게 의견을 개진하며, 필요한 경우 본회의의 위원장도 소위원회에 참석 발언할 수 있다.

◎ 발언시간 · 발언회수 제한

모든 위원들에게 발언기회를 공평하게 부여하고 효율적으로 회의를 진행하기 위하여 일반적으로 발언시간과 발언회수를 제한한다

발언시간, 발언회수의 제한 등은 회의규칙으로 정할 수 있으나 너무 엄격하지 않도록 하고, 소위원회는 제한 규정을 둘 필요가 없으나 필요한 경우에는 소위원회의 위원장이 위원들과 협의하여 정할 수 있다.

◎ 발언관련 기타사항

안건 외 발언은 금지된다. 안건 외 발언은 위원장이 발언을 중지시키거나 주의등을 줄 수 있다. 또한 타인의 모독하거나 타인의 사생활에 대한 발언 역시 할 수 없다

● 안건의 성질, 내용 또는 의사진행 능률상의 이유로 질의나 토론을 하지 않는 것이 바람직한 안건

- 위원직 사직, 각종선거 등 인사에 관한 안건
- 의사일정 변경 동의, 질의 및 토론 종결 동의, 안건심사의 보류 동의
- 회의중지 및 산회 동의, 비공개회의 동의, 회의록 정정에 대한 이의제기 동의

- 위원장의 질의 토론 여부 : 위원장은 공정한 사회를 위하여 일반적으로 질의 토론을 하지 아니하나, 간단한 질의 토론은 위원장석에서 할 수 있다. 본격적인 질의 토론을 하고자 할 경우에는 사회를 교대하고 질의 토론할 수 있으며, 토론을 할 경우에는 당해 안건에 대한 표결이 끝날 때 까지 위원장석으로 돌아갈 수 없다.
- 질의 토론의 종결선포 : 질의와 토론이 끝났을 때에는 의사정리를 위 "질의종결"과 "토론종결"을 선포함.
- 질의 토론 진행방법
  - 일문 일답식 : 한 번 묻고 그에 대해 대답하는 형식
  - 일괄질의 일괄 답변식 : 위원들이 일괄적으로 질의하고 질의가 끝나면 제안자나 보고자가 일괄적으로 답변하는 형식

(3)동의(動議)

◎ 의의

동의란 위원이 통상적으로 안을 갖출 필요없이 발의하는 것으로 회의진행 과정에서 논의되고 있는 의제와는 독립한 의제로서 의결의 대상이 되는 것이다. 즉 위원이 의안의 형식을 갖추지 않고 구두로 발의하고 발의위원 외 1인 이상이 찬성하면 의제로 성립되어 위원회가 의결해야 하는 것을 말한다.

※ 동의(同議) : 의안이나 발언에 대해 찬성의 뜻을 표하는 것

◎ 동의의 발의방법

- 구두에 의한 동의 : 동의발의에 특별한 다수의 찬성자 수를 요하지 아니하는 일반동의는 일반적으로 구두에 의하여 발의하며, 회의 진행중에 동의를 발의하고자 하는 위원은 의사진행발언을 얻어 동의를 발의하게 된 상황을 설명하고 끝부분에서 "할 것을 동의합니다"라는 형식으로 동의를 발의함.
- 서면에서 의한 동의 : 일정한 위원 수 이상의 찬성을 요하는 동의는 찬성자의 서명명

부가 첨부되어야 하므로 반드시 서면으로 하여야 함. 서면동의에는 동의의 건명, 발의자, 동의주문, 동의 이유를 기재하고 서명명부를 붙여야 함.

※ 서면동의 예시

> **ㅇㅇㅇ에 대한 동의**
>
> 발의연월일 : ㅇ 년 ㅇ 월 ㅇ 일
> 찬 성 자 : ㅇㅇㅇ위원외 ㅇ인
>
> 1. 주문
> (주문의 내용을 정확히 기재)
>
> 2. 제안이유
> (동의를 발의하게 된 이유를 간단히 서술)
> 찬성자 서명명부 별첨

◎ 동의의 성립요건과 처리절차

동의는 발의자외 1인 이상의 찬성으로 의제로 성립된다. 따라서 위원장은 동의가 발의되면 재청여부를 물어 재청이 있으면 그 동의를 의제로 상정한다.

● 구두동의한 경우

- 동의가 선결동의(의사일정 변경 없이 바로 처리하는 동의로서 '우선동의''선결문제'라고도 함)인 경우
- 선결동의가 의사일정 변경없이 바로 처리되는 이유는 발의된 선결도의를 먼저 처리하지 않으면 다음 회의진행에 지장을 초래하거나, 추후에 처리 한다면 그 동의를 발의하고 성립시킨 실효성이 상실하기 때문임.
- 선결동의는 회의진행과 관련된 동의가 대부분임(예 : 소위원회 회부 동의)

- 위원 : "OOO할 것을 동의합니다."
- 위원장 : OOO위원으로부터 OO하자는 동의가 있는데 이 동의에 재청있습니까?"
- 위원 : "재청이요"하면
- 위원장 : "OOO위원이 발의한 OOO동의는 성립되었으므로 바로 상정하여(또는 의제로 삼아)처리하겠습니다."(제안설명, 질의 · 토론, 표결절차 뒤따름)

※ 동의 발의시 충분ㅇ한 배경설명이 있으면 동의에 대한 제안설명은 생략 가능

- 동의가 선결동의가 아닌 경우(의사일정 변경 후 동의를 논의 처리)

- 위원 : "OO할 것을 동의합니다"
- 위원장 : "OOO위원으로부터 OO하자는 동의가 있는데 이 동의에 재청있습니까?"
- 위원 : "재청이요"하면
- 위원장 : "OOO위원이 발의한 동의는 성립되었습니다만 이 동의는 의사일정의 변경을 요하는 것으로 먼저 의사일정 변경의 여부를 표결하겠습니다"

● 서명동의인 경우 : 동의가 서면으로 발의되면 위원장은 "지금 OOO위원외 O인으로부터 OO동의가 서면으로 제출되었습니다."라고 고지한 후 선결동의라면 바로 의제로 삼아 처리하고 일반동의라면 의사일정 변경 여부를 결정한 후 상정 처리함.

◎ 동의의 철회

동의는 발의한 위원이 찬성자(재청자)의 동의(同意)없이 서면 또는 구두로 철회 할 수 있으며, 발의자가 2인 이상의 경우에는 발의자 모두 찬성을 얻어야 철회할 수 있다.

동의가 본회의(소위원회)에서 의제가 되어 심의중이거나 계류되어 있는 경우에는 본회의(소위원회)의 동의(同意)가 있어야 철회가 가능하다.

◎ 번안동의

번안동의는 이미 의결된 안건의 의결내용을 번복하여 다시 심의 의결하기 위하여 발의하는 동의로 안건과 관련된 객관적인 사정이 의결 당시와 현저히 달라지는 경우나 의결에 명백한 착오가 있을 경우에 다시 심의하여 수정기회를 갖기 위한 것이다.

◎ 수정동의

- 의의 : 수정동의란 제안된 안건의 일부를 수정하여 심사를 요하는 동의임.
- 수정동의의 발의시기 : 수정동의는 회의가 소집되기 전에 위원이 수정동의안을 작성하여 위원장에게 보내는 경우와 회의가 소집되어 원안이 상정된 후 수정동의를 발의하는 경우가 있음.
- 수정동의안의 처리 : 회의소집 전에 수정동의안이 발의된 경우 의사일정에는 원안만 상정하고 회의가 시작되어 원안이 상정되었을 때 위원장은 수정안이 발의되었음을 보고하고 함께 심사할 것을 설명하여 원안 -> 수정안의 순으로 제안설명하고 질의 답변, 토론을 일괄로 함. 원안심의 중에 수정동의가 발의되면 현재 진행중인 발언이 종료된 후 수정동의가 제출된 사실을 보고하고 제안설명을 듣고 원안과 함께 심사함.
- 수정안의 표결 : 먼저 수정안에 대하여 표결한 후 가결되면 그것으로 그 안건에 대한 논의는 종결짓고, 수정안이 부결되면 원안에 대한 표결에 들어감. 수정안이 2개 이상일 대에는 가장 늦게 제안된 수정안부터 표결에 들어감.

(4)표결(表決)

◎ 표결의 의의

표결은 본회의나 소위원회에서 안건을 상정하여 제안설명을 듣고 질의 답변과 토론을 거쳐 충분한 심의가 이루어지면 최종적으로 그 안건에 대하여 찬성과 반대의 의사를 표시하고 그 수를 집계하는 행위로 안건처리의 최종단계이며, 위원장이 표결을 선포한 때에는 더 이상 그 안건에 관하여 발언할 수 없으나 표결 방법에 이의가 있거나 의사질행에 의견이 있으면 의사진행 발언을 할 수 있다.

◎ 표결의 종류

- 이의유무(異議有無) : 표결에 붙이는 안건이 간단하고 위원들로부터 질의 토론신청이 없고 모두 찬성할 것이 기대되며 소위원회 심사를 거친 경우 소위원회에서 만장일치로 통과된 안건에 대하여 사용함. 이의유무에 대한 표결은 위원장이 "안에 대하여 이의가 없으십니까"하고 물었을 때 위원들로부터 "이의가 없습니다"라는 찬성 표시가 있으면 위원장은 "안은 이의가 없으므로 가결되었음을 선포합니다"라고 가결을 선포함.
- 거수(擧手) 표결 : 안건을 표결할 대에 찬성하는 위원의 손을 들게하여 그 수를 집계하고 난 후 손을 내리게 하고, 반대하는 위원의 손을 들게하여 그 수를 집계하는 방법
- 기립(起立) 표결 : 찬성하는 위원을 자리에서 일어나게 한 후 그 수를 집계하고, 다음에 반대하는 위원을 자리에서 일어나게 한 후 그 수를 집계하는 방법
- 무기명(無記名)투표 : 투표용지에 투표하는 위원의 성명을 기재하지 아니하고 찬반 여부 즉「가」또는「부」만을 기재하여 투표함에 넣은 후 투표가 종료되면 개함하여「가」「부」의 수를 집계하고 그 결과를 선포하는 방법
- 기명(記名)투표 : 무기명 투표와 같은 방법으로 실시하되 투표용지에 투표하는 위원의 성명과 당해 안건에 대한「가」「부」를 함께 표시하도록 하는 투표방법임. 이 경우 위원의 성명과 당해 위원의「가」「부」의사표시를 회의록에 기재함.

◎ 표결의 순서

- 일괄상정안건 : 안건의 표결은 1개 안건씩 하는 것이 원칙이므로 수 개의안건을 일괄하여 상정 심의한 경우라도 개개안건 하나씩 의사일정의 순서에 의하여 표결함.
- 수정안이 1개 이상 제출된 경우 : 동일안건에 대하여 수정안이 제출된 경우에는 최후에 제출된 수정안부터 표결하고 수정안이 모두 부결된 후 원안을 표결함.

◎ 표결결과의 이의제기

위원장의 표결결과 선포에 대하여 이의가 있을 때에는 즉시 이의제기를 해야한다. 위원장은 위원의 이의제기가 정당하다고 인정한 경우(예: 개표결과 집계가 선거인수와 불일치, 정당한 투표용지 미사용 등) 표결결과를 정정하거나 표결의 취소를 선언하고「재기립」,「재개표」,「재투표」등의 조치가 가능하다. 위원장이 그 결과를 선포하고 시간이 많이 경과하였거나 또는 다음 의제의 심의가 시작된 경우에는 의의신청을 할 수 없다.

◎ 표결정정의 금지 및 조건부 표결의 금지

- 표결정정의 금지 : 위원이 일정한 시점에서 찬 반의 의사를 표시한 후에는 어떤 이유 또는 착오가 있더라도 정정(변경)할 수 없음.
- 조건부 표결의 금지 : 표결은「가」「부」어느 한쪽에만 의사를 표시하는 것이므로 이에 조건을 붙여서는 안됨.

(5)의결(議決)

◎ 의결의 의의

의결은 표결에 의하여 확인된 찬성 반대위원 수에 다라서 표결대상 안건에 대하여 가결 부결이냐를 결정하게 하는 것으로 표결은 안건을 의결하기 위한 전 단계로 볼 수 있다. 같은 의결인데도 안건의 성질 등에 따라「가결과 부결」,「결의」,「승인」,「요구」등의 형태로 호칭되기도 하지만 각 안건의 성질에 따라「승인(동의 요구)되었다」고 선표하지 않고「가결(부결)되었습니다」라고 선표하면 안건의 내용에 따라 그 효과가 발생하게 된다.

◎ 의결의 유형

- 원안가결 : 위원 또는 학교장이 제출한 안건에 다하여 심사하는 과정에서 수정을 가하지 아니하고 가결시키는 것.
- 수정가결 : 본회의나 위원회에서 원래의 내용에 대하여 수정하여 의결하는 경우

- 부　결 : 표결을 실시한 결과 찬성하는 위원이 출석위원의 과반수가 되지 못하여 당해 안건이 통과하지 못하는 경우
- 미　결 : 표결에 있어 찬성, 반대 어느 쪽도 과반수가 되지 못하였을 경우에는 "미결"이라 하여 다시 표결하고 재표결에 있어서도 또 다시 미결이 될 대에는 당해 안건을 폐기시킴. 현재 국회 및 지방의외에서 사용하지 않는 의결 유형임.

◎ 의결정족수

다수의 구성원으로 이루어지는 회의체에서의 의사결정은 다수결의 원칙을 적용하여 다수의 사랑이 원하는 방향으로 결정하게 된다.

학교운영위원회는 대부분의 경우 의결정족수를 재적위원 과반수의 출석과 출석위원 과반수의 찬성으로 정하고 있으며 의결정족수의 종류로는 다음과 같은 것이 있다.

- 종다수(從多數) : 재적위원 과반수의 추석과 출석위원 중 다수가 결정한 쪽으로 의결하는 것으로「비교다수」라고도 한다. 즉 재적위원 15명중 8명이 출석하여「찬성 3명, 반대 1명, 기권 4명」이라도 가결되는 것을 말함.
- 과반수 : 가장 일반적인 표결방법으로 과반수는 반수를 넘는 수로서 2분의 1이상과는 다르다. 즉 출석위원이 9명이면 그 과반수는 5명이고 13명이면 7명임.
- 특별다수 : 의결정족수를 강화하여 의사를 결정하는 방법으로 특별히 규정으로 정한 경우에 적용한다. 신중을 기해야 하는 중요한 안건이나 한 번 결정한 안건을 다시 결정하는 경우에는 적용한다.

의결정족수가 미달된 경우
회의진행 중에 위원의 이석 등으로 의결정족수가 부족하게 되는 경우에는 ① 표결을 잠시 보류하고 다른 안건을 심의 · 자문 ② 의결정족수가 충족될 때까지 잠시 정회 ③ 의결정족수에 도달할 가능성이 없으면 산회 선포

(6)의사봉

◎ 의사봉 사용의 의의

OO위원회는 OOO법에 명시된 법정위원회이므로 일반적으로 회의진행 절차에서 사용하는 의사봉을 사용한다.

◎ 의사봉을 세 번 치는 이유

의사봉은 보통 개의(개회) 산회 선포시, 정회 속개 선포시, 의사일정 상정시, 질의 토론 종결 선포시, 의결내용 선포시 등에 3타 하는데 첫 번째는 합의 결정된 사항의 선포의미가 있으며, 두 번째는 선포한 사항에 잘못이 없는지 확인하고자 하는 것이며, 세 번째는 두 번의 기회제공에도 이의가 없으므로 본 의결에 승복함을 확인하는 의미로 치는 것이다. 그러나 의사봉을 3타 하지 않더라도 의결 내용이나 회의진행의 법적 효력에 대하여는 아무런 영향을 미치지 않으나 회의관습의 일종인 이상 존중하는 것이 바람직하다 하겠다.

(7)회의록

◎ 의의

회의록은 회의에 있어서 시작부터 종료시까지 회의경과 및 결과 등을 적은 공적기록이다.

◎ 회의록의 종류

- 보존회의록 : 회의진행 상태를 빠짐없이 기록한 회의록으로 위원장과 OO장이 서명날인하며 내용에 따라 비공개하기도 함.
- 비공개회의록 : 위원장이나 위원회의 결정으로 회원교육 또는 권익의 보호를 위하여 필요하다고 인정하여 공개하지 아니하기로 한 회의내용을 기록한 회의록
- 배부회의록 : 보존회의록 내용 중에서 위원장이나 위원회의 결정으로 회원교육 또는 권익의 보호를 위하여 필요하다고 인정하여 비공개하기로 한 부분을 게재하지

아니한 회의록

- 임시회의록 : 회의내용의 신속한 파악과 자구수정 등을 위하여 임시로 발간하는 회의록, 임시회의록은「임시」라고 표시하여 배부.

◎ 회의록 작성방법

회의록 작성방법은 회의진행 과정에서 일어나는 모든 상황을 한마디도 빠짐없이 속기방법에 의해 기록한 후 이를 번문(飜文)하는 방법과 회의경과 및 결과에 중점을 두어 회의진행 과정을 요약하여 기록하는 약식방법이다.

◎ 회의록의 게재사항

- 개회 폐회에 관한 사항
- 개의 회의중지 및 산회일시
- 의사일정 및 부의된 안건과 그 내용
- 출석위원의 성명 및 직과 수
- 출석발언자의 성명
- 위원의 이동
- 제반보고 사항
- 의안의 발의 제출 회부 환부 이송 철회에 관한 사항
- 표결결과 및 기명투표의 투표자 성명
- 서면질문과 답변
- 위원의 발언보충서류(참고자료)
- 기타 본회의 또는 위원장이 필요하다고 인정하는 사항

◎ 회의록의 관리 및 공개

- 회의록의 서명 날인 : 위원회의 회의진행 내용은 회의록에 기재된 기록에 의하여 입증되는 것이므로 회의록 기재 내용의 진실을 확보하기 위한 취지로 위원장과 00장

이 서명 날인한다. 그러나 위원장과 00장의 서명 날인이 없다고 하더라도 의결의 효력에 영향을 미치거나 회의록이 증거력을 잃은 것은 아니다. 위원장이 당일 회의에서 사회를 주재하지 아니하였을 대에는 서명 날인할 필요가 없다.

- 비공개회의록의 열람과 복사 공개 : 이반회의록은 공개를 하나 비공개회의록이나 발언내용 중 회의록에 게재하지 아니하기로 한 내용의 회의록은 공개하지 아니한다. 따라서 비공개회의록은 공개회의록과는 구분하여 별도로 작성 보관한다. 필요한 경우 위원장의 허가를 얻어 열람 복사할 수 있다.
- 회의록의 자구정정 : 회의록은 속기 잘못이나 오자 또는 위원의 발언 중 착오가 있는 경우 그 내용을 정정할 수 있다.
- 회의록의 게재 요청 : 발언한 위원이나 기타 이원이 회의진행과 관련하여 찬고가 되는 필요한 자료 등을 회의록에 게재 요청을 하면 이를 회의록에 게재할 필요가 있다고 인정하는 사항은 게재할 수 있다.

5) 회의 전 할 일 (예시)

안건의 제안

↓

- 제안방법
  ① OO장이 제출
  ② 재적위원 1/3이상의 연서로 발의
  ③ 회원,위원의 제안이나 건의사항은 위원 1인 이상의 소개를 얻어 건의서를 제출

안건의 접수

↓

- 00위원회 사무처리 부서는 안건이 등록되면 위원장의 결재를 받고, 안건접수대장에 기재한 후 00장에게 보고

안건의 처리

↓

- 00장 도는 재적위원 1/3이싱의 임시회 소집요구가 있을 경우 위원장이 임시회를 소집
- 임시회 소집요구 없이 안건만 제안되었을 경우 위원장은 00장과 협의하여 임시회 개최일을 결정
- 제안된 안건은 회의소집 7일전에 소집공고와 함께 각위원에 배부

회의소집 공고
및 안건 배부

- 소집공고는 위원장이 하며, 위원장 유고시에는 부위원장이 한다.
- 위원장은 00장 및 간사와 협의하여 일시, 장소를 정하고 의사일정을 작성하여 집회 7일전까지 공고한다.
- 위원장이 긴급하다고 판단할 경우 공고일수를 줄일 수 있으나 공고자체를 생략할 수는 없다.
- 공고문안에는 당일의 회의차수, 연 · 월 · 일, 개의시간, 장소, 회순, 상정안건, 제안자를 명시
- 정기회와 임시회는 통합하여 산정하되 매년 회수를 정하는 것이 아니라 누계하는 것이 관례이다.
- 회의 개최 통지시 심의안건의 구체적인 내용을 인쇄해 배포해야 한다.

6) 회의 진행

개회 및 개의 선포

↓

- 간사가 개회식 진행(개회선포, 국민의례, 위원장 개회사, 00장인사
- 위원장의 개의선포 후 회의진행은 위원장이 한다.

보고사항 및 회의록 승인

↓

- 간사는 전 회의시 심의 · 자문사항과 그 처리결과를 보고하고, 보고가 끝난 후 회의록 승인을 받는다. (위원장 서명)

안건상정

↓

- 안건은 하나씩 상정해야 한다. 만약 3개의 안건이 제안되었을 때는 안건상정–〉 제안설명–〉 질의 · 답변토론–〉 표결의 과정이 3번 되풀이 되야 한다.
- 위원장은 필요시 여러 개의 안건을 일괄 상정하더라도 표결은 1건씩 독립하여 처리

제안설명

↓

- 안건을 제안한 위원이 안건의 취지 및 주요내용을 설명
- 안건 제안자가 00장일 경우 관계원이 대신 설명할 수 있다.

질의 · 답변

↓

- 위원장에게 질의권을 얻어 현재 협의하고 있는 안건에 관해서만 질의하고 답변을 듣는다.

토 론

↓

- 토론순서 : 반대토론–〉 찬성토론–〉 반대토론으로 행한다.
- 여러 수정안이 있을 경우에는 가장 나중에 상정된 수정안부터 처리하며 부결 되었을시에 다음 수정안을 처리한다. 수정안안 모두가 부결되면 최종적으로 원안을 처리

표결 및 표결 결과 선포

↓

- 표결방법은 위원장이 위원들의 이의유무를 물어서 정한다.
- 가 · 부의 수를 계산한 후 가결 또는 부결을 선포하되, 가 · 부동수일 경우에는 부결로 본다.
- 하나의 안건에 대한 표결을 하고 다음 안건 상정으로 의사 진행한다.
- 위원장은 의결된 의안을 서로 저촉되는 조항, 문구, 숫자 등을 정리

산회 및 폐회 선포

- 의사일정이 2일 이상일 경우에는 첫째 날 1차 회의를 끝내고 산회를 선포하되, 산회 전에 다음 2차 회의일시를 통보한다.
- 의사일정이 1일인 경우에는 산회와 폐회를 동시에 한다.

7) 회의 후 할 일

회의결과의 이송

↓

- 위원장은 심의 · 자문결과를 문자로써 지체없이 00장에 이송하되, 원안이 수정되었을 경우에는 수정된 부분을 정리하여 하나의 의안을 만들어 이송한다.

운영위원회 심의 · 자문 결과의 처리

↓

- 00장은 위원회의 심의 · 자문결과를 최대한 존중해야한다.
- 간사는 00장에게 이송된 안건의 처리결과를 회의록에 기재하고 차기 위원회에 보고
- 필요시 위원회의 결정내용은 회원에게 알려야 한다.

회의록 작성

- 회의록 종류
  - 속기에 의한 회의록 : 회의진행 과정에서 일어나는 모든 사항을 기록
  - 약식회의록 : 회의경과 및 결과에 중점은 두어 회이 진행 과정을 요약 기록하는 것으로 발언의 중요 내용이 달라지지 않도록 유의해야 함.
- 작성된 회의록은 위원장과 학교장이 서명 · 날인하여 보존용과 공개용 2부로 인쇄하여 관리한다.

8) 회의 진행 예시

일반적인 회의 진행

◎ 개회

● 개회식 진행(간사)

- 지금부터 제O회 OO위원회 임시회 개회식을 거행하겠습니다. 먼저 국기에 대한 경례가 있겠습니다. 모두 국기를 향해 일어서 주시기 바랍니다.
- 국기에 대하여 경례 바로
- 자리에 앉아 주시기 바랍니다.

● 위원장 개회사 소개(간사)

- 다음은 위원장님의 개회사가 있겠습니다.

● 위원장 개회사

- ………………………………………………

● 00장 인사말 소개(간사)

- 다음은 00님의 인사말씀이 있겠습니다.

● 00장 인사

- ………………………………………………

● 개회식 종료(간사)

- 이상으로 개회식을 마치고, 위원장님의 개의선포로 본회의를 시작하겠습니다.

◎ 개의

● 개의 선포(위원장)

- 성원이 되었으므로 제 O회 OO위원회 임시회 본회의 개의를 선포합니다.

(의사봉 3타)

※ 의사일정상 본회의가 하루만에 끝나지 않고 며칠에 걸쳐 하기로 되어 있을 경우에는

- 성원이 되었으므로 제 O회 OO위원회 임시회 제1차 본회의개의를 선포합니다.

(제 2차 본회의 시에는 개회식은 하지 않고 바로 개의함.)

◎ 보고사항

● 보고사항 소개(위원장)

- 간사의 보고가 있겠습니다.

● 보고사항 보고(간사)

- 보고사항을 말씀드리겠습니다. 이상으로 보고를 마치겠습니다.

◎ 의안상정

● 첫 번째 의사일정(회기 결정의 건) 상정 및 표결(위원장)

- 의사일정 제 1항 제 O회 OO위원회 임시회 회기결정의 건을 상정 합니다.

(의사봉 3타)

- 이번 임시회의 회기는 O월 OO일부터 O월 O일일까지 O일간으로 하고, 그 의사일정은 배부해 드린 의사일정과 같이 진행하고자 하는데 위원 여러분께서는 이의가 없으십니까?

("이의 없습니다"하는 위원 있음)

- 이의가 없으므로 제 O회 OO위원회 임시회 회기결정의 건은 가결되었음을 선포합니다.

(의사봉 3타)

● 다음의 의사일정 상정(위원장)

- 의사일정 제2항 OO건을 상정합니다.

(의사봉 3타)

◎ 제안설명(제안자)

● 제안설명자 소개(위원장)

- 본 의안을 제출(발의)안 OOO께서 제안설명을 하시기 바랍니다.

● 제안자가 직접 설명할 경우

- OOO입니다. OO건에 대한 제안설명을 드리겠습니다. 이상으로 제안설명을 마치겠습니다.

● 관계직원에게 대신하게 할 경우

- 위원장 : 제안설명을 OOO께서 대신해 주시겠습니다.

- 제안설명자의 설명

◎ 질의 · 답변

● 질의 소개(위원장)

- 제안설명 잘 들었습니다. OOO님 수고하셨습니다.

- 질의사항 있으면 질의하여 주십시오.

● 질의할 위원(OOO위원)

(손을 들거나, "위원장"하고 부르는 등의 방법으로 의사표시)

● 발언허가(위원장)

- OOO위원 말씀하십시오.

☞ 발언에 대한 위원장의 허가를 얻은 후 발언이 가능하며, 발언권 없이 행한 발언은 효력이 없음

● 질의(OOO위원)

- …………………에 대하여 설명하여 주십시오.

● 답변(제안설명자)

– ……………………………………

● 질의 답변 계속

● 질의 답변 종결(위원장)

- 더 질의하실 위원 안 계십니까?

("없습니다"하는 위원 잇음)

- 이 안건에 대해 더 이상 질의할 위언이 안계시므로, 질의 답변은 종결 하겠습니다.

(의사봉 3타)

※ 질의 · 답변 토론 과정시 의견조정이 안되거나 논의가 종겨될 가망이 없을 때의 소위원회를 구성할 경우
• 동의(OOO위원) – 본회의에서 논의를 계속하는 것보다는 소위원회를 구성하여 중심적으로 심사한 후 다시 본회의에서 논의할 것을 동의합니다. • 동의 성립여부 확인(위원장) – OOO위원으로부터 소위원회 구성에 대한 동의가 있는데, 이 동의에 재청하십니까? ("재청합니다"하는 위원 있음) • 의안상정(위원상) – OOO위원이 발의한 소위원회 구성에 대한 동의는 성립되었으므로 바로 상정하여 처리하도록 하겠습니다. (의사봉 3타) • 질의 · 답변, 토론(이의가 없을시 생략 가능) • 표결(위원장) – 소위원회 구성여부, 위원선정, 회기연장 등의 내용 • 표결결과 선포(위원장) • 산회 선포(위원장) – 본회의 휴회 의결 선포 – 이상으로 제 O회 OOO운영위원회 임시회 제 1차 본회의를 마치고 제 2차 본회의는 소위원회의 심사가 끝나는 다음 날인 O월 OO일 OO시에 OO실에서 속개하겠습니다. – 이상으로 산회를 선포합니다. (의사봉 3타)

◎ **토론**

● 토론 소개(위원장)

- OO안건에 대하여 토론하실 위원께서는 말씀하여 주시기 바랍니다. 토론할 위원은 위원장의 허가를 받아 발언(질의 답변 참조)

● 토론 계속

● 토론 종결(위원장)

- 더 이상 논의할 사항이 없으시면 토론을 종겨코자 하는데 위원님들 이의 없으십니까?

("없습니다"하는 위원 있음)

- 이의가 없으므로 이것으로 토론시간이 종결을 선포합니다.

(의사봉 3타)

◎ **표결**

● 표결 선포

-OO안건에 대한 찬반 표결에 들어가겠습니다.

(의사봉 3타)

● 표결 집게(위원장)

- 먼저 OO안건에 대해 찬성하시는 위원은 거수해 주십시오.

(찬성위원부터 집계함)

- 분의 위원이 찬성하셨습니다.

- 다음은 반대하시는 위원은 거수해 주시기 바랍니다.

- 분의 위원이 반대하셨습니다.

- 기권하신 위원은 ×분입니다.

● 표결결과 선포(위원장)

- OO안건에 대해 찬성 ● 표, 반대 △표, 기권 ×표로 OO건은 가결(부결) 되었음을 선포합니다.

(의사봉 3타)

◎ 산회

● 산회선포(위원장)

- 이상으로 제 O회 OO운영위원회 임시회(제 O차) 본회의 산회를 선포합니다.

(의사봉 3타)

※ 산회와 폐회를 동시에 할 경우

- 이상으로 제 O회 OO운영위원회 임시회(제 2차) 본회의 산회와 아울러 제 O회 OO운영위원회 임시회 폐회를 선포합니다.

◎ 폐회

● 폐회 선포(위원장)

- 이상으로 제 O회 OO운영위원회 임시회를 모두 마치겠습니다.
- 위원 여러분, 그리고 관계직원 여러분! 수고 많으셨습니다.
- 폐회를 선포합니다.

(의사봉 3타)

위원선출 후 최초 회의 진행(위원장 및 부위원장 선출)

- 개회식 진행(00실장)
  - 지금부터 제 O회 OO운영위원회 임시회 개회식을 거행하겠습니다. 먼저 국기에 대한경례가 있겠습니다. 모두 국기를 향해 일어서 주시기 바랍니다.
  - 국기에 대하여 경례 바로
  - 자리에 앉아 주시기 바랍니다.
- 보고(OO실장)
  - 보고사항을 말씀드리겠습니다. (위원선출 경과, 임시회 집회사유 등)
  - 오늘의 의사일정은 위원회 구성을 위하 위원장 부위원장 선거와 회기결정의 건입니다.
  - 먼저 OO님께서 위원 및 간부직원을 소개하겠습니다.
- 위원 및 직원 소개(00장)
  - 인사말
  - 먼저 위원을 소개 드리겠습니다.(위원 소개)
  - 간부직원을 소개 드리겠습니다.(직원 소개)
- 임시위원장 소개(00실장)
  - 일반적 회의운영 관례에 따라 출석위원 중 최연장자이신 OO위원님이 임시위원장을 맡아 회의를 진행하겠습니다.
- 위원장 선출(임시위원장)
  - 그러면, 의사일정 제 1항 OO위원회 위원장 선출 건을 상정합니다.

(의사봉 3타)

  - OOO운영위원회규정 제 O조의 규정에 의하여 선출방법은 무기명투표로 실시하겠습니다.
  - 먼저 투표 및 개표를 하기 위해 감표위원을 선추하겠습니다. 00이신 OOO위원과 OOO위원을 감표위원으로 결정하였음을 선포합니다.

(의사봉 3타)

- OOO위원과 OOO위원께서는 앞으로 나와 투표진행과 개표상황을 지켜봐 주시기 바랍니다.

(00실장이 투표용지 배부)

- 지금 나누어 드린 투표용지에 위원장으로 선출하고자 하는 위원의 성암을 적어주시면 되겠습니다. 다만, OO위원은 위원장, 부위원장이 될 수 없음을 알려 드립니다.

(OO실장의 투표용지 회수, 00실장이 개표하고 감표위원이 확인)

- OOO의원 O표, OOO위원 O표, OOO위원 O표를 득표하였습니다.

※ 1차 개표결과 재적위원 과반수의 득표자가 있을 경우

- OOO위원이 재적위원 O명중 O표를 득표하여 위원장으로 당선되었음을 선표합니다.

(의사봉 3타)

※ 1차 개표결과 재적위원 과반수의 득표자가 없을 경우

- 1차 투표결과 재적위원 과반수를 득표한 위원이 없으므로 2차 투표를 실시하겠습니다.
- 2차 투표에서도 과반수를 득표한 위원이 없을 경우에는 2차 투표의 최고 득표자가 위원장으로 당선됨을 미리 알려드립니다. 다만 최고득표자가 2인 이상인 경우에는 연장자가 당선 됩니다.

(이하 진행은 1투표와 동일 - 감표위원과 OO실장이 활동)

- (2차 투표를 실시하고 개표한 후) OOO위원 O표, OOO위원 O표, OOO의원 O표를 득표하였습니다. 최다득표위원인 OOO위원이 위원장으로 당선되었음을

선포합니다.

(의사봉 3타)

● (임시위원장)

- 이어서 신임 위원장의 위원장직 수락과 당선인사를 듣고 이후의 회의는 신임 위원장께서 진행하시겠습니다.

● 부위원장 선출(위원장)

- 임시위원장께 대한 수고 인사말씀, 당선수락 및 당선인사

- 다음은 의사일정 제 2항 OO학교운영위원회 부위원장 선출의 건을 상정합니다.

- 부위원장 선출방법은 위원장 선출방법과 동일합니다.

(부위원장 선출, 당선수락 및 당선인사)

● 간사 소개(위원장)

- 본 위원회의 간사는 OO위원회규정 제 O조에 의하여 00실장으로 재직하고 계시는 OOO님께서 간사로 수고해 주시겠습니다.

● 회기결정의 건 상정 및 표결(위원장)

- 다음은 의사일정 제 3항 제 O회 OO위원회 임시회 회기결정의 건을 상정합니다.

(의사봉 3타)

- 금회 임시회 회기는 O년 O월 O일부터 O일까지 일간으로 하고, 회의는 배부해 드린 의사일정과 같이 하고자 하는데 이의가 없으십니까?

("이의 없습니다"하는 위원 있음)

- 이의가 없으므로 제 O회 OO위원회 임시회 회기 결정의 건은 가결되었음을 선포합니다.

(의사봉 3타)

● 산회 및 폐회(위원장)

- 이상으로 제 O회OOO위원회 임시회 제 1차(제 2차) 본회의 산회(와 아울러 제O회 OOO위원회 임시회폐회)를 선포합니다.

9) 회의록 작성 예시

<table>
<tr><td colspan="3">제OO회 OO 위원회(임시회)

본 회 의 회 의 록</td></tr>
<tr><td rowspan="2"></td><td>위원장</td><td>학교장</td></tr>
<tr><td>㉧</td><td>㉧</td></tr>
<tr><td colspan="3">o 일시 : 000년 6월 12일(월요일) 17:00시
o 장소 : 00위원회 회의실</td></tr>
<tr><td colspan="3">o 회순
1. 개회
2. 국민의례
3. 00장 인사
4. 위원장 개의 선언
5. 보고사항
6. 안건심의
7. 폐회</td></tr>
<tr><td colspan="3">o 의사일정(부의된 안건)
1. 제 18회 위원회 임시회 회기 결정의 건
2. 민간인 참여 특기 · 적성 교육활동 컴퓨터교육 실시의 건
3. 체육복 선정의 건</td></tr>
</table>

간 사 : (차OO)	지금부터 제 18회 00위원회를 개회하겠습니다. 국민의례는 생략하고 위원장님의 개회사가 있겠습니다.
위 원 장 : (석OO)	모두들 바쁘실 텐데 이렇게 참석해 주셔서 감사합니다.(중략)
간 사 :	다음은 00님의 인사말씀이 있겠습니다.
0 0 장 : (김OO)	본 운영위원호가 출발하여 오늘로서 18번째 회의를 갖게 되었습니다.(중략) 기관발전을 위해 좋은 말씀들 부탁드립니다. 감사합니다.
간 사 : (차OO)	이상으로 개회식을 모두 마치겠습니다. 다음은 위원장님의 개의선언에 이어 안건 심의가 있겠습니다.
위 원 장 : (석OO)	재적위원 15명 중 13명이 참석하시어 성원이 되었으므로 개의를 선포합니다. (의사봉 3타) 먼저 간사로부터 보고사항을 듣도록 하겠습니다.
간 사 : (차OO)	제OO 회 때 소위원회를 구성 심의한 후 다음 회기에서 심의키로 했던 특기 · 적성교육 활동으로 컴퓨터 교육 실시의 건이 OOO위원으로부터 6월 3일 제출됨에 따라 2000년 6월 5일 집회를 공고하여 오늘 집회에 이르게 된 것입니다. 제 17회 00위원회 회의록은 기 배부해 드린 관계로 낭독은 생략하겠습니다.
위 원 장 : (석OO)	보고 잘 들었습니다. 다음은 의안심의에 들어가겠습니다. 먼저 의사일정 제1항 회기결정의 건을 상정합니다. (의사봉 3타) 오늘 제출될 심의 안건은 모두 2건으로 임시회 회기는 2000년 6월 12일 1일간으로 하고 회의는 배부해 드린 의사일정과 같이 하고자 하는데 이의가 없습니까?
위 원 들	("이의 없습니다"하는 위원들 많음)
위 원 장 : (석OO)	이의가 없으므로 의사일정 제 1항 회기결정의 건은 오늘 1일 간으로 가결되었음을 선포합니다. (의사봉 3타) 다음은 의사일정 제 2항 민간의 참여 특기 · 적성 교육활동 컴퓨터 교육 실시의건을 상정합니다. (의사봉 3타) OOO위원 제안설명 해 주시기 바랍니다.
000 위 원: (진OO)	제안설명에 갈음하여 제가 소위원회의 경과보고를 하겠습니다. 자료확보를 위한 위원의 업체방문 등 노고가 많았습니다. 교육부에서 제시한 사업자 선정기준인 기증장비의 사양, 교육과정, 강사요언의 교육계획 등을 심사 기준으로 삼아 저희 소위원회는 기증장

	비의 사양, 교육과정을 중심으로 기준을 삼으려고 하였습니다만 (중략) 비교표를 작성 장 · 단점을 분석하였습니다.
000위원 : (서OO)	열심히 뛰었습니다만 업자들의 화려한 화술에 얼이 빠졌습니다. 어느 업체는 교육의 열정이 너무나 강하였으나 학교의 조건에 불부합하는 안타까움도 있었습니다.
간 사 : (차OO)	(계약서, 계약기간, 선기증 문제 등의 기준을 유인물에 의거 설명한다.) (중략)
위 원 장 : (석OO)	제안설명 잘 들었습니다. 어떤 방식으로 선정의 폭을 좁혀 가면 좋겠습니까? 지금부터 질의 · 토론 시간을 갖도록 하겠습니다. 질의사항이 있으신 분 질의해 주시기 바랍니다.
000 위 원: (진OO)	유인물의 비교표를 참고하여 자유토론 질의 시간을 가졌으면 좋겠습니다.
위 원 들	(위원 대부분 찬성하다)
000위원 : (강OO)	타 기관에 문의한 결과 인근업체와 많이 계약을 하는 것 같습니다.
000위원 : (김OO)	정복환 및 A/S문제 등을 감안하여 우리 시내에 소재하고 있는 업체로 선택의 폭을 좁힙시다.
지 역 위 원: (변OO)	2개 정도로 선정의 폭을 좁혀 위원회에 1, 2순위를 정하여 00장의 결정권에 맡기는 것이 바람직하고 타당한 절차일 것으로 생각 합니다. (중략)
000위원 : (정OO)	본 위원회에서는 우리 시내에서 영업을 하고 있는 대상업체 OO시스템, OO연구원, △△시스템 중 상업성이 짙어 보이는 △△시스템을 제외한 2개 업체를 선정하고 최종결정은 00장에 일임할 것을 동의합니다.
000위원 : (서OO)	재청합니다.
위 원 장 : (석OO)	정 위원의 제의가 동의로 성립되었습니다. 다른 의견이 있는 분 말씀해 주십시오.
위 원 들	("없습니다"하는 위원 많음)
위 원 장 : (석OO)	정리해보면 여섯 업체중 4업체는 제외시키고 OO연구원, OO시스템 두업체를 선정하여 두 업체중 00장이 계약하도록 일임하자는

	내용입니다. 이의 없으시죠?
위원들대부분	("예 이의 없습니다")
위 원 장 : (석OO)	그러면 질의 · 토론시간 종결을 선포합니다. (의사봉 3타)
위 원 장 : (석OO)	OO연구원, OO시스템 두 업체를 선정하여 00장이 계약하도록 하는 안에 대하여 표결을 붙이겠습니다. 찬성하시는 분 거수해 주십시오. – 찬성 11명 반대하시는 분 거수해 주십시오. – 반대 없음 – 기권 2명 그럼 업체 선정에 관한 본안은 가결되었음을 선포합니다.(의사봉 3타)
위 원 장 : (석OO)	다음은 의사일정 제 3항 체육복 선정의 건을 상정합니다.(의사봉 3타)
위 원 장 : (석OO)	제안 설명해 주시기 바랍니다. (중략) 000위원회 폐회를 선포합니다. (의사봉 3타)

ㅇ출석위원 13명 : 김OO, 석OO, 진OO, 서OO, 강OO, 김OO, 변OO, 정OO,
박OO, 박진O, 김O수, 박정O, 구OO

ㅇ불참위원 2명 : 최OO, 홍OO

ㅇ출석직원 2명 : 00감, 00부장 성OO

기록자 : 간사 지방행정주사 차OO (인)

* 소위원회 보고서 : 본회의록에 첨부.

* "중략"은 회의록에 게재되어 있으나 지면관계상 생략한 것임.

10) 회의시 유의할 점

(1) 올바른 자세

▶ 회의를 할 때에는 함부로 자리를 뜨지 말아야 한다.

▶ 회의에 참석할 때에는 자신의 의견을 정리하여 참석한다.

▶ 회의 장에서는 상대를 존중하며, 공손한 말을 사용해야 한다.

(2) 발언시 유의할점

▶ 위원이 아닌 방청객들은 회의시 발언할 수 없다.

▶ 운영위원은 개인의 자격으로 참석한 것이 아니므로 개인적인 감정과 이해를 가지고 발언하지 말아야 한다.

▶ 무엇을 주장하는지 구분하기 어려운 말이나 '절대로'등의 강한 표현은 하지 않는다.

▶ 남의 의견은 메모하면서 듣는 것이 좋다.

▶ 의견을 이야기할 때에는 결론은 먼저 말하고 이유와 소견을 나중에 말한다.

▶ 반대는 상대방의 발언 주장에 대해서만하고 사람에 대해 비판해서는 안된다.

▶ 반대를 표시할 대는 그 이유를 정확히 전달한다.

▶ 몇 가지 질문을 섞어서 하지 말아야 한다. 질문 요지를 명백하게 전달한다.

▶ 예와 아니오를 강요하는 질문은 하지 않는다.

▶ 답변시 회피하거나 어물적 넘어가는 답변은 하지말아야 한다.

▶ 질문자의 의도를 충분히 의도한 후 적합한 답변을 한다.

▶ '이런 것은 알고 계시리라 생각했습니다만'등과 같이 질문자를 무시하는 발언은 하지 말아야 한다.

▶ 답변을 마친 후 '답변이 되었는지요?'같은 확인질문을 한다.

▶ 질문자가 질문하는 도중에 그 의도를 미리 짐작하여 답변하지 않는다.

(3) 진행절차에 관하여

▶ 회의 규칙에 맞추어 진행해야 한다.

▶ 기관장이나 간사는 이전 회의의 집행 결과를 보고사항시 보고해야 한다.

▶ 기관장은 사전(적어도 회의 소집 7일전)에 안건을 제출해야 한다.

Part 4

태권도 수련의 이해

1. 품새
2. 시범
3. 겨루기
4. 격파

1. 품새의 이해

1) 품새의 유래

태권도의 품새는 개체적인 단순한 공격과 방어 수단으로서의 원시적 무술이 인간의 인지가 발달되고 사회가 조직화됨으로써 싸우는 양상이 집단적 공동 대처현상으로 바뀜에 따라 형성되었다.

공동체 구성원을 대상으로 한 기술의 수련과 전수의 편리를 위해 무질서하고 복잡 다양한 기술은 필연적으로 정리되고 통일되어 갔다. 이런 원시형태의 품새는 실전경험을 통한 기술의 발전과 전통사상 및 의학적인 요소가 첨가되어 점차적인 체계화 과정을 거쳐 초기의 품새 형태가 완성되었다.

기마 민족이 역사무대의 주역으로 등장한 상고시대의 품새 수련 계층은 지배계급이었으며 문헌과 유적에 나타난 최초의 품새 형태는 기원 1세기경으로 그것은 한민족의 강성한 고대국가인 고구려에서였다.

2) 품새의 정의

품새의 품 하나하나는 반만년의 유구한 역사를 통해 정통 사상의 정통사상의 정수와 실전 경험을 바탕으로 이루어진 과학적인 기술의 결정체이다. 기술적인 측면에서 보면 품새가 곧 태권도이며 기본동작은 품새를 위한 예비동작에 불과하고, 겨루기는 품새의 실전 응용에 지나지 않으며 태권도 정신도 무자로 표현되는 상징적이고 추상적인 정신철학 속에 있지 않고 품새에 의한 행동 속에서 찾아진다.

따라서 태권도에 있어서의 품새란? - 태권도 정신과 기술의 정수를 모아 심신수양과 공방원리를 직접 또는 간접으로 나타낸 행동양식이다.

3) 품새의 의의

품새란 공격과 방어의 기술을 규정된 형식에 맞추어 지도자 없이 수련할 수 있도록 이어 놓은 동작 체계이다.

따라서 품새는 공격과 방어의 기본동작을 연결, 수련함으로써 겨루기 기술 향상과 동작 응용, 능력배양 그리고 기본동작에서는 익힐 수 없는 특수기술의 연마(숙달)을 할 수 있는 장점을 지니고 있다.

품새는 품새선에 따라 수련하는데, 품새선이란 품새를 할 때 발의 위치와 그 이동방향을 선으로 표시한 것을 말한다.

4) 품새 수련시 유의점

품새는 공격과 방어의 동작을 이어놓은 것이기 때문에 동작의 변화가 많고 기술의 연결이 다양하며 몸의 이동, 시선, 호흡 등에 유의하여야 한다. 이를 단계별로 요약하면 다음과 같다.

(1) 품새의 의의와 구성원리를 터득한다.

(2) 품새선과 동작 및 방향에 대해 숙지한다.

(3) 품새 수련시에는 다음 사항에 유의한다.

① 시선 ② 몸의 중심이동 ③ 속도의 완급 ④ 힘의 강약 ⑤ 호흡

5) 품새의 연성

품새의 연성은 하나의 품새를 수련하여 완전하게 성취하는 것이다. 연성에는 다섯 단계가 있고 연성과정의 차례는 지켜져야 한다.

(1) 모 양

품새 수련의 첫 과정은 모양을 배우는데 있다. 기압, 시선, 구성, 각도가 중점사항이며 동작의 정확성이 목표이다.

(2) 뜻

모양을 알고 난 다음의 과정으로 중점사항은 중심, 강약, 완급, 숨쉬기, 품새선이다. 동작의 뜻, 품과 품이 연결된 법의 뜻, 전체 품새의 뜻을 배운다.

(3) 실 용

뜻으로 풀은 동작과 법을 실전사용이 가능하게 수련하여 직접적으로 실전에 적용 한다.

(4) 자기류

실전에 쓰여진 기술의 효과 정도를 자기의 체격과 속도, 힘, 근력, 순발력, 태권도 수련 중점 등으로 평가하고 기술을 변화시켜 가장 뛰어난 효과가 있는 기술을 알아내어 자기화 시키는 과정이다.

(5) 완 성

자기류에서 발전하여 태권도의 참 정신을 알고 태권도 기법 자체를 완전 소화하여 종합적으로 완성하는 태권도의 최고 경지이다.

6)품새의 유형

품새의 전수나 수련에 의한 유형은 기법 구성 중점에 의해 구분되나 서로 상관관계를 유지하고, 각 유형은 다시 3가지로 세분화 된다.

(1) 기 법

기법은 품새 전체의 기술형태를 뜻한다. 태권도의 본질이 무예이므로 실전에 응용이 가능한 기법에 의한 유형의 분류가 가장 중요하다.

(가) 다양한 기법의 품새

치고 막는 기술 자체가 실전에 응용할 수 있는 기술보다 더 많이 포함된 형태이며 수련을 통해 실전기술을 간추려 단순화 시켜야 하는 품새이다.

(나) 실전기법의 품새

실전 체험 기술만으로 이루어지며 치기 위주의 품새와 막기 위주의 품새, 그리고 치기와 막기의 법이 균등한 품새로 구분된다. 기술이 직접적으로 표현되어 품새 연성의 제2단계인 뜻의 풀이는 필요없다.

(다) 단순한 기법의 품새

초급과정과 고급과정의 양극으로 구분된다. 고급과정에서는 숨쉬기를 통해 인체 내부의 힘을 기르는 내공의 수련방법이 포함되어 있고 기술이 간접적으로 표현되어 수많은 변화는 수련을 통해 체득해야 한다.

(2) 구 성

품새의 동작구성은 수많은 형태가 있으나 품과 법, 손기술과 발기술, 서기와 진행방향의 비율 등으로 크게 나누어진다. 품새의 동작은 신체의 고른 발달을 위해 특별한 경우를 제외하고 앞뒤와 왼쪽과 오른쪽이 같은 동작으로 대칭을 이루고 있다. 따라서 방향에 따른 구성 비율은 동일하고 서기도 기술에 비례하므로 태권도의 특징과 구별이 뚜렷한 발기술과 손기술의 구성 비율로 분류된다.

(가) 손기술 위주의 품새

(나) 발기술 위주의 품새

(다) 손기술과 발기술이 균등한 품새

(3) 중 점

태권도 수련상의 중점인 힘의 강약과 동작의 완급에 대한 편중(치우침) 정도에 따라 품새의 유형이 구분된다. 힘의 셈과 동작의 느림, 힘의 여림과 동작의 빠름은 비슷한 유형이다.

(가) 강하고 느린 품새

(나) 약하고 빠른 품새

(다) 강약과 완급이 균등한 품새

그러나 고급과정에서는 수련이 극진에 달할 경우 위의 분류가 절대적인 것은 아니다.

7) 품새선의 종류

(1) 태극품새 : 동양역학에서 말하는 팔괘로 구성되어 있으며 대략 임금왕자 "王"로 표시한다.

(2) 고려품새 : 선비사 "士"

(3) 금강품새 : 뫼산 "山"

(4) 태백품새 : 지을공 "工"

(5) 평원품새 : 한일 "一"

(6) 십진품새 : 열십 "十"

(7) 지태품새 : 한글의 ㅗ 모음 "ㅗ"

(8) 천권품새 : 한글의 ㅜ 모음 "ㅜ"

(9) 한수품새 : 물수 "水"

(10) 일여품새 : 불교 만 "卍"등이 있다.

이상과 같이 모두 글씨로 표현되어 있다.

태극품새 동작분석

태극 1장

동 작	종 류
서기 (20회)	기본준비서기 2회, 왼앞서기 6회, 오른앞서기 6회, 왼앞굽이 3회, 오른앞굽이 3회
막기 (9회)	아래막기 5회, 몸통안막기 2회, 얼굴막기 2회
지르기 (9회)	몸통반대지르기 5회, 몸통바로지르기 1회
차기 (2회)	오른발 앞차기 1회, 왼발앞차기 1회
계 (40회)	시선 : 제자리 정면, 좌, 우, 정면, 좌, 우, 후면, 제자리 정면 방향: 제자리, 좌, 우, 정면 전진, 좌, 우, 뒤돌아 전진, 제자리 특징 : 서기동작 중 가상 쉬운 걷기위주의 서기로 구성되었으며 동작은 기초적인 아래막기, 몸통막기, 몸통지르기, 앞차기로 구성되어 있다.

태극 2장

동 작	종 류
서기 (20회)	기본준비서기 2회, 왼앞서기 7회, 오른앞서기 7회, 왼앞굽이 2회, 오른 앞굽이 2회
막기 (11회)	아래막기 5회, 몸통안막기 4회, 얼굴막기 2회
지르기 (7회)	몸통반대지르기 5회, 얼굴반대지르기 2회
차기 (5회)	오른발앞차기 3회, 왼발앞차기 2회
계 (43회)	시선 : 제자리 정면, 좌, 우, 정면, 우, 좌, 후, 제자리 정면 방향 : 제자리, 좌, 우, 전진, 우, 좌, 뒤돌아 전진, 제자리 특징 : 앞차기 동작이 많음

태극 3장

동 작	종 류
서기 (22회)	기본준비서기 2회, 왼앞서기 6회, 오른앞서기 6회, 왼앞굽이 3회, 오른앞굽이 3회, 왼뒷굽이 1회, 오른뒷굽이 1회
막기 (12회)	아래막기 8회, 한손날몸통막기 2회, 몸통안막기 2회
지르기 (10회)	몸통두번지르기 4회, 몸통바로지르기 6회
치기 (2회)	제비품한손날목치기 2회
차기 (6회)	오른발앞차기 3회, 왼발앞차기 3회
계 (62회)	시선 : 제자리정면, 좌, 우, 정면, 우, 좌, 뒤돌아 후면, 제자리 정면 방향 : 제자리, 좌, 우, 전진, 우, 좌, 뒤돌아 후진, 제자리 특징 : 연속 막고 치기와 연속 지르기가 특징

태극 4장

동 작	종 류
서기 (21회)	기본준비서기 2회, 오른뒷굽이 3회, 오른앞굽이 4회, 왼뒷굽이 4회, 왼앞굽이 4회, 왼앞서기 2회, 오른앞서기 2회
막기 (11회)	손날몸통막기 3회, 몸통바깥막기 2회, 몸통안막기 2회, 몸통막기 4회
지르기 (5회)	몸통바로지르기 3회, 몸통두번지르기 2회
치기 (3회)	제비품목치기 2회, 등주먹얼굴앞치기 1회
찌르기 (2회)	편손끝세워찌르기 2회
차기 (6회)	오른발앞차기 3회, 왼발옆차기 1회, 오른발옆차기 1회, 왼발옆차기 1회
계 (48회)	시선 : 제자리 정면, 좌, 우, 정면, 우, 좌, 뒤돌아 후면, 제자리 정면 방향 : 제자리, 좌, 우, 전진, 우, 좌, 뒤돌아 전진 특징 : 겨루기에 대비한 각종 동작과 뒷굽이 서기가 많다.

태극 5장

동 작	종 류
서기 (20회)	기본준비서기 2회, 왼앞굽이 8회, 오른앞굽이 7회, 왼서기 1회, 오른서기 1회, 뒤꼬아서기 1회
막기 (16회)	아래막기 5회, 몸통안막기 6회, 한손날옆막기 2회, 얼굴막기 2회, 몸통막기 1회
치기 (10회)	메주먹내려치기 2회, 팔굽돌려치기 2회, 등주먹앞치기 4회, 팔굽표적치기 2회
차기 (6회)	오른발앞차기 3회, 왼발앞차기 1회, 오른발옆차기 1회, 왼발 옆차기 1회
계 (52회)	힘의 강약을 조절할 수 있는 수련단계 시선 : 제자리 정면, 좌, 우, 좌, 후, 우, 정면, 후, 제자리 정면 방향 : 제자리, 좌, 우, 후진, 좌, 전진, 후진, 제자리

태극 6장

동 작	종 류
서기 (21회)	기본준비서기 2회, 왼앞굽이 6회, 오른앞굽이 6회, 오른뒷굽이 3회, 왼뒷굽이 3회, 나란히 서기 1회
막기 (17회)	아래막기 5회, 몸통바깥막기 4회, 한손날비틀어막기 2회, 아래헤쳐막기 1회 손날몸통막기 2회, 얼굴바깥막기 2회, 바탕손몸통막기 2회
지르기 (6회)	몸통바로지르기 6회
차기 (8회)	오른발앞차기 3회, 왼발앞차기 3회, 오른발돌려차기 1회, 왼발돌려차기 1회
계 (52회)	시선: 제자리 정면, 좌, 우, 정면, 좌, 우, 정면 좌, 우, 정면, 제자리 정면 방향: 제자리, 좌, 우, 전진, 좌, 우, 전진, 좌, 우, 후진, 제자리 특징: 품새의 중간에 나란히 서기가 나옴

태극 7장

동 작	종 류
서기 (27회)	기본준비서기 2회, 왼범서기 4회, 오른범서기 4회, 오른뒷굽이 1회, 왼뒷굽이 1회, 모아서기 1회, 왼앞굽이 4회, 오른앞굽이 3회, 뒤꼬아서기 2회, 오른 앞서기 1회, 주춤서기 4회
막기 (17회)	바탕손몸통안막기 2회, 몸통막기 2회, 손날아래막기 2회, 엇걸어아래막기2회, 바탕손거들어몸통안막기 2회, 가위막기 4회, 몸통헤쳐막기 2회, 한손날 옆막기 1회
지르기 (3회)	제쳐지르기 2회, 몸통옆지르기 1회
치기 (4회)	등주먹얼굴앞치기 2회, 등주먹바깥치기 2회, 팔굽표적치기 2회, 무릎치기 2회
차기 (4회)	오른발앞차기 1회, 왼발앞차기 1회, 오른발표적차기 1회, 왼발표적차기 1회
특수차기 (1회)	보주먹 1회
계 (60회)	시선 : 제자리 정면, 좌, 우, 정면, 좌, 우, 정면 우, 좌, 후면, 제자리 정면 방향 : 제자리, 좌, 우, 전진, 좌, 우, 전진, 우, 좌, 뒤돌아 후진, 제자리 특징 : 다양한 동작으로 연결성에 중점을 두어야 함

태극 8장

동 작	종 류
서기 (30회)	기본준비서기 2회, 오른뒷굽이 3회, 왼뒷굽이 2회, 오른앞굽이 8회, 왼앞굽이 9회, 오른 범서기 3회, 왼범서기 2회, 왼발앞꼬아서기 1회
막기 (14회)	거들어바깥막기 1회, 외산틀막기 2회, 손날몸통막기 3회, 바탕손몸통막기 3회, 거들어 아래막기 1회, 몸통막기 2회, 한손날몸통옆막기 2회
지르기 (11회)	몸통바로지르기 4회, 몸통두번지르기 2회, 몸통반대지르기 3회, 당겨 턱 지르기 2회
치기 (4회)	오른팔굽돌려치기 1회, 왼팔굽돌려치기 1회, 등주먹앞치기 2회
차기 (6회)	두발당성앞차기 1회, 오른발앞차기 2회, 왼발앞차기 2회, 오른발 뛰어 앞차기 1회
계 (65회)	시선 : 제자리 정면, 정면, 우, 좌, 정면, 좌, 우, 뒤돌아 후면, 좌, 우, 제자리 정면 방향 : 제자리, 전진, 우, 좌, 후진, 좌, 우, 뒤돌아 후진, 좌, 우, 제자리 특징 : 발차고 뒤로 두 걸음 물러나는 보법동작의 정확성과 두발당상과 뛰어차기의 동작의 차이점

서기

	서 기	횟 수	비율 (%)	품 새	비고
1	기본준비서기	16	8.9	태극 1장~8장	
2	나란히서기	1	0.6	태극 6장	
3	앞 서 기	43	23.8	태극 1장~4장, 7장	
4	앞 굽 이	75	41.4	태극 1장~8장	
5	뒷 굽 이	22	12.1	태극 3장,4장, 6장~8장	
6	꼬아서기	4	2.2	태극 5장, 7장, 8장	
7	왼 서 기	1	0.5	태극 5장	
8	오른서기	1	0.5	태극 5장	
9	범 서 기	13	7.2	태극 7장, 8장	
10	모아서기	1	0.5	태극 7장	
11	주춤서기	4	2.3	태극 7장	
계		181	100.0		

* 분석 : 모든 태극품새에 앞굽이 자세가 사용되었으며 서기자세 중에서 가장 많이 사용 되었다.

치기

	치 기	횟 수	비율(%)	품 새	비 고
1	제비품한손날목치기	2	7.4	태극 3장	
2	제비품목치기	2	7.4	태극 4장	
3	등주먹얼굴앞치기	3	11.1	태극 4장, 7장	
4	메주먹내려치기	2	7.4	태극 5장	
5	팔굽돌려치기	4	14.8	태극 5장, 8장	
6	등주먹앞치기	6	22.3	태극 5장, 8장	
7	팔굽표적치기	4	14.8	태극 5장, 7장	
8	등주먹바깥치기	2	7.4	태극 7장	
9	무릎치기	2	7.4	태극 7장	
계		27	100.0		

지르기

지르기		횟수	비율(%)	품 새	비 고
1	몸통반대지르기	13	25.5	태극 1장, 2장, 8장	
2	몸통바로지르기	23	45.1	태극 1장, 3장, 4장, 6장, 8장	
3	얼굴반대지르기	2	3.9	태극 2장	
4	몸통두번지르기	8	15.7	태극 3장, 4장, 8장	
5	제쳐지르기	2	3.9	태극 7장	
6	몸통옆지르기	1	2.0	태극 7장	
7	당겨턱지르기	2	3.9	태극 8장	
계		51	100.0		

*태극품새에서는 몸통바로지르기가 가장 많이 사용되었으며 몸통지르기 동작이 전체의 86.3%를 차지할 정도로 상당히 많이 사용되었다.

찌르기

찌르기		횟 수	비율(%)	품 새	비 고
1	편손끝세워찌르기	2	100.0	태극 4장	
계		2	100.0		

차기

차 기		횟 수	비율(%)	품 새	비 고
1	앞차기	33	76.7	태극 1장~8장	
2	옆차기	4	9.3	태극 4장,5장	
3	돌려차기	2	4.7	태극 6장	
4	표적차기	2	4.7	태극 7장	
5	두발당성앞차기	1	2.3	태극 8장	
6	뛰어앞차기	1	2.3	태극 8장	
계		43	100.0		

* 태극품새에서는 앞차기 동작이 가장 많이 사용되었다.

막기

막 기		횟수	비율(%)	품 새	
1	아래막기	27	25.2	태극 1장~3장, 5장, 6장	
2	몸통안막기	16	15.0	태극 1장~5장	
3	얼굴막기	6	5.6	태극 1장, 2장, 5장	
4	한손날몸통옆막기	4	3.7	태극 3장, 8장	
5	손날몸통막기	8	7.5	태극 4장, 6장, 8장	
6	몸통바깥막기	6	5.6	태극 4장, 6장	
7	몸통막기	9	8.4	태극 4장, 5장, 7장, 8장	
8	한손날옆막기	3	2.8	태극 5장, 7장	
9	한손날비틀어막기	2	1.9	태극 6장	
10	아래헤쳐막기	1	0.9	태극 6장	
11	얼굴바깥막기	2	1.9	태극 6장	
12	바탕손몸통막기	5	4.6	태극 6장, 8장	
13	바탕손몸통안막기	2	1.9	태극 7장	
14	손날아래막기	2	1.9	태극 7장	
15	엇걸어아래막기	2	1.9	태극 7장	
16	바탕손거들어몸통안막기	2	1.9	태극 7장	
17	가위막기	4	3.7	태극 7장	
18	몸통헤쳐막기	2	1.9	태극 7장	
19	거들어바깥막기	1	0.9	태극 8장	
20	외산틀막기	2	1.9	태극 8장	
21	거들어아래막기	1	0.9	태극 8장	
계		107	100.0		

* 막기동작은 아래막기와 몸통안막기 동작이 가장 많이 사용되었다.

태극품새 비교분석 (횟수 및 비율)

	서 기	막 기	지르기	치 기	찌르기	차 기	기 타	계
태극 1장	10회	9회	9회			2회		40회
	50.0%	22.5%	22.5%			5.0%		100.0%
태극 2장	20회	11회	7회			5회		43회
	46.5%	25.6%	16.3%			11.6%		100.0%
태극 3장	22회	12회	10회	2회		6회		52회
	42.3%	23.1%	19.2%	3.8%		11.6%		100.0%
태극 4장	21회	11회	5회	3회	2회	6회		48회
	43.8%	22.9%	10.4%	6.2%	4.2%	12.5%		100.0%
태극 5장	20회	16회		10회		6회		52회
	38.5%	30.8%		19.2%		11.5%		100.0%
태극 6장	21회	17회	6회			8회		52회
	40.4%	32.7%	11.5%			15.4%		100.0%
태극 7장	27회	17회	3회	8회		4회	1회	60회
	45.0%	28.3%	5.0%	13.3%		6.7%	1.7%	100.0%
태극 8장	30회	14회	4회	4회		6회		65회
	46.2%	21.5%	6.2%	6.2%		9.2%		100.0%
계	181회	107회	51회	27회	2회	43회	1회	412회
	43.9%	26.0%	12.4%	6.6%	0.5%	10.4%	0.2%	100.0%

* 하단부분 총계에서 서기동작은 모든 품새동작의 기본이 되므로 그 다음인 막기 동작이 26.0%로 가장 많았으며 지르기동작이 12.4%, 다음인 차기동작이 10.4% 순으로 나타났다. 또한 각 품새 모두 70회 동작 이내로 이루어져 있으며 보통 서기동작이 각 품새에서 절반정도의 비율로 이루어지며 나머지는 막기, 차기, 지르기 동작들로 이루어졌다.

2. 시범

태권도 시범이란 태권도를 수련한 사람이 태권도 기술과 묘기를 보여줌으로써 보는 사람으로 하여금 태권도가 무엇인가를 알려주고 신기함과 흥미를 자아내게 하여 배우고자 하는 의욕을 불러 일으켜 주는 것이다. 또한 시범을 보이는 사람은 자기가 연구하고 연마한 태권도 기술에 대해 찬사와 환호를 받을 때 태권도인 으로써 긍지와 자부심을 갖게 된다. 태권도 시범이란 기본동작, 품새, 겨루기, 격파, 호신술 및 특기기술과 묘기 등을 구성하여 짧은 시간 내에 보여주는 태권도의 종합예술이라고도 말할 수 있다. 시범을 크게 나누면 단독시범(개인)과 단체시범으로 구분할 수 있는데, 단독시범은 개인 혼자서 자기기술 한계 내에서 시범을 보여 주어야 하고 기술의 제약 또는 장소 및 공간의 제한을 받기 때문에 대략 자기도장 개관을 위해 자신을 소개하기 위한 수단과 또는 간단한 TV출연이나 '나 자신 태권도 인이다'하는 자기 과시를 하기 위해 단독시범을 하는 경우가 있다.

여기서는 2인 이상 단체 시범을 위주로 논하고자 한다. 우선 시범의 유의할 점은 시범을 보여줄 대상이 누구인가, 어느 수준의 관계인가, 인원은 얼마나 되며 시범장소는 실내인가, 실외인가, 또한 기후상태는 즉 여름인가, 겨울인가, 기타 시범의 필요한 조건등을 고려하여 시범내용 및 인원구성, 시간조정, 연습기간 등 계획을 세워야 하며 시범의 사용할 물건을 선택해야 한다. 간혹 태권도 시범의 근본의의 망각하고 요술이나 마술 등 잡기를 태권도 시범으로 채택하는 경우가 있는데 이것은 근본적으로 잘못된 시범구상이다.

시범은 어디까지나 태권도를 소개하여 태권도가 무엇인가를 알려주고 태권도를 배우려는 의욕을 고취시켜 주어야 한다. 그래서 태권도 시범계획을 작성하는 데는 태권도의 기본동작, 품새, 겨루기, 호신술, 격파 외 태권도의 묘기 등을 복합적으로 프로그램 작성에 넣어야 한다. 그리고 시범요원은 잘 숙련되고 기술이 월등한 시범요원으로 구성하여 태권도 시범을 보여 주도록 한다. 그렇지 않으면 오히려 역효과를 내어 시범을 아니함만 못한 경우가 있다. 본 장에서는 시범 작성요령(대표 시범단의 모형) 및 간단한 시범소개와 더불어 시범의 의의, 시범의 종류, 시범작성요령 및 한국의 대표적인 시범프로그램을 소개하고자 한다.

1) 시범의 의의

시범은 태권도 수련을 통해 연마된 기술의 묘기와 위력 또한 특수 기술을 보여줌으로써 태권도가 무엇인가를 알려 주는 역할을 담당하며 보는 사람으로 하여금 흥미를 갖고 태권도를 배우고자하는 의욕을 고취시켜 태권도 보급 발전에 기여하게 된다.

2) 시범의 구성

시범을 구성하는 데는 원칙이 없으나 다음과 같은 사항을 사전에 고려하여 구성해야 한다.

(1) 대상

시범을 보일 대상이 여자인가, 남자인가 또는 어린이인가, 어른인가, 그리고 군인이나 경찰 같은 특수 단체인가, 혼합된 대중들인가를 사전에 파악하고 그에 따라 관람인원 예상도 미리 알아 두어야 한다.

(2) 시간

시범을 보이고자 하는 대상이나 목적에 따라 시간을 배정, 시범프로그램을 작성하는데 가능한 시범시간을 짧은 시간에 집약적으로 태권도의 묘기 위력 등 특수기술을 보이는 것이 효과적이다(대략 시범시간을 정한다면 10분, 20분, 30분, 1시간 이내가 좋다).

(3) 장소 및 환경

시범을 보일 장소가 실내인지 실외인지 또는 시범할 때가 겨울인지, 여름인지 그 외 시범을 보일 장소의 바닥이 무엇으로 되어 있으며 관중수용 능력이 얼마나 되는가를 사전에 검토한다.

3) 시범의 종류

(1) 단독시범

개인 혼자서 자기 태권도 묘기를 보이는 시범으로써 여러 가지 제약조건을 받지만 대략 자기 발전을 위해 개인 도장 개관 때나 또는 특수한 경우 TV출연에 이용되고 있다.

(2) 단체시범

2인 이상으로 이뤄지는 단체의 시범은 각자의 묘기와 위력을 보이며 또한 특수기술, 호신술 경기 등을 혼합으로 보이는 태권도의 종합예술이라 할 수 있다. 우리가 통상적으로 태권도 시범이라고 말하면 이러한 단체시범을 말하는 것이며 대략 단체시범 구성인원은 20~30명 범위가 가장 많다. 단체시범을 세분해 보면 다음과 같다.

(3) 시범단 시범

이 시범은 대략 20~30명의 시범요원으로 구성되어 태권도의 전반적인 기술을 총망라하여 시범을 구성, 태권도의 기본동작, 품새, 겨루기, 호신술, 격파, 경기 및 특수기술을 보일 수 있는 시범으로서 해외 순회시범이나 체육관에서 VIP나 관중들에게 태권도를 소개하는 데 가장 효과적이며, 태권도 시범의 기본이라 말할 수 있다.

(4) 매스 게임식 시범

본 시범은 많은 인원이 참석한다는 것이 특색이며 그 예로써 500~1000명 이상으로 구성되어 태권도의 기본기, 품새 또는 간단한 호신술과 위력격파 등으로 구성하여 보이는 시범으로서 큰 운동장이나 대광장에서 큰 행사 시 식전 또는 식후 행사의 한 종목으로 태권도의 단체 행동과 질서, 웅장함과 단체위력을 과시할 수 있는 시범이다. 대표적인 매스 게임 시범은 서울올림픽 경기장 개장 시나 대한민국 국군의 날 여의도 광장에서 실시한 그 좋은 예라고 할 수 있다.

(5) 무용시범

이 시범은 태권도를 이용, 음악에 맞춰 태권도의 기본기 품새, 격파 등을 무용화 하여 만든 시범으로서 어린이, 여학생 또는 부녀자들에게 적합한 시범이다. 무용시범에는 현대무용태권도시범과 고대 사댓놀이 등의 태권도 무용 사범 등이 있다(그 좋은 예로써 한국은광여고의 무용 시범이 가장 대표 적이다).

3. 겨루기

1) 태권도의 겨루기 역사 및 정의

(1) 발생기(원시시대~부족국가시대)

우리나라는 전통적인 농경사회로서 신안은 천신, 태양신을 숭상하고 토테미즘과 샤머니즘이 마음속 깊이 내재되어 있어 정신적 지주로서 떠받들어졌다. 원시사회에서의 모든 생활은 천신을 위해서 행해지고, 이것은 곧 존재를 위해서 행해지는 본능적인 행위로써 받아들여졌다. 원시사회에서의 태권도는 천신을 위한 행위로서 자기 자신이 어떠한 위험으로부터 살아남기 위한 수단이며, 인간이 손과 발을 사용하여 동물의 공격을 흉내 내는 형태로 하던 것이 시간이 흘러 체계적인 형태로 발전하기 시작하였다.

(2) 제 1발전기(고대국가초기~중기까지)

제 1발전기는 우리나라의 삼국시대에 해당하는 시기로서, 이 시기에 고구려 태조왕 때부터 실시되어지는 '선배제도'는 차대 왕, 소수림왕에 걸치면서 군사제도와 같은 성격을 띠고 있으며, 청소년 교육이념으로 송경습사의 정신과 상무정신을 중심으로 문무를 겸하는 것을 원칙으로 하되, 무를 숭상하는 정책으로 일관되어 왔다. 그러한 정책은 광개토왕에 의해서 만주를 걸쳐 중원 진출을 꾀하게 하였다. 고구려 최대의 영토를 확보하는 전성기를 가져오는 계기가 되었으며 신라에 선배제도를 전하여 화랑도 조직 을 완성하게 하였다. 신라의 화랑도는 고구려의 선배제도의 행정적 체계와 상무정신, 그리고 가야의 싸울 아비정신을 도입하여 신라 본연의 전통 사상과 씨족사회 때부터 계속되어 온원화 제도의 문제점을 극소화하기 위해서 원화 제도를 화랑도제도로 재편성하였다. 화랑도 제도는 신라가 삼국 중에서 가장 후진적이던 면을 극복 하고 새로운 강국으로 발전하는데 원동력이 되었으며, 마침내 삼국통일을 이룩하는 결정적인 힘이 되었다.

이상의 발전기의 기간 중에서 겨루기의 역사적인 근거를 찾아보자.

- 신채호 선생의 조선상고사에서 '선배제도'에 관한 기록을 보면...

"고구려 태조왕 때에 선배가 중심이 되어 매년 3월 10일 신수두 경기가 열렸는데, 여기에서 태껸이 시합 되었다."

- 무용총의 고분벽화를 보면....

"무용총의 현실과 주실 천정에 두 무사가 겨루기를 하려는 찰나의 모습이 선명하게 그려져 있다." 이 고분의 그림을 보면 현대 태권도의 겨루기와 형태가 유사하게 나타나 있다.

- 황해도 동수묘 고분의 전실동벽에 보면...

"동수묘이 전실동벽에는 두 무사가 겨루기를 하는 것이 그려져 있다." 이 고분의 벽화도 현대 태권도 겨루기와 유사한 동작을 취하고 있다.

- 일본 서기

"백제사람 대좌평과 지석 등을 초대하여 일본의 건아들과 함께 상박을 하였다."

이상의 문헌과 유적에서 살펴본 바와 같이 태권도의 겨루기는 태권도의 전부라고 할 수 있는 실정인 바, 여기에서의 겨루기 역사는 정신적, 사상적 측면을 제외하고 실제적인 경쟁수단으로서 태권도를 중심으로 고찰하여 본 것이다.

(3) 제 1 전성기(고대국가 중기~말기까지)

태권도의 제 1전성기는 고대 삼국시대 중에서 각 나라마다 영토를 확장하는 단계에 해당하는 기간이다. 태권도의 제1전성기 는 태권도의 최고 전성기라고 할 수 있을 정도인데, 이것은 고대 전쟁의 성격이 현대전과는 달리 백병전의 성격이 짙어서 체력과 무술의 정도에 따라서, 가장 중요한 호국 정신과 청장년들의 마음자세 등이 좌우한다고 할 수 있었다. 고대전쟁에서의 무술은 군사력 과 비례하며, 여기에 서 무술은 상대방을 이기지 못하면 생사의 기로에 놓이게 되는 상황이므로, 한 치의 오차도, 한 번의 실수도 용납되지 않는다. 그러므로 반드시 상대방보다 뛰어난 무예를 지니고 있어야 한다. 이러한 점에서 살펴볼 때 우리의 고대 태권도는 광개토왕이 중원으로 진출을 꾀하고 요동을 차지할 수 있었던 저력으로 나타났으며, 수나라의 100만 대군을 격파하여 살수에서 수장시켰던 을지문덕 장군의 기개와 지혜, 그리고 고구려 군사들의 용기와 무예의 근본이 되었으며, 또 당 태종의 30만 대군을 슬기롭게 막아 냈던 연개소문과 양만춘의 용맹과 기개를 기르는데 그 기본이 되었다. 이상의 상황을 종합해 볼 때, 우리의 고대 태권도는 중국 의 무술에 비교하여 우월했다고 생각되며, 불교도입 이후 중국의 권법이 전래되었다고 생각하는 경우가 많은데 이것은 위의 사실이 보여주는 바와 같이 근거 없는 억측으로 추론할 수 있으며, 무술은 중국에 비하 여 우수하였다. 이러한 생각은 고대 태권도가 어떠한 기구를 사용하는 무술 이전에 기초단계로서 필수였다 고 전해지고 있으며, 또 경쟁수단으로도 직접 사용하였다. 또 화랑도들이 수련했던 무술이 태껸과 수박이었다는 점을 미루어보아 태권도의 위치를 실감할 수 있다 .

(4) 정체기(통일신라시대~고려시대 무신란 이전까지)

태권도가 정체현상을 나타내는 시기는 삼국통일과 대당외교로 평화적인 시대가 도래함으로 써 무예의 필요성이 줄어들어, 청년조직인 화랑도가 유명무실해지면서 기술적인 발전이나 행정적인 발전이 완전히 정체 형태로 나타난다. 태권도가 정체기로 들어서면서 새로운 시도로 방향전환을 꾀했는데, 이것은 그 동안 사상적, 정신적으로 영향을 끼쳐왔던 호국불교에서 자기수양을 위한 선종으로 바뀌면서 태권도의 성격도 수련을 통하여 인격적인 자기완성을 추구하는 선무도적인 성격으로 바뀌어졌다. 그래서 이 시기의 태권도는 질적인 발전은 있으나 행정적, 제도적 발전은 완전히 정체현상을 나타내고 있다. 이러한 상황에서 귀족 중심의 무도에서 점차적으로 일반서민 중심의 무도로서의 오락적인 형태로 변화하였다. 이 시기의 태권도는 대체적으로 정체하였으나 오락적인 측면에서 시범을 위한, 또는 군사훈련 수단으로 부분적으로 이용되고 있다.

문헌에 나타난 태권도는 고려사 권36 충혜와조 후 3년 5월, 후 4년 2월, 6월 "임금이 당춘정에 납시어 수박희를 보았다." "임금이 화비관에서 수박희를 보셨다." 여기에서 수박희를 보았다는 말은 원시적인 형태의 SPORTS 태권도로 위력과 겨루기를 보았다는 뜻으로 생각해야 한다. 이상에서와 같이 통일신라와 고려의 태권도는 질적인 발전은 있었으나, 전반적인 측면에서 정체기임을 부정할 수 없다.

(5) 침체기(고려 무신란 이후~조선시대를 걸쳐 한일합방까지)

고려 말부터 태권도는 계속된 정체 현상에서 비롯된 상황으로 말미암아 침체기에 들어선 현상이 나타나기 시작하였다. 여기 서 지배층에서의 문무대립은 무신을 천시하게 되어서 자연적으로 무예의 침체가 가속화 되었다. 고려 말부터 불교의 위치가 흔들리고 유교가 치국의 도로서 받아들여짐에 따라서 선무도로 발달 했던 태권도는 마침내 조선시대에 이르러서는 불교가 완전히 억불정책에 의하여 산중불교가 되면서 선무도로서 태권도는 일반 서민사회의 태권도와 격리되면 서 성격이 다른 무도로 전해내려 오기 시작했다. 그래서 현대에 이르러서는 불교무도와 우리의 태권도가 근원이 다른 것으로 평가되기에 이르렀으며, 불교무도의 뿌리를 중국의 권법으로 보는 경향이 짙다. 그러나 이러한 사실은 태권도 역사의 연구과정에서 강한 반론이 제기되고 있다. 조선시대 태권도는 군대에서 일반사병을 뽑는데만 사용되었으며, 무를 천시한 양반사회 와는 완전히 격리도고 또, 시대가 태 평하다보니 무의 필요는 더욱 더 무시되어 침체 의 길을 걸어가게 되었다. 이런 시절에도 태권도에 대한 흔적은 남아 있다.

세조실록 권 9, 3년 9월 "단양의 향리, 관리등이 나라에서 수박희로 시합을 벌여서 잘하는 자를 군사로 뽑는 다는 말을 듣고 서로 다투어 수박희를 하려 하였다."

동국여지승람 권34 풍속편

"백중날이면 전라도와 충청도의 접경 사람들이 수박희를 겨루는 시합이 있었다."

이상의 역사적인 실증은 침체기에 있었던 태권도의 명맥을 이어오는 가장 중요한 위치를 차지하고 있다.

지금까지의 태권도 역사를 요약해 보면...

1단계 : 생존수단을 위한 태권도(원시사회)

2단계 : 전쟁수단으로서의 태권도 (고대국가 이후~중세, 근세까지)

3단계 : 오락화된 태권도 (고려시대~근대까지)

4단계 : 선무도적인 태권도 (통일신라 이후 ~ 현재의 불교무술)

5단계 : 현재 Sports 태권도 (1960년대 이후 ~ 현재)

(6) 혼란기(1945년 해방~1965년 태권도 협회 구성)

8.15해방이후 각종 서구문화의 무질서한 도입으로 정치적인 혼란과 더불어 현재 태권도는 커다란 변신을 꾀하고 있었다. 이것은 민족 말살정책으로 인하여 사라져가던 전통무도에 일제 때 도입되었던 가라데의 행정적인 제도와 지도방법이 유입되는 과정으로 시행착오를 계속하는 기간으로 혼란기라 부르고 있다. 이 시기는 겨루기에 대한 움직임이 거의 없었던 시기이다.

(7) 제 2발전기(1965년~1973년 WTF 협회구성)

1962년 현대 Sports로서 경기화된 태권도가 시도된 이후, 태수도협회에서 대한체육회에 정식 가맹되었다. 그후 태수도는 태권도로 개칭되어 지금까지 단일행정을 할 수 있게 되었다. 한편, 2세대 지도자들에 의해서 경기화가 강력하게 추진되었으며, 이러한 과정에서 월남파병과 미군의 한국주둔이 계기가 되어 태권도 국제화가 시도되기 시작되었으며, 1966년 최홍희가 중심이 되어 동남아시아를 배경으로 국제태권도연맹 (Internation al Tae Kwon Do Federation)을 결성하였다. 그후, 최홍희는 정권에서 소외되어 말레이지아 대사로 나가 있다가 캐나다로 정치적 망명을 하여 ITF를 이끌고 있다. 한편, 협회장에 선출된 김운용 박사 는 1972년 11월 국기원을 준공하였으며, 박정희 대통령의 도움을 받아 국기로서 채택 이 되었고, 19 73년 세계태권도 연맹(The World Tae Kwon Do Federation)을 결성하여 동년 5월 국기원에 서 세계선수권대회를 열었다. 이후 1974년 아시아선수권,1976년 유럽선수권과 중동선수권,1978년 범 미주대회,1979년 아프리카 선수권 등 수 많은 대회가 창설되어 유치되고 있다.

(8) 제 2전성기(1973년 이후)

태권도는 손과 발을 사용하는 세계 어느 나라의 무도보다도 월등한 기술과 실용성, 그리고 행정체제로 세계적인 Sports로 자리를 굳혀가고 있는데, 이는 김운용 총재의 지도력에 의한 것이다.

1975년 WTF(세계 태권도 연맹), GAISF(국제경기연맹연합회)의 정식 가맹단체 승인

1976년 CISM(국제군인체육회)정식종목 채택

1980년 World Game 정식종목 채택, WTF의 IOC승인단체로 임명

1983년 Pan American Games Programs정식종목 채택

1984년 9월 아시안 Games정식종목 채택(아시아 올림픽평의회) 이상과 같은 급속한 발전은 1988년 서울올림픽의 시범종목에 채택되었다.

2) 겨루기의 의의

겨루기의 어원은 "겨루다"의 명사형으로서 "서로 버티어 힘과 기를 견주어 본다"라는 뜻이다 . 옛말에 용호상박이란 말이 있다. 이 의미는 "강자끼리 서로간의 힘과 기술을 겨루어 본다"는 뜻이다. 태권도는 원래 기본자세와 품세는 혼자서도 연습이 가능하지만 겨루기는 혼자서 연습이 불가능하다. 겨루기는 태권도 기술의 총체이다. 모든 기본동작과 품새

를 수련하는 것이 결국 겨루기를 잘하기 위한 하나의 수단이기 때문이다.

그래서 겨루기라 함은 태권도 정신에 입각하여 기본자세와 품새에 토대를 두어 상대방과 더불어 공방의 기술을 수련하고, 상대방과 태권도 기술 의 우열을 가리는 것이다. 다시 말하면 겨루기는 상대와 근접하여 손과 발로 상대방을 공격하고 방어하는 운동으로써 상대의 움직이는 동작 여하에 따라 자신의 기술을 결정하는 극히 순간적인 운동이므로 빠른 반응과 민첩성, 그리고 순발력을 요구함은 물론 주어진 시간과 공간에서 많은 방향전환과 고도의 기술변화 를 필요한 운동이다.

인간은 각자 뜻하는 것을 마음먹은 대로 행할 수 있는 능력을 성취하는 것이 자기완성이요 자기실현이라 고 볼 때 신체활동(겨루기)을 통한 수련은 궁극적으로 심신합일의 경지를 목표로 삼기 때문에 이것은 부단한 연마를 요구한다. 따라서 신체의 조화적 발달은 물론 유능하고 강인한 인간을 육성하여 사회에 이바지 하는데 그 의의가 있다.

3) 겨루기의 목적

태권도는 크게 기본동작, 품세, 겨루기의 세 가지로 구분한다. 그중 겨루기는 태권도의 총제라고 할 수 있으며 전신의 근육 과 관절을 모두 움직이는 종합신체운동이라고 볼 수 있다. 그러므로 신체 각 부위가 고루 운동이 되고 조화를 이루게 되어 성장발달에 필요한 운동량을 공급해줌은 물론, 신체 각 부분의 기능 발달과 체력을 향상시키는 작용을 한다. 또한 겨루기는 전신운동으로 인체의 모든 기관에 에너지를 발생 시켜주고 몸통을 다져주는 정동뇌를 자극 발달시켜 힘 있게 실행하는 의욕을 개발하게 된다.

심리적으로는 강인하고 용기 있는 성품으로 변모시켜 어떤 일에도 앞장설 수 있는 강인한 용기와 담력을 길러준다. 이것은 자신력을 있게 하고 자신력은 인간을 의연하게 만든다. 의연한 태도 는 겸양을 낳게 되고 또 겸양은 희생적 정신으로 자아를 극복하게 되고 사회 봉사자로서 뚜렷한 개성이 창조된다. 그러므로 겨루기를 통해서 신체적으로나 정신적으로 유능한 인간을 만드는데 그 목적이 있다.

4) 태권도의 기술 및 분류

(1) 손기술

손과 팔을 이용하여 이루어지는 기술로 태권도 경기에서는 바른 주먹을 이용한 공격만을 허용하고 주먹으로 얼굴을 가격하는 행위는 금지되어 있어「몸통 주먹 지르기」와「막기」에만 사용되므로 설명을 생략한다.

- 손 기 술
  - 지르기
  - 막기
  - 치기
  - 찌르기

(2) 발기술

크게「차기」와「발놀림」으로 구성되며 태권도 경기에서「발놀림」에 의존한「차기」에 의해서 대부분이 이루어지고 발기술 즉「차기」는 복숭아 뼈 이하의 발 부위를 이용한 공격만을 경기에서 허용하고 있다.「차기」와「발놀림」에 대한 자세한 사항은 아래와 같다.

※ 경기에서는 발기술을 발휘하여 득점하기 위해 또는 방어하기 위해「발놀림」을 주로 활용한다.

5) 겨루기 지도의 기본단계

(1) 자 세

어깨너비로 발을 나란히 선 자세에서 오른 발을 한걸음 빼어주어 양발을 편안하게 놓으며 양 어깨가 정면에서 반 정도 보이게 비스듬히 선다. 이때 오른손은 팔을 굽혀 가슴 중앙위치에 두고 왼손을 앞으로 약간 내밀어 오른손보다 낮지만 배꼽보다 높은 위치에 둔다.

(2) 기본기술

◎ 지르기

① 앞주먹 지르기

② 뒷주먹 지르기

③ 뒷발 걸고 앞주먹 지르기

④ 앞팔 걷고 뒷주먹 지르기

◎ 발차기

앞 차 기	몸통
	얼굴
돌려차기	몸통
	얼굴
옆 차 기	몸통
	얼굴
뒷 차 기	몸통
	앞발, 뒷발주고 얼굴

⑤ 후려차기(앞후리기) : 얼굴

⑥ 뒤 후려차기(휘돌려차기) : 얼굴

⑦ 밀어차기 : 몸통, 뛰어 얼굴

⑧ 찍어차기(내려차기) : 얼굴

(3) 기본의 연결 및 응용의 기초

◎ 거듭차기

한 다리로 서서 두 번 이상 똑같은 차기 기술을 행하는 것이다. 보통 목표는 첫 번째 아래차기를 하고 두 번째 차기는 몸통이나 얼굴차기를 한다. 그러나 똑같은 목표를 연속 차기도 하며, 첫 번째 차기는 모양만 흉내 내서 속이는 데 목적을 두고 두 번째 차기를 완전하게 하여 상대를 제압한다.

- 거듭앞차기, 거듭돌려차기, 거듭옆차기

◎ 섞어차기

한발로 두 가지 이상의 기술을 차는 것으로 보통 첫 번째 차기를 하고 두 번째 차는 발은 접었다가 다시 차게 되는데 땅에 대지 않고 방향과 차기 기술을 바꾸어 차야 한다.

- 앞차고 돌려차기, 앞차고 옆차기

◎ 이어차기

똑같은 차기 기술을 왼발, 오른발을 번갈아 가면서 차는 기술

◎ 이어 섞어차기

이어차기와 같이 왼발, 오른발 번갈아 차기를 하되 왼발차기와 오른발 차기를 서로 다른 차기 기술로 한다.

(4) 기본단계의 지도과정

무릎을 올려주기(발차기 동작의 1/2동작)에서

◎ 좌우 무릎 올리기

◎ 한발 2회씩 무릎 올리기

◎ 빼앞걸음(발바꾸어) 무릎올리기 좌우

※ 발놀림

발놀림이란 태권도에서 이루어지는 걷기, 뛰기, 끌기, 들기, 바꾸기, 빼기, 빠지기, 돌기, 틀기, 구르기, 밀기, 견주기, 지탱하기, 걸기, 대기 등의 모든 발 움직임의 형태의 의도적인 속임(페인트) 동작을 포함하는 태권도에서 발로 이루어지는 모든 움직임을 의미한다.

6) 기본 발놀림의 종류

(1) 제자리 놀림 (제자리에서 사용되는 발놀림)

◎ 바탕품

두 다리의 모든 관절을 가볍게 이용하여 제자리에서 겨루기 자세에 몸놀림의 리듬을 주어 다음의 연결동작을 준비하는 발놀림으로 겨루기의 기본자세.

◎ 품바꿔

제자리에서 앞발과 뒷발을동시에 교차하면서 상체도 같이 바꿔주는 발놀림.

(2) 앞놀림 (앞으로 이동하는 발놀림)

◎ 앞걸음

뒷발을 앞으로 한걸음 나아가는 걸음.

◎ 앞발 들어 걸음

앞발을 약간 들어 전진해 주는 걸음.

◎ 뒷발 들어 걸음

뒷발을 단일 먼저차기 형태의 자세로 들어주어 뒷발이 앞으로 나아가는 걸음.

◎ 빠른발 걸음

뒷발을 앞으로 빠르게 옮기면서 앞발이 앞으로 나아가는 걸음.

◎ 빼 앞걸음

앞발을 뒤로 약간 빼는 동시에 뒷발을 앞으로 이동하는 걸음.

◎ 같이 앞걸음

제자리에서 앞발과 뒷발을 동시에 전진시키는 걸음.

◎ 반 돌아 걸음

제자리에서 뒷발은 동쪽 방향으로 돌려 앞발을 뒷발로 만들어 주는 걸음.

(3) 뒷놀림 (뒤로 이동하는 발놀림)

◎ 뒷걸음

앞발을 뒤로 한걸음 빼어 주어서 뒷발로 만드는 기술.

◎ 같이 뒷걸음

제자리에서 앞발과 뒷발을 동시에 후진시키는 걸음.

◎ 몸틀어

앞발을 뒤로 빼면서 동시에 뒷발로 공격하는 걸음.

(4) 기본놀림의 연습

◎ 1가지 놀림을 반복하여 왕복으로 실시하는 방법

◎ 각 놀림을 섞어서 하는 방법

바탕품 - 폼바꿔(2회) - 앞걸음 같이 뒷걸음(2회) - 앞발들어 뒷걸음(2회) - 뒷발들어 같이 뒷걸음(2회) - 빠른발 뒷걸음(2회) - 빼 앞걸음 뒷걸음(2회) - 같이 앞걸음 몸틀어(2회) - 반돌아 같이 뒤걸음(2회)

◎ 각놀림에 의한 기본 발차기 열결 실시하는 방법

7) 표적이용 지도

공격 부위에 대한 지르기 및 발차기의 정확성과 신속성을 높이기 위한 연습방법으로 고정표적 및 이동표적에 대하여 단일공격 및 복합공격으로 나누어 실시하되 먼저, 나중 공격의 개념이 포함된 방법이다.

(1) 미트를 이용한 표적 타격

◎ 미트 잡는 방법

① 세워 잡는 법

무릎을 접어서 완전히 돌려차게 하는 것으로 짧은 동작을 사용하여 근접한 거리 공격의 연습을 위해 미트를 수직으로 세워 잡는 방법.

② 비껴 잡는 법

겨루기 실전에서 주로 이루어지는 발차기 동작을 익히는 방법으로 자연스럽게 공격할 수 있는 거리에 대하여 빠르게 허리를 넣으며 공격하는 연습으로 미트를 45°정도 눕혀 잡는 방법.

③ 눕혀 잡는 법

스피드 발차기 및 허리와 엉덩이를 목표물을 향해 집어 넣는 동작을 숙달하는 방법으로 발차기 사정권을 최대로 하여 차도록 미트를 수평으로 눕혀 잡는 방법.

④ 미트의 높이

몸통: 보조자의 배꼽과 명치 사이 높이로 팔을 뻗어 앞으로 내밀어 잡는다.

얼굴: 보조자의 양 미간사이 높이를 팔을 뻗어 앞으로 내밀어 잡는다.

⑤ 미트의 거리

연습하고자 하는 발차기와 상대와의 거리를 가상하여 연습자의 사정원의 범위내에서「세워」비껴」눕혀」서 미트를 잡으며 보조해야 한다.

⑥ 주의할 점

미트를 바르게 잡지 못하거나 거리 및 높이를 잘못 잡아서 두면 연습자의 발차기의 교정 및 숙달 뿐만아니라 연결동작이 부자연스럽고 때에 따라서는 연습자의 관절에 손상을 주고 연습하기가 힘들다.

⑦ 기타 잡는 법

거꾸로 잡는 법 : 미트의 손잡이는 위로, 타격부위가 밑으로 향하여 거꾸로 세워 잡는 법.

숙여 잡는 법 : 미트의 손잡이와 타격부위의 높이가 같게 세워 잡는 법.

◎ 미트 타켓트를 이용한 발차기 지도단계

- 단순동작 (정확도)
- 2회 연결 (좌우 정확도 숙달)

- 3회 연결 (공격위주 연결 동작)
- 4회 연결 (좌우 2회씩 숙달)
- 이동 타켓트 숙달 (움직이는 동작 실제 모형 숙달)
- 타킷+미트 연결동작 (원 직선 동작 병행숙달)

8) 겨루기의 기본지도 과정

단순한 동작에서 복합동작으로 맞추어 겨루기에서 자유 겨루기로 지도.

(1) 보호장구를 착용시키지 않고 지도하는 방법

◎ 돌쳐차기를 예로 들면

① 몸통 돌려차기를 이용한 겨루기

② 얼굴 돌려차기를 이용한 겨루기

③ 몸통과 얼굴 돌려차기를 썩어하는 겨루기

④ 돌려차기와 지르기를 이용한 겨루기

(2) 보호장구를 착용시키고 지도하는 방법

◎ 보호장구(호구) 이용시 유의사항

① 보조자의 상해 방지를 위해 반드시 2장 이상의 호구를 착용하게 한다.

② 연습자가 발차기의 정확도와 리듬을 익힐 수 있도록 정확하게 몸을 대어 주어야 한다.

③ 연습자가 익히는 발차기가「제자리」「들어가」「물러나」목표를 차는 것이냐 에 따라 보조자는 이에 맞게 사정거리를 유지하며 움직이면서 몸의 위치를 선정하여 주어야 한다.

④ 연습자는 얼굴 공격 연습시 보조자의 얼굴을 가격하지 않도록 항상 주의하도록

한다.

⑤ 먼저 공격 1회 숙달, 2회숙달, 나중공격 1회 숙달, 나타먼저 나중공격 병행 숙달 방법.

9) 기본전술

(1). 기본전술의 공격 분류

<table>
<tr><td rowspan="7">공격의 기본구조</td><td rowspan="4">맞품</td><td rowspan="2">먼저공격</td><td>앞발</td></tr>
<tr><td>뒷발</td></tr>
<tr><td rowspan="2">나중공격</td><td>앞발</td></tr>
<tr><td>뒷발</td></tr>
<tr><td rowspan="3">엇품</td><td>먼저공격</td><td>뒷발</td></tr>
<tr><td rowspan="2">나중공격</td><td>앞발</td></tr>
<tr><td>뒷발</td></tr>
<tr><td></td><td>▶ 상대와 자세</td><td>▶ 공격의 선후</td><td>▶ 공격할 발의 종류</td></tr>
</table>

※ • 오른품 : 왼발이 앞에, 오름발이 뒤에 있는 겨루기 자세
- 왼 품 : 오른발이 앞에, 왼발이 뒤에 있는 겨루기 자세
- 맞 품 : 겨루는 자의 앞발이 서로 왼발이거나 오른발로 같은 겨루기 자세를 취하게 되는 경우
- 엇 품 : 겨루는 자의 앞발이 왼발과 오른발로 서로 다른 왼품과 오른품의 겨루기 자세를 취하게 되는 경우
- 앞 발 : 겨루기 자세에서 앞에 놓인 발
- 뒷 발 : 겨루기 자세에서 뒤에 놓인 발

10) 겨루기의 구성

(1) 맞추어 겨루기

초급공격방법으로서 자유 겨루기에 들어가기 전 공격과 방어의 숙달을 구체화시키려

는 과정이다. 공격과 방어의 형태를 서로의 약속 하에 행함으로써 중심이동 능력과 순발력 방어능력을 기르는데 목적을 갖는다.

(2) Step 겨루기

이것은 직접 타격을 피하고, 상대의 공격에 대하여 스텝에 의한 몸의 이동능력과 타격 방법을 모색하는 일종의 연습겨루기이다. 여기서는 실전에서 일어나는 동작을 실질적으로 피하고 가격 할 수 있는 빠른 민첩한 동작을 목표로 하기 때문에 겨루기에서 중요한 부분을 차지한다. 실행방법은 상대 와 맞서서 평상시 자유겨루기와 동일하게 행하되 가격하는 순간에 끊어주어야 한다.

(3) Target 겨루기

이 겨루기는 상대가 미트를 잡고 방향을 바꿔 주어가면서 발차기나 주먹지르기의 종류를 다양하게 섞어 공격의 찬스를 주어 타격 하게 함으로써 중심이동과 정확한 타이밍을 목적으로 한다. 3분 3회전으로 실시하면 효과적이다.

(4) 자유 겨루기

자유 겨루기는 태권도의 기본을 완전히 숙달하고 난 후에 상대방과의 공방의 원리에 의하여 자유자재로 겨루는 것을 말한다. 일정한 공식이 있는 것이 아니고 변화무쌍한 겨루기의 공방은 빠른 순간을 잡을 수 있는 능력이 필요하기 때문에 실제적으로 상대와 직접 겨루어 보지 않고서는 겨루기의 본질을 이해할 수 없으며, 기술도 향상할 수 없다.

(5) 시합 겨루기

시합겨루기는 태권도 경기 규정에 따라 호구나 샷보대 그리고 팔다리 보호대를 착용하고 제한된 시간 내에 공격과 방어의 기술을 행하여 그 결과에 따라 득점을 비교하여 승패를 가리는 것을 말한다.

11) 겨루기의 원칙

겨루기를 할 때 기본적인 사항도 잘 모르고 무작정 하는 어린이가 많습니다. 심지어 품띠를 두른 상급 수련자가 겨루기를 할 때 눈을 감고 차는 등 아무렇게나 하는 경우도 종종 보입니다. 어느 분야나 마찬가지겠지만 태권도 겨루기 역시 기본 원칙을 지켜야만 실력 향상을 꾀할 수 있습니다. 어떤 것을 행할 때, 서툴러서 못하는 경우는 시간이 지나면 나아지지만 근본적으로 잘못된 문제는 다시 뜯어고치지 않으면 안 된다. 이 장에서는 겨루기를 할 때 흔히 나오는 실수들을 지적하고 그 기본 원칙과 함께 실전에서의 응용단계까지를 살펴보기로 합니다.

(1) 실력 향상과 안전이 겨루기의 목표

태권도의 겨루기는 차기와 지르기 등 공격기와 피하기, 막기 등의 방어기를 사용하여 상대와 직접 격투하는 것입니다. 물론 겨루기 규칙을 반드시 지켜야 한다. 공격과 방어의 기본기를 바탕으로 다양한 상황에서 여러 가지 응용기술을 펼치는 능력이 필요하다. 자신의 차기 실력을 십분 발휘하고 상대의 공격을 피하고 그 허점을 노려 역습하는 것이 최선의 방법이다. 상대의 갖가지 공격에 대응하는 다양한 기술을 익혀야 한층 나은 실력을 얻을 수 있다. 어떤 경우라도 겨루기를 할 때는 머리, 몸통, 샅보대 등 보호대를 착용해야 한다. 그리고 만일 자기보다 실력이 훨씬 낮은 상대와 붙는다면 느린 속도로 공격하거나 끊어서 찬다든지 하여 약한 상대에게 부상을 입히지 않도록 주의해야 한다.

(2) 겨루기 규칙을 명심한다.

도장에서든 시합에 나가서든 겨루기를 하면 의당 정해진 규칙을 따라야 한다. 태권도 겨루기는 규칙에 따라 최대한 안전한 상태에서 하는 격투기이며 이 과정을 통해 심신을 수양하는 방법이다. 무엇보다도 겨루기 규칙을 이해하고 따르는 것이 제일 중요하다. 어떤 기술이 득점하는 올바른 기술인지 그 반대로 경고나 감점을 받는 반칙 행위가 무엇인지를 잘 알아두어야 한다. 얼굴을 주먹으로 치거나 허리 아래(낭심)를 찬다든지 또는 머리 뒤통수나 등과 같은 몸의 뒷면을 공격하거나 넘어진 상대를 발로 찬다든지 하는 반칙은 겨루기 규칙에 의해 엄격하게 금지하고 있다. 어느 누구든지 겨루기를 하면 당연히 규칙을 따르는 정정당당한 대결이 되어야 한다. 정당한 기술이 아닌 반칙으로 상대에게 상처를 입혔다면 그야말로 큰 실수를 저지른 것입니다. 고의든 아니든 간에 반칙 행위가 생기지 않도록 사전에 겨루기 규칙을 잘 알고 익혀서 몸에 배도록 노력해야 한다.

(3) 득,감점 내용을 정확히 익힌다.

보통 도장에서 하는 겨루기는 승패에는 상관없이 수련하지만, 겨루기를 하는 이상 승패를 염두에 두는 것이 실력 향상을 꾀할 수 있다. 사실 승패 그 자체의 의미보다는 득,감점 내용을 이해하고 신중한 기술 선택을 하다 보면 겨루기 실력이 부쩍 늘기 때문이다. 어떤 공격 기술이 어떻게 적중하여 점수를 올렸고 또 어떤 경우는 아무런 소용이 없는지를 겨루기를 하는 그 당시에 알고 익혀야 한다. 성공적인 기술(득점기술)은 계속 살려 나가고 좋지 못한 시도는(감점요인) 즉각 교정하는 시행착오를 거쳐 가야 한다. 득 감점 내용에 대해 자신이 잘 판단할 수 없을 때는 지도자의 도움을 받을 수도 있다. 어떤 공격은 좋았던 반면 어떤 때는 실수했는가를 정확히 판단하고 이해하는 길이 실력을 늘리는 지름길이다.

(4) 경쾌한 타격 소리가 들리게 찬다.

보통 도장에서 하는 겨루기라도 득 감점과 승패의 판정은 겨루기 경기에 준해서 실시한다. 따라서 득점하는 방법도 겨루기 경기와 동일하다. 몸통, 얼굴 등의 득점부위를 정확하고 충분한 힘으로 쳤을 때 득점으로 인정된다. 득점이 되고 안 되고는 차는 힘이 상대의 몸에 충분히 작용했는지 아닌지를 놓고 판단한다. 즉 상대의 보호대를 찰 때 팍! 하는 경쾌한 소리가 날 정도면 누가 봐도 득점으로 인정된다. 차기 공격을 할 때 보다 큰 강도를 얻기 위해서는 무릎을 접었다. 펴면서 차야 한다. 또 어떤 공격이든 체중이 실려야 더 큰 힘이 작용하는데 차는 순간 허리를 틀어 주는 것도 중요하다.

(5) 몸통과 얼굴 공격을 다양하게

어떤 수련생은 겨루기에서 상대의 얼굴만을 공격하는 경우가 있다. 사실 얼굴 공격은 상대에게 위협적이기 하지만 자기의 발이 잘 올라간다고 무턱대고 상대의 얼굴만을 차서는 명중시키기 어렵다. 얼굴은 몸통보다 높은 위치에 있기에 맞히기 어렵고 또 재빨리 고개를 젖혀 피해 버리기 때문에 실력이 모자라는 상대라도 성공시키기가 쉽지 않다. 따라서 얼굴보다는 몸통을 차는 것이 여러 면에서 유리하다. 그 이유는 우선 성공률이 높고 상대방으로부터 역습을 당할 부담도 주일 수 있고 또 힘도 덜 들기 때문이다. 그렇다고 얼굴 공격을 포기하는 것은 아니다. 몸통 공격을 하다가 느닷없이 얼굴을 차면 상대방이 미처 예상치 못하여 공격을 성공시킬 수 있다. 또 상대가 공격해 들어오는 순간을 노려 내려차기로 얼굴을 차거나 또 상대의 수비가 느슨해진 틈을 타서 얼굴 공격을 시도하는 사례가 많다.

(6) 무의미한 연속 공격을 피하라.

공격하는 횟수가 많다고 꼭 좋은 것은 아니다. 어떤 타격이든 정확성은 물론 위력이 실려 있지 않으면 아무런 소용이 없는 에너지의 낭비가 된다. 빠르고 연속적인 공격이라도 유효타(점수를 올릴 만큼 정확하고 충분한 타격력)가 되지 않는다면 별 소득이 없다. 공격이 성공하려면 찬스나 적절한 타이밍을 노려야 한다. 타이밍을 생각하지 않고 무작정 남발하는 연속 공격은 부정확하여 무위로 끝나기 쉽다.

(7) 물러딛기와 도망치는 것과는 다르다.

몸을 뒤로 움직여 물러딛기를 하는 것과 '도망치는 것'과는 크게 다르다. 물러딛기는 상대의 공격에 대해 받아차기를 할 목적으로 상대 공격을 피하고 뒤이어 반격 기회를 노리는 작전이다. 이와는 달리 무조건 몸을 피하는 식의 뒷걸음질은 도망치는 것이나 다름없다. 상대의 실력이 월등하여 공격을 해 오면 겁먹고 별다른 대책 없이 뒤로 물러난다면 도망치는 경우가 된다. 겨루기 경기에서 등을 보이고 피하거나 경계선 밖을 나가는 행위는 경고, 감점 사항이다. 그러다 보면 상대는 이쪽의 약한 면을 간파하여 물러나는 것을 계산하고 연결차기 공격으로 몰아치게 되면 더욱 곤경에 빠질 위험이 크다. 한걸음 두걸음까지는 '작전상 후퇴'로 볼 수는 있지만 세 걸음 이상 뒤로 물러난다면 싸울 의사를 잃고 패배를 자인하는 거나 다름없다. 평소 연습에서 물러딛기에 이은 받아차기 기술을 익혀 두어야 한다.

(8) 몸의 균형을 유지하라.

태권도 겨루기는 발을 주공격 수단으로 하기 때문에 몸의 균형과도 밀접한 관계가 있다. 발은 공격에 사용되기도 하지만 자기 몸의 중심을 지탱하는 주요한 역할이다. 겨루기를 하다가 종종 넘어지는 것도 다리가 들린 상태에서 균형을 잃기 때문이다. 특히 서로가 차기 공격을 교환하는 접전에서 균형을 잃은 쪽이 수세에 몰리기 쉽다. 차기 후 균형을 잡는 순간이 길면 길수록 상대에게 더 많은 공격 기회를 노출한다. 그래서 차기를 할 때 무릎을 접었다가 펴면서 차고 다시 접으면서 재빨리 균형을 잡는 식으로 행한다. 몸을 앞뒤로 옮길 때라든지 상대와 공방을 벌일 때에도 양발에 체중을 똑같이 나누어 딛는 겨룸새 자세를 유지해야 한다. 균형을 유지한다는 말은 안정된 자세를 취함으로써 상대에게 허점을 주지 않을 뿐 아니라 기회가 생기면 언제라도 공격할 수 있는 최상의 태세를 갖춘다는 뜻이다.

(9) 시선은 항시 목표물에 둠

겨루기가 시작되면 시종일관 상대방을 쳐다보아야 한다. 상대의 조그만 움직임이라도 잡아내고 그에 대해 대응책을 강구한다. 상대방의 자세와 발동작, 몸움직임을 보면 상대가 언제 어떤 기술로 공격하고 반격할는지를 어느 정도 판단할 수 있다. 상대를 보지도 않고 무작정 차는 것은 위험천만하다. 눈을 깜짝하는 사이에도 상대의 발이 얼굴 앞에 와 있는 상황도 겪을 수 있기 때문에 항시 목표물을 주시해야 공격과 수비를 제대로 할 수 있다. 보통 시선은 어깨선 높이로 두되 상대의 표정과 몸의 움직임은 물론 상대의 발 부위까지 시야를 넓혀 보아야 한다. 몸이 뒤로 돌게 되는 뒤차기나 뒤후려차기, 돌개차기를 할 때에도 목표물에서 눈을 떼지 않도록 최선을 다해야 한다.

(10) 겨루기는 최대한 안전하게

겨루기의 목적은 가능한 안전하게 상대와 승부를 겨루고 실력 향상을 꾀하는 것이다.

나아가 몸을 튼튼히 하고 씩씩하고 활달한 마음을 기르는 것입니다. 아울러 규칙을 따르는 정정당당한 대결을 스포츠맨십을 길러 건전한 민주 시민 의식의 기초를 닦는 과정이다. 겨루기는 지속적인 훈련을 해야 하기 때문에 서로가 다치지 않도록 각별히 신경을 써야 한다. 겨루기는 신체의 직접적인 부딪침이 일어나기 때문에 타박상 같은 부상이 생기기 쉽다. 공격으로 인한 직접적인 상해 뿐 아니라 상대와 충돌로 인한 발, 다리, 무릎 부위를 다치는 일도 있습니다. 또한 급격한 차기를 하다가 다리 근육이 손상되거나 뒤로 밀리면서 벽에 부딪치는 간접 부상도 생길 수 있다. 어느 격투 스포츠이건 부상의 위험성이 늘 있기 때문에 항시 안전에 유의해야 한다. 그렇지만 상해를 너무 두려워하는 것도 바람직하지 않다. 심리적으로 위축되면 오히려 조그마한 접촉에도 쉽게 다치는 사례가 발생한다. 겨루기 과정에서 생기는 다소의 신체적 장애를 극복해야만 더욱 강한 몸과 정신을 얻을 수 있다. 그러한 굳센 마음가짐을 가지되 가능한 한 부상이 생기지 않도록 최대한 주의한다. 겨루기를 할 때에 각종 보호대를 필히 착용해야 하고 또한 반드시 지도자의 지시와 통제에 따라 겨루기를 해야만 큰 문제를 일으키지 않는다. 겨루기 전에 발과 다리의 신체 사용 부위를 충분히 풀어 주는 것도 부상을 예방하는 방법이다.

(11) 감정이 아닌 의지력으로 겨룸

겨루기는 상대와의 경쟁이지만 사실은 '자신과의 싸움'이나 다름없다. 기술과 정신력, 체력을 총 동원하여 땀 흘리며 애쓰는 모습이 정말 힘에 겨울 때도 많다. 실력이 모자라서 스스로 실망한다든지, 상대의 공격에 자신감을 잃어버리거나 자포자기 한다든지 아니면 그 반대로 상대에게 맞았다고 해서 제 성질을 못 이겨 싸움처럼 감정적으로 겨루기를 하는 것은 자기와의 싸움에서 패배한 경우다. 겨루기는 '상대와 대결하는 격투 방식을 통해 자기 자신을 수양하는 방법'이다. 겨루기는 무분별한 폭력이 아니라 잘 조절된 기술이며 인간의 고결한 정신을 담고 있습니다. 금방이라도 바뀔 수 있는 일시적인 감정이 아니라 굳굳한 의지력과 침착성을 지닌 분투 정신으로 임해야 한다.

4. 격파

1) 격파의 목적

태권도 수련의 척도를 가늠하는 방법중의 하나가 격파이다.

격파는 자신의 기량과 힘을 시험함으로서 격투기적 요소에서 대리만족을 얻기 위함과 수련의 완성도나 숙련도를 측정하여 성취감을 느끼게 하고 격파를 관중에게 보여 줌으로서 태권도의 가치를 알려 태권도 보급에 기여함을 목적으로 한다.

(1) 위력격파

위력격파는 격파물을 고정시켜 놓고 하는 격파와 지지대를 사용하지 않고 하는 속도격파로 분류한다.

① 고정된 위력격파

- 손과 발을 이용한 위력격파
- 발과 다리를 이용한 위력격파

② 속도 격파

- 격파물을 허공에 띄워 속도를 이용한 격파

(2) 기술(묘기) 격파

기술(묘기) 격파는 태권도의 다양한 동작을 응용하여 기술의 진수를 격파물에 표현하는 것이다.

① 다방향 격파

② 장애물을 이용한 격파

③ 연속 격파

④ 뛰어차기 격파

⑤ 회전을 이용한 격파

⑥ 고난도의 격파

⑦ 특수격파

(3) 격파 유의사항

① 어린이에게는 위력격파를 시키지 않는다.

② 머리를 사용한 격파금지

③ 혐오스러운 격파금지

④ 살아있는 생물체의 격파물 사용금지

⑤ 지도자 없이 수련생만의 격파금지

⑥ 격파물이 관람자쪽으로 가지 않도록 유의

⑦ 위험스런 격파금지

(4) 격파자 유의사항

① 자신감을 가지고 격파한다.

② 자신의 기량에 맞는 격파를 한다.

③ 위력격파를 자주 하지 않는다.

④ 격파단련은 부드러운 재질의 단련대를 이용한다.

⑤ 격파를 장난처럼 하지 않는다.

Part 5

태권도 경기의 이해

1. 경기의 변천

1) 1960년대

태권도 경기규정은 1962년 11월 3일에 제정 후 현장 적용을 하면서 63년 2월 26일과 64년 4월 23일에 개정되었다.

이 때는 1964년 10월 태권도가 제45회 전국체육대회의 정식종목으로 채택된 태권도 경기의 발아기라 할 수 있다.

경기규정 중 가장 중요하다고 여겨지는 ①경기시간, ②득점규정, ③감점, 주의 및 경고, ④경기장, ⑤체급 등을 위주로 규정의 변천내용을 고찰해 보면 다음과 같다.

1962년 11월 3일에 제정된 경기규정은 다음과 같다.

(1) 경기시간 (경기규정 12조 ②항)

시합시간은 1분 30초 2회전이며 중간휴식은 30초로 한다.

(2) 득점

第8條 攻擊의 得點은 다음과 같다.

① 手拳攻擊 1點

② 足技攻擊 (가) 面上 2點 (나) 外 1點

③ 減點은 1點

④ 攻擊의 有效得點部所

(가) 명치　　　　　(나) 兩옆구리

(다) 兩어깨(手刀)　(라) 足技顔面攻擊

⑤ 攻擊은 手拳 1回 攻擊後 足技 1回 攻擊하였을 時 得點으로 認定하며 主審은 이 外를 抑 制한다. 但 連續 足技攻擊은 認定한다.

(3) 감점 및 퇴장

第9條 技術과 言動에 있어서 故意 또는 感情으로 다음 各項을 犯하였을 時는 減點으로 한다. 但 程度에 따라 退場시킬 수 있다.

① 넘어진 相對에 對하여 攻擊하는 것

② 씨름行爲와 태클 等 其他 危險한 行爲를 하는 것

③ 陰部를 攻擊하는 것

④ 머리를 박치기하는 것

⑤ 顔面을 手拳 또는 팔꿉으로 攻擊하는 것

⑥ 時間을 空費하는 행위

⑦ 잡아넘기기 또는 걸어넘기기를 하는 것

但 自然相對方에게 걸려 넘어진 것은 減點되지 않는다.

⑧ 故意로 相對方에게 등을 보이는 行爲를 審判員으로부터 3回 注意를 받은 者

第10條 다음 事項을 犯하였을 時는 卽時 退場宣言을 한다.

① 減點事項을 3回 犯하였을 時

② 다음 行動과 行爲를 審判員으로부터 注意를 2回 받고도 거듭하는 者

(가) 相對에게 故意로 傷處를 주기 위한 行爲

(나) 無禮, 暴行, 暴言, 野卑한 行爲

③ 極度의 興奮으로 試合進行上 有害하다고 認定될 境遇

(4) 경기장

경기대는 사방 8m로 한다. 단 어린이는 사방 7m 로 한다.

(5) 체급(제7조 ⑥, ⑦항)

체급은 단급에 따라 유급자는 초기부, 1 2단 은 중기부, 3단이상은 고기부라 하여 3구분 하였으며, 다음과 같이 체급을 구분하였다.

체급	체중
핀	48까지
플라이	48 – 53
반탐	53 – 58
페더	58 – 63
라이트	63 – 68
웰터	68 – 74.3
미들	74.4 – 80
헤비	80이상

2) 1970년대

1970년대에 들어와서는 독립 시행되던 경기규정이 1972년 3월 1일에 技術審議會規定 중 경기분과위원회 규정과 심판분과위원회규정 및 세칙으로 바뀌어 새로 제정되었고

1974년 5월 15일과 1975년 8월 18일에 다시 개정되었다.

1973년 5월 28일 세계태권도연맹이 창설되고 세계연맹의 경기규정이 제정되었지만 77년 9월까지 국내경기는 이와는 별도의 규정으로 운영하였다. 1975년 대한태권도협회 기술심의회의 규정은 다음과 같다.

(1) 경기시간(경기분과위원회 세칙 제6조 ③항)

경기시간은 2분 3회전 중간 휴식 30초로 한다. 단 여자와 어린이 경기는 시간을 줄일 수도 있다.

(2) 득점(심판분과위원회 세칙)

第11條 得點 部位는 다음과 같다.

① 주먹지르기는 完全한 姿勢로 單一攻擊이어야 得點할 수 있다.

(가) 명치, 양옆구리, 아랫배를 질렀을 때는 1점을 득한다.

② 발(발등, 앞축, 뒷축, 발날)技術도 完全한 姿勢로 單一攻擊이어야 得點할 수 있다.

(가) 명치, 양옆구리, 아랫배를 찼을때는 1點을 得한다.

(나) 얼굴을 차서 맞은 사람이 비틀 거렸을 때는 2點을 得한다.

(다) 얼굴을 찼을 때 맞은 사람이 비틀거리기 직전까지의 힘을 1점으로 간주한다.

③ 낭심을 제외한 득점 부위가 아니더라도 주먹이나 발의 완전한 공격으로 상대방을 넘어 뜨렸을 때 1점을 득한다.

④ 득점 부위를 공격하였어도 득점치 못하는 사항은 다음과 같다.

(가) 주먹으로 지르고 발로차고서 바로 넘어지거나 상대방을 껴안는 行爲는 得點이 안 된다.

(나) 接近(거의 붙은 狀態)하여 서로 連續攻擊하는 것은 得點이 안된다.

(3) 체급(경기분과 위원회 세칙 제2조 ①항)

초기부, 중기부, 고기부 대신 국민학교부, 중등부, 고등부 및 일반부의 셋으로 나누고 국민학교부와 중등부는 체급과 체중은 다시 정하였으며, 고등부 및 일반부의 체급과 체중은 종전과 같은 규정을 적용하였다.

3) 1980년대

1973년 5월에 제정된 세계태권도연맹의 규정은 1977년 10월 1일, 1982년 2월 23일, 1983년 10월 19일, 1986년 6월 1일 등 몇 차례 개정되었으나 그 내용은 경기장 시설재료와 체급위주로 개정되었고 경기시간 및 득 · 감점 내용은 대동소이 했다.

1986년 6월에 개정된 경기규정은 다음과 같다.

(1) 경기시간

경기시간은 3분×3회전으로 하고 각 회전간의 휴식시간을 1분으로 한다. 단, 필요에 따라 2분×2회전, 회전간의 휴식시간 30초의 경기를 할 수 있다.

(2) 득점

第14條 得點

① 주먹기술로 몸통부위를 정확히 공격하였을 때 1점을 득점한다.

② 발기술로 얼굴, 몸통부위를 정확히 공격하였을 때 1점을 득점한다.

③ 득점부위(반칙부위 제외)가 아니더라도 주먹이나 발의 강한 공격으로 배꼽둘레 이상을 맞아 상대방이 넘어졌을 때 1점을 득점한다.

④ 주먹기술 및 발기술에 의거, 얻은 득점이 동점일 경우 혹은 쌍방이 무득점일 경우, 우세의 기준은 아래와 같다.

(가) 주먹과 발기술의 위력 있는 공격에 의하여 '녹다운'된 득점은 최우세 득점으로 한다.

(나) 발기술 득점은 손기술 득점보다 우세하다.

(다) 발기술 공격시 서서 한 득점보다는 뛰어서 찬 득점이 우세하다.

(라) 발기술 공격시 몸통부위보다 얼굴부위 득점이 우세하다.

(마) 동점 혹은 무득점일 경우 공격적인 것이 방어적인 것보다 우세하다.

(바) 다음의 행위를 범하였을 때 그 공격을 득점으로 인정하지 않는다. 주먹 또는 발의 공격을 가한 직후, 고의로 넘어지거나, 상대 선수를 잡는 행위.

(3) 감점 및 경고

第15條 減點

다음의 사항을 범하였을 때 1점 감점을 선언한다. 감점은 전3회전을 통산하며, 감점 1점×3회는 감점패에 해당한다.

① 넘어진 상대를 공격하는 행위

② 얼굴을 손 또는 주먹으로 강하게 공격하여 상대방에게 상처를 입히는 행위

③ 머리로 박치기하는 행위

④ 주심의 '갈려' 선언 후 고의로 공격하는 행위

⑤ 선수 및 코치가 고의로 바람직하지 못한 언동을 심하게 하는 행위

⑥ 선수가 경계선(8m×8m)을 넘어서 경기장선(12m×12m) 밖으로 나가는 행위

주심은 감점 사항이 생겼을 경우 경기를 중단시키고 감점선언을 한다.

第16條 警告

다음 사항을 범하였을 때는 경고를 선언하고 0.5점을 감점한다. 단, 경고는 전3회전을 통산하며, 경고 0.5점 회는 감점패에 해당한다.

① 상대를 잡는 행위

② 등을 보이고 피하는 행위

③ 경계선 밖으로 고의적으로 나가는 행위

④ 무릎으로 공격하는 행위

⑤ 잡아 넘기는 행위

⑥ 엄살을 부리는 행위

⑦ 경계선 주위를 도는 행위

⑧ 낭심을 공격하는 행위

⑨ 어깨, 몸 그리고 손으로 미는 행위

⑩ 고의로 넘어지는 행위

⑪ 얼굴을 손 또는 주먹으로 공격하는 행위

⑫ 선수 및 코치가 바람직하지 못한 언동을 하는 행위

주심은 경고 사항이 생겼을 경우 경기를 중단시키고 경고 선언을 한다.

(4) 경기장(경기규정 제3조)

크기는 전과 같으나 1986년에 경기장의 재질을 마루에서 에다폼으로 하였으며, 그후 탄력매트로 변경하였다.

4) 1990년대 이후

1988년 서울올림픽과 1992년 바로셀로나 올림픽 시범종목을 거치면서 국제스포츠종목으로서의 가치와 경기운영 등에 대한 긍정적 평가를 받은 태권도는 2000년 시드니올림픽에서는 정식종목으로 채택되었다. 현재의 경기규정은 다음과 같다.

(1) 경기시간(경기규정 제7조)

남녀공히 3분 3회전, 회전간 휴식시간은 1분이며 단, 세계연맹의 승인을 받으면 2분 회전 회전 간 휴식시간 1분의 경기를 할 수 있다. 세계주니어선수권대회는 2분 회전, 회전 간 휴식시간 1분으로 한다.

(2) 득점

第12條 得點

① 득점부위

　* 몸통 : 복부, 양 옆구리

　* 얼굴 : 얼굴의 허용부위전면

② 득점은 허용기술로 득점부위를 정확하고 강하게 가격한 것으로 한다. 단, 득점 부위가 아니더라도 정당한 기술로 몸통보호구 위를 강하게 공격하여 상대를 위험한 상태로 빠지게 한 경우는 득점으로 간주한다.

③ 득점 1회는 + 1점이다.

④ 득점은 전3회전을 통산한다.

⑤ 득점의 무효 공격자가 금지행위를 이용하여 가격한 득점은 무효로 한다.

다음의 상황은 득점에 해당하여도 무효로 한다.

　* 공격자가 가격한 후 고의로 넘어졌을 때

　* 공격자가 가격한 후 금지행위를 범하였을 때

　* 공격자가 금지행위를 이용하여 가격했을 때

第13條 (채점과 표출)

① 득점은 즉시 채점되어야 하며 채점된 점수는 즉시 표출되어야 한다.

② 일반호구 사용시 채점은 채점기 또는 채점표에 의해 부심이 채점한다.

③ 전자호구 사용시

　* 몸통 부위의 채점은 전자호구에 부착된 발신기에 의해 자동 채점된다.

　* 얼굴 부위의 채점은 채점기 또는 채점표에 의해 부심이 채점한다.

　* 부심의 득점채점은 2인 이상이 채점한 것을 유효득점으로 한다.

(3) 금지행위 및 감점사항

第14條 (금지행위)

① 금지행위에 대한 벌칙의 선언은 주심이 한다.

② 2중 벌칙선언을 내려야 하는 경우는 큰 벌칙으로 선언한다.

③ 벌칙은 경고와 감점으로 구분한다.

④ 경고 2회는 감점 1로 한다. 단, 경고 1회는 계상치 않는다.

⑤ 감점 1회는 -1점이다.

⑥ 경고사항

* 상대를 잡는 행위
* 어깨, 몸, 손, 팔로 미는 행위
* 손, 팔로서 상대를 끼는 행위
* 고의로 경계선 밖으로 나가는 행위
* 등을 보이며 피하는 행위
* 고의로 넘어지는 행위
* 엄살을 부리는 행위
* 무릎으로 가격하는 행위
* 낭심을 가격하는 행위
* 고의적으로 허벅지 또는 무릎, 정강이를 차거나 강하게 밟는 행위
* 얼굴을 주먹, 손으로 가격하는 행위
* 선수자신이 손을 들어 득점, 감점을 시위하는 행위
* 선수, 코치가 바람직하지 못한 언동을 하는 행위

⑦ 감점사항

* 넘어진 상대를 가격하는 행위
* "갈려"후 고의로 가격하는 행위
* 뒤통수 및 등 부위를 고의로 가격하는 행위
* 얼굴을 고의로 주먹, 손으로 심하게 가격하는 행위
* 머리로 박치기하는 행위
* 한계선을 나가는 행위
* 잡아 넘기는 행위
* 선수, 코치가 바람직하지 못한 언동을 심하게 하는 행위

⑧ 주심은 선수가 고의적으로 규칙을 부정하거나 심판의 지시를 따르지 않을 때는 반

칙패를 선언할 수 있다.

⑨ 3회의 감점을 선언당하면 반칙패로 한다.

⑩ 경고와 감점은 전 3회전을 통산한다.

第15條 (우세의 판정)

① 감점에 의해 동점일 경우는 득점이 많은 쪽이 우세하다.

② 위 항이 아닌 동점의 경우 또는 무득점의 경우에는 주심이 전 회전을 통한 우세를 판정한다.

③ 우세의 기준은 경기의 주도권으로 한다.

(4) 경기장(경기규칙 제3조 제1호)

경기장은 12m×12m 넓이의 정방형으로 장해물이 없는 수평이어야 하며, 바닥은 탄력성 있는 매트로 한다. 단, 필요에 따라 경기장은 높이 0.5m 0.6m의 경기대로 조정 설치할 수 있으며, 안전도를 고려하여 30°이내의 경사각이 지도록 하여야 한다.

① 12m×12m 넓이의 경기장 정 중앙부에 8m×8m 넓이의 정방형을 경기지역이라 하고 그 외곽 경기장을 경계지역이라 한다.

② 경기지역과 경계지역은 바닥면의 색상을 달리하여 구분한다. 단, 같은 색상일 때는 5cm폭의 백색선으로 구분한다.

(5) 체급(제5조)

* 남자, 여자부로 구분한다.

* 성별 체급은 다음과 같다.

체급	남자부	여자부
핀	54까지	47까지
플라이	54 – 58	47 – 51
반탐	58 – 62	51 – 55
페더	62 – 67	55 – 59
라이트	67 – 72	59 – 63
웰터	72 – 78	63 – 67
미들	78 – 84	67 – 72
헤비	84이상	72초과

2. 겨루기 경기규칙

제1조 (목적)

이 규칙은 대한태권도협회(이하 '본 협회'라 함)와 산하 지부 및 연맹이 주최 및 주관하는 모든 대회 및 본 협회가 승인한 대회의 경기를 통일된 규칙 아래 운영하는데 그 목적이 있다.

제2조 (적용범위)

이 규칙은 본 협회와 각급 산하지부와 연맹이 주최하거나 주관하는 모든 대회 및 본 협회가 승인한 모든 대회에 적용된다.

제3조 (경기장)

경기장은 장애물이 없는 수평이어야 하며, 바닥은 탄력성 있는 매트로 한다. 단, 필요에 따라 경기장은 일정 높이의 경기대로 조정 설치할 수 있으며, 안전도를 고려하여 30°이내의 경사각이 지도록 하여야 한다.

1. 경기장의 형태 : 경기장은 사각 경기장, 팔각 경기장, 원형 경기장으로 할 수 있다.

가. 사각 경기장

8m×8m 넓이의 정방형으로 경기지역이라 하고 경기 지역 끝선인 한계선으로부터 사방 1m 외부 바닥면을 안전지역이라 하고 경기지역과 색상을 달리하여 구분한다. 단, 같은 색상일 때는 5cm 폭의 바닥면과 다른 색선으로 한계선을 구분한다.

나. 팔각 경기장

면과 면간의 거리가 8m 팔각형을 경기지역이라 하고 경기지역 끝선인 한계선으로부터 팔방 1m 외부 바닥면을 한전지역이라 하고 색상을 달리하여 구분한다.

단, 같은 색상일 때는 5cm 폭의 백색선으로 한계선을 구분한다.

다. 원형 경기장

지름 8m의 원형으로 경기지역이라 하고 경기 지역 끝선인 한계선으로부터 사방 1m 외부 바닥면을 안전지역이라 하고 색상을 달리하여 구분한다. 단, 같은 색상일 때는 5cm 폭의 바닥면과 다른 색선으로 한계선을 구분한다.

2. 위치표시

가. 주심 위치 : 경기장 중심점으로부터 후방으로 1.5m 떨어진 곳에 정한다.

나. 부심 위치 : 부심은 한계선으로부터 경기장 중심점을 향해 후방 0.5m 떨어진 곳에 정한다.

다. 기록원 위치 : 경기장 전방 한계선 위치로부터 2m 이상 후방에 정한다.

라. 선수 위치 : 경기장 중심점에서 좌, 우로 각 1m 떨어진 고에 우측을 청, 좌측을 홍 선수 위치로 한다.

마. 코치 위치 : 청 및 홍 선수 쪽 한계선 밖으로 1m 떨어진 곳으로 한다.

바. 검사대 위치 : 검사대는 경기장 입구에 설치한다.

주

① 탄력성 있는 매트 : 매트의 탄력성의 강도와재질, 색상 등 접합성은 대한태권도협의 승인을 받아야 한다.

② 경기대 : 다음 그림과 같이 설치 할 수 있다.

③ 검사대 : 검사대에서는 선수가 착용한 도복 및 장비가 본 협회 공인물품인지, 또 그 규격이 선수에 적합한 지 여부를 검사한다. 부적합한 착용물이 있을 시에는 출전이 제한될 수 있다.

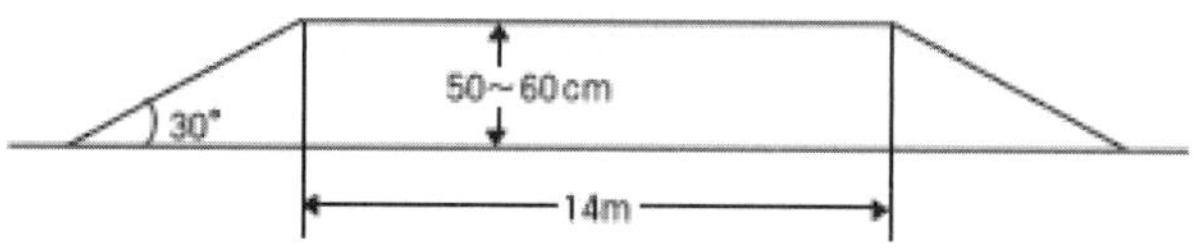

제4조 (선수 및 지도자)

① 선수

1. 자격

가. 국기원 품 단증 소지자로서 당해 연도 선수등록을 필한 자.

나. 경기 참가에 문제가 되는 심신의 결격이 없는 자

다. 이가, 나의 해당자로서 부별 요건은 다음과 같아. 단, 세계주니어선수권대회, 유니버시아드 및 세계선수권 등 국제대회의 선수자격 요건은 각 대회 요강이 정한 규정을 따른다.

1) 초등부 : 초등학교에 재학 중인 자

2) 중등부 : 중학교 재학 중인 자

3) 고등부 : 고등학교 재학 중인 자

4) 대학부 : 대학교 재학 중인 자

5) 일반부 : 만18세 이상으로 일반부로 등록한 자

2. 복장

가. 경기에 임하는 선수는 본 협회가 공인한 도복 및 보호구를 착용하여야 한다.

나. 경기에 임하는 남 여 선수는 몸통보호구, 머리보호구, 샅보대, 팔다리보호대 및 손 발등보호대, 마우스피스를 착용하여야 하며, 샅보대, 팔다리보호대는 도복 안에 착용하며 모든 보호구는 각 선수개인이지참하도록 한다.

3. 의무사항

가. 세계반도핑기구(WADA)가 금지하는 약물을 사용 또는 복용하여서는 안 된다.

나. 협회는 필요에 따라 약물 복용 여부를 검사하며, 검사에 불응하거나 금지하는 약물을 복용한 사실이 판명되면 입상자는 등위가 박탈되며 차위가 그 등위를 승계하고 당해 연도 선수등록을 무효 조치하며 상벌위원회에서 징계 처리한다.

다. 몸을 청결히 하고 공인된 경기용구 이외의 물체를 지녀서는 안 된다.

라. 일방적으로 경기장을 이탈해서는 안 된다.

마. 대전 순서를 확인하여 대기하고 호명 시에는 경기 용구를 착용하고 대전 준비를 하여야 한다.

바. 경기 중 발생한 상해 및 사망에 대하여 협회 및 경기 주최 주관 단체 또는 상대선수에게 책임을 묻지 못한다. 단, 고의적인 행동에 의하여 발생한 사고에 대해서는 과실을 범한 선수 측에서 그 책임을 져야 한다.

② 임원(감독 코치)

1. 자격

가. 사범자격증 소지자

나. 당해 연도 경기규칙강습회 교육을 수료한 자

다. 심신의 결격 사유가 없는 자로서 당해 연도(감독 코치)등록을 필한 자

라. 사범자격증을 소지하지 못한 학교 감독교사는 해당연도 경기규칙강습회를 수료하고 소속장으로 부터 추천을 받아 임원등록을 할 수 있다.

2. 복장

가. 경기에 임하는 임원(감독 코치)은 협회가 발급한 임원증을 패용하여야 한다.

나. 임원(감독 코치)의 복장은 경기장 내에서 주의를 끄는 색상이거나 심판원의 복장과 동일해서는 안 된다.

3. 의무사항

가. 임원(감독 코치)은 경기규칙을 잘 알고 지켜야 한다.

나. 임원(감독 코치)은 선수를 보호하고 경기진행에 협조하여야 한다.

다. 임원은 소속팀 외 선수의 경기에 코치로서 임할 수 없다.

라. 주심의 허락 없이 경기지역 내에 출입할 수 없다.

지 침

① 모든 경기용품은 협회의 공인규격에 합당한 것으로 공인 등록업체의 제품이어야 한다.

② 입상자의 등위가 박탈되는 경우 그 등위를 공석으로 한다. 단, 대회규정에 따라 1위자부터 8위자까지 등위를 정하는 경우는 차 하위자가 박탈당한 등위를 승계토록 한다.

③ 협회는 선수가 경기대회 참가 전에 상해보험에 가입할 것을 권장한다.

④ 코치는 경기 중 지정된 코치석에 위치하여야 하며 자기 측 선수가 곤경에 빠졌을 때는 기권을시킬 수 있다.

⑤ 치아보정기(보철 등) 착용 선수는 각종 상해와 관련하여 상해에대한 본인 책임의 확인서를 제출하여야 한다.

제5조 체급

① 남자, 여자부로 구분한다.

② 성별 체급은 다음과 같다.(단위 : kg)

제5조 체 급

1. 남자, 여자부로 구분한다.
2. 성별 체급은 다음과 같다.(단위 : kg)

부별 / 체급	남 자 부			여 자 부			초등부
	중등부	고등부	대학일반부	중등부	고등부	대학일반부	남녀공용
핀 급	41kg까지	52kg까지	54kg까지	40kg까지	45kg까지	47kg까지	33kg까지
플 라 이 급	41초과 45까지	52초과 56까지	54초과 58까지	40초과 43까지	45초과 48까지	47초과 51까지	33초과 35까지
밴 텀 급	45초과 49까지	56초과 60까지	58초과 62까지	43초과 46까지	48초과 51까지	51초과 55까지	35초과 37까지
페 더 급	49초과 53까지	60초과 64까지	62초과 67까지	46초과 49까지	51초과 54까지	55초과 59까지	37초과 39까지
라 이 트 급	53초과 57까지	64초과 68까지	67초과 72까지	49초과 52까지	54초과 57까지	59초과 63까지	39초과 41까지
L-웰터급	57초과 61까지			52초과 55까지			41초과 44까지
웰 터 급	61초과 65까지	68초과 72까지	72초과 78까지	55초과 58까지	57초과 60까지	63초과 67까지	44초과 47까지
L-미들급	65초과 69까지	72초과 76까지		58초과 62까지	60초과 64까지		47초과 50까지
미 들 급	69초과 73까지	76초과 80까지	78초과 84까지	62초과 66까지	64초과 68까지	67초과 72까지	50초과 53까지
L-헤비급	73초과 77까지	80초과 84까지		66초과 70까지	68초과 72까지		53초과 56까지
헤 비 급	77kg초과	84kg초과	84kg초과	70kg초과	72kg초과	72kg초과	56kg초과

※ 단, 중 · 고등부는 대회 성격에 따라 학년별부를 초등부는1/2, 3/4, 5/6학년부를 둘 수 있다.

③ 올림픽경기 성별 체급은 다음과 같다.

남자부	여자부
58kg까지 58kg초과 68kg까지 63kg초과 80kg까지 80kg초과	49kg까지 49kg초과 57kg까지 57kg초과 67kg까지 67kg초과

④ 세계주니어선수권대회 성별 체급은 다음과 같다.

해 설

세계주니어선수권대회 성별 체급은 다음과 같다.

체급 ＼ 부별	남 자 부	여 자 부
핀 급	45kg까지	42kg까지
플 라 이 급	45kg초과 48kg까지	42kg초과 44kg까지
밴 텀 급	48kg초과 51kg까지	44kg초과 46kg까지
페 더 급	51kg초과 55kg까지	46kg초과 49kg까지
라 이 트 급	55kg초과 59kg까지	49kg초과 52kg까지
웰 터 급	59kg초과 63kg까지	52kg초과 55kg까지
라 이 트 미 들 급	63kg초과 68kg까지	55kg초과 59kg까지
미 들 급	68kg초과 73kg까지	59kg초과 63kg까지
라 이 트 헤 비 급	73kg초과 78kg까지	63kg초과 68kg까지
헤 비 급	78kg초과	68kg초과

① 태권도 경기는 상호간의 직접적인 신체적 접촉 또는 충돌이 심하며 특히 상대방에게 타격을 가해 득점을 하며 승부를 가리는 경기이므로 선수 상호간의 체중 차이에서 오는 타격의 생리적 충격을 최소화 시켜서 안전을 확보하고 대등한 경쟁조건에서 기술을 겨룰 수 있도록 하기 위해 체급 제도를 규정하였다.

② 체급의 구분이 남자부와 여자부로 나누어져 있는 것은 경기의 성 구분을 뜻하는 것으로서 남자는 남자끼리, 여자는 여자끼리 대전하는 것을 원칙으로 한다는 뜻이다.

주

㉠ 까지 : -kg이하의 뜻으로 구체적인 적용은 단위 소수점 둘째자리 까지를 기준으로 한다. 예를 들어 50kg까지는 50.00kg까지를 말하는 것으로서 50.00kg까지 포함된다. 50.01부터 초과로서 실격된다.

㉡ 초과 : 50kg초과란 50.01kg이상을 말하는 것으로서 49.99kg까지는 미달로서 실격이 된다.

제6조 경기의 종류 및 방식

1. 경기의 종류는 다음과 같이 구분한다.

 1) 개인전: 각 체급별 개인간의 대전방식

 2) 단체전: 단체간의 대전방식(성별 체급은 다음과 같다)

  (1) 남,여 체급별 5명제

남자부	여자부
54kg까지 54kg초과 63kg까지 63kg초과 72kg까지 72kg초과 82kg까지 82kg초과	47kg까지 47kg초과 54kg까지 54kg초과 61kg까지 61kg초과 68kg까지 68kg초과

  (2) 무제한 5명제

2. 경기의 방식은 다음과 같이 구분한다.

 1) 개인 토너먼트(single elimination tournament)

 2) 리그전(Round Robin)

 3) 패자부활전(Double Repechage)

3. 본 협회가 공인하는 모든 대회는 4개팀 이상이 참가하여야 하며 각 체급별로 4인 이상이 대전한 경우에만 그 성적이 인정된다.

해 설

① 개인전은 각 체급별로, 개인단위로 대전하는 방식을 원칙으로 하나 대회규정이 정하는 채점방식에 따라 개인전의 성적을 종합하여 단체 등위를 결정할 수도 있다.

② 개인단체전의 종합성적은 획득 메달수로 결정되며, 메달 수가 동일할 경우 참가선수수가 많은 체급의 입상자 순으로 한다.

③ 단체전은 단체간 대전의 결과에 따라 단체단위로 승패가 가려지는 방식을 말한다.

④ 위와 같은 단체전 대전에서 경기를 모두 진행하기 전에 한편이 먼저 3승을 하였을 때는 나머지 경기를 진행하는 것을 원칙으로 한다. 패한 단체가 나머지 경기를 일방적으로 포기할 때는 그때까지의 성적에 관계없이 그 단체의 성적을 처리한다.

제7조 (경기 시간)

① 부별 경기는 2분×3회전, 회전 간 휴식시간을 1분으로 한다. 단 , 동점으로 3회전 종료시 1분간의 휴식 후, 서든데스 오버타임회전으로서 2분 1회전의 제4회전을 실시한다.

② 대회에 따라 5분 단 회전을 실시 할 수 있다.

③ 협회는 요강 또는 대표자회의를 통해서 1항 및 2항의 경기시간을 조정할 수 있다.

지 침

① 회전 간 휴식시간 중 선수는 자기 측 코치석에 설치된 의자에만 쉬도록 허용하며 항시 주심의 감시 아래 있어야 한다.

② "갈려"선언 시, 기록원은 경기시간을 정지시켜야 하며, 주심은 반드시 "계시"또는 "시간"을 선언하여 경기중지 상태로 전환하여 경기시간이 지연되지 않게 한다.

제8조 (추 첨)

① 추첨은 대표자 회의에서 실시하며 추첨방식은 수동 또는 전자추첨으로 한다.

② 추첨에 불참한 참가팀에 대하여는 추첨을 담당한 임원이 이를 대행한다.

③ 대표자 회의의 결정에 의해 추첨 순위를 변경 할 수 있다.

제9조(계 체)

① 당일 대전 선수는 경기 전날에 계체를 받아야 한다.(단, 대표자회의에서 이를 조정할 수 있다.)

② 계체시 남자는 팬티, 여자는 상의 흰 반팔 T셔츠와 하의는 도복차림으로 한다. 단, 본

인이 원할 경우 나체로 할 수도 있다.

③ 계체는 1회로 하며 미달 또는 초과 시는 계체 시간 내에 한하여 1회의 계체를 더 할 수 있다.

④ 당일 계체선수는 계체 시 본인 확인을 위하여 선수증을 필히 지참하여야 한다. 선수 중 미 지참자는 미계체로 실격처리 한다.

주

① 당인 대전선수 : 본 협회 또는 대회본부가 미리 발표한 대전일정상 경기가 예정된 모든 선수를 말한다.

② 경기 전날 : 계체시간은 대회본부가 사전에 정한 것을 따르며 이는 대표자회의 시 선수단 에 통보되어야 한다.

③ 계체 실격 : 각 선수가 대회에 임하여 계체에 실격했을 때는 기본점수의 배정도 받을 수 없다.

④ 계체는 참가팀의 감독자 입회하에 지정된 장소와 시간에 경기 임원에 의해 실시한다.

제10조 (경기 진행)

① 선수의 호출

경기시간 3분전부터 1분 간격으로 3회 호출한다. 경기 개시시간까지 출장하지 않는 선수는 대전포기로 간주한다.

② 신체 및 복장 점검

호출된 선수는 지정된 검사대에서 협회가 지명한 검사원에 의해 신체 및 복장, 용구 검사를 받아야 하며, 상대방에게 혐오를 주는 용모나 위해를 끼칠 수 있는 물건을 지녀서는 안 된다.

③ 선수입장

검사를 마친 선수는 1명의 코치와 함께 지정된 대기석에 입장한다.

④ 경기의 시작과 종료

1. 매회 전 마다 주심의 "시작"선언에 따른 전광판의 작동으로 개시되며, 전광판의 경기시간 만료로 종료된다.
2. 주심이 "시작"과 "계속"을 선언했다 하더라도 기계적 오작동 드으로 인하여 경기시간이 흐르고 있지 않을 시 득점과 반칙사항 등 경기내용은 무효로 한다.

⑤ 경기 진행의 절차

1. 선수는 주심의 "차렷, 경례"구령에 따라 입례한다. 입례는 주먹을 쥔 상태로 양 다리를 옆에 붙인 자연스런 차렷 자세로 서서 허리는 30도, 머리는 45도 이상의 각도로 숙여 예를 표한다.
2. 주심의 "준비","시작"에 따라 경기를 개시한다.
3. 선수는 마지막 회전이 끝나면 지정된 위치에서 마주 보고 주심의 "차렷","경례"에 따라 입례한 후 바로 서서 판정을 기다린다.
4. 승자 선언은 주심 자신의 승자쪽 손을 들어 선언한다.
5. 선수 퇴장

⑥ 단체전 절차

1. 양 팀 선수는 제출된 명단 순으로 청, 홍 선수위치로부터 일렬횡대로 마주 보고 선다.
2. 경기진행은 5항의 절차에 따른다.
3. 양 진영 선수는 경기지역 밖의 지정된 장소에서 대기하고 순서에 따라 대전한다.
4. 경기종료 직후 양 진영 선수는 경기지역에 입장하여 마주 보고 선다.
5. 승자 선언은 주심 자신의 승자 쪽 손을 들어 선언한다.

심 판

제11조 허용기술과 부위

① 허용기술

1. 손기술 : 바른 주먹을 이용한 공격
2. 발기술 : 복사뼈(복숭아뼈)이하의 발부위를 이용한 공격

② 허용부위

1. 몸통부위 : 몸통호구로 보호되는 부위로서 손기술과 발기술의 공격이 허용된다. 단, 척추 부위는 공격할 수 없다.
2. 얼굴부위 : 뒷머리(뒤통수)를 제외한 두부 전체를 말하며 발기술에 의한 공격만이 허용된다.

주

① 손기술 : 바른 주먹을 이용한 공격. 여기서 바른 주먹이란 바르게 쥔주먹이란 뜻으로, 바르게 쥔 주먹을 이용하여 몸통부위를 공격하는 것을 말한다.

② 발기술 : 복사뼈(복숭아뼈)이하의 발부위를 이용한 공격. 복사뼈(복숭아뼈) 이하의 발부위를 이용한 타격기술은 어떤 기술이라도 정당한 기술로서 복사뼈(복숭아뼈) 이상의 다리 부위, 정강이 또는 무릎 등의 부위를 이용한 타격은 허용되지 않는다는 뜻이다.

③ 몸통부위 : 그림과 같이 쇄골과 장골 사이에서 호구로 보호된 부분을 몸통 허용부위로한다. 따라서 체급과 체격에 따른 알맞은 크기의 호구의 착용여부가 엄격하게 검사되어야 한다.

④ 얼굴부위 : 그림과 같이 쇄골위부터 뒷머리(뒤통수)를 제외한 두 귀를 포함한 두부(머리)전체를 말한다.

제12조 (득점)

① 득점부위

1. 일반호구 사용시

가. 몸통 : 몸통호구의 청홍색으로 표시된 부위(등부위 제외)

나. 얼굴 : 허용부위와 같다.

2. 전자호구 사용시

가. 몸통 : 몸통호구에 표시된 부위

나. 얼굴 : 허용부위와 같다.

② 득점 : 득점은 허용기술로 득점부위를 정확하게 그리고 일정 강도 이상으로 가격한 타격으로 한다.

③ 득점은 다음과 같이 분류된다.

1. 몸통 : 1점

2. 얼굴 : 2점

3. 몸통부위나 얼굴에 대한 타격으로 상대 선수가 위험한 상태에 빠져 주심이 계수를 하면 추가 1점이 부여된다.

4. 대회에 따라 다음과 같은 추가1점 기술 가점제를 적용할 수 있다.

가. 얼굴 : 뒤후려차기, 뒤차기, 돌개차기

나. 몸통 : 뒤차기, 돌개차기

④ 득점은 3회전을 통산하며 단회전 경기는 종합 채점 결과로 한다.

⑤ 득점의 무효 : 다음의 상황은 득점에 해당하여도 무효로 한다.

- 공격자가 반칙 행위를 이용하여 가격하였을 때

지침

① 경기 중 득점부위에 대한 유효한 타격으로 선수가 다음과 같은 상태가 되었을 때, 이를 위험한 상태(다운)으로 간주한다.

1. 타격으로 인한 충격으로 발바닥을 제외한 신체의 일부분이 바닥에 닿고 있을 때

2. 타격에 의한 충격으로 쓰러지지 않았더라도 중심을 잡지 못하고 비틀거릴 때는 위험한 상태로 본다. 또 주심이 계속 경기진행이 위험을 초래하거나 일시적으로 선수의보호가 필요하다고 판단할만한 타격이 있을 때는 이를 위험한 상태로 처리할 수 있다.

3. 강한 타격으로 인하여 주심이 대전할 수 없다고 인정했을 때

② 주심의 계수

득점부위에 대한 유효한 타격에 의하여 한 선수가 위험한 상태, 즉 다운 상태가 되었다고 판단될 때는 즉시 주심은 계수를 시작하여야 한다. 이 때 주심은 선수의 상태를 살펴 충격이나 부상의정도가 경기속행이 불가하거나 중대하다고 생각될 때는 계수를 중지하고 응급조치를 명한 후 경기결과(KO)를 선언할 수 있다.

③ 득점의 무효

반칙행위를 이용하여 얻어진 득점은ㅁ효로 한다. 이때 주심은 벌칙을 선언하고 그 득점은 삭제한다.(공격자가 반칙행이를 이용하여 가격했을 때)

제13조 체점과 표출

① 득점은 즉시 채점도어야 하며 채점된 점수는 즉시 표출되어야 한다.

② 일반호구 사용 시 채점은 채점기나 채점표에 의해 부심이 채점한다.

③ 5심제는 3인 이상의 부심이 인정하는 점수를 유효 득점으로 한다.

④ 전자호구 사용 시 채점

1. 몸통부위의 득점은 전자호구에 의해 채점되며 얼굴부위는 부심이 채점한다. 단 전자 호구 사용시일지라도 몸통에 대한 특정한 기술을 부심이채점할 수 있다.
2. 경기 중 발생한 기계적인 오류 및 오작동 또는 정상적 기술동작이 아닌 행위에 의해 야기된 사항은 해당 경기의 심판원들이 합의하여 처리한다.
3. 기타 전자호구 상용 따른 득점에 관련된 세부사항은 별도의 기술지침으로 정할수 있다.

제14조 금지행위와 벌칙

① 금지행위에 대한 벌칙의 선언은 주심이 한다.

② 벌칙은 경과와 감점으로 구분한다.

③ 경고 2회시 감점 1점, 감점 1회시 상대편에게 1점을 가산한다.

④ 경고 사항

1. 한계선 밖으로 나가는 행위
2. 넘어지는 행위
3. 상대를 잡거나 끼거나 거는 행위
4. 공격을 하지 않는 행위
5. 바람직하지 못한 행위
   가. 등을 보이고 피하는 행위
   나. 손으로 상대의 얼굴을 가격하는 행위
   다. 무릎 또는 이마로 상대를 가격하는 행위
   라. 고의적으로 미는 행위
   마. 엄살을 부리는 행위 또는 경기를 회피하는 행위
   바. 선수나 코치의 바람직하지 못한 언동

⑤ 감점사항

1. 고의적으로 한계선을 나가는 행위
2. 상대의 허리 아래 부위를 가격하는 행위
3. "갈려"선언 후 상대를 가격하는 행위
4. 넘어진 상대를 가격하는 행위
5. 손으로 상대의 얼굴을 고의적으로 가격하는 행위
6. 선수, 코치가 바람직하지 못한 언동을 심하게 하는 행위

⑥ 주심은 코치가 규칙을 무시하고 심판의 지시를 따르지 않을 때는 퇴장을 명할 수 있다. 또 선수의 경우 즉시 반칙패를 선언할 수 있다.

⑦ 3회의 감점을 선언 당하면 반칙패로 한다.

⑧ 경고와 감점은 전3회전을 통산한다.

⑨ 전자호구 사용 시, 경기 중 선수나 코치가 장비를 고의로 조작하였을 때에는 즉시 실격처리 한다.

해설 및 지침

① 본 경기규칙이 금지행위를 정하여 처벌하는 목적은 첫째, 선수의 보호 둘째, 공정한 경기의 운영 셋째, 바람직한 기술발전의 유도를 그 목적으로 한다.

② 경고 1회는 점수에 영향을 미치지 않는다. 그러나 2회가 되면 자동적으로 감점 1이 되어 -1점이 된다. 경고 2회에 대한 합산은 그 경고가 같은 내용의 벌칙 선언이든 다른 내용의 벌칙선언이든 구분하지 않는다. 또 회전 간에 대한 구분이 없이 누적계산 된다.

③ 주심은 선수 또는 코치가 심판의 지시를 따르지 않을 때에는 퇴장 명령을 선언할 수 있다. 주심은 선수 또는 코치가 태권도 경기의 근본정신을 망각하고 경기규칙을 정면으로부정하는 행위를 하거나 심판의 경기진행 지시를 따르지 않을 때는 3회전의 감점선언을 기다릴 필요 없이 즉시 퇴장을 명하고 경기를 종결할 수 있다. 선수가 정상적인 경기운 영 의사 없이 상대선수를 해하고자 하는 의도로 경기에 임하거나 주심의 지시에도 불구하고 반칙을 범하려는 의사나 행동을 명백하게 보일 때 또는 지나치게 적대적 감정으로 경기에 임하는 등의 경우도 주심은 퇴장을 선언해야 한다. 아울러, 주심의 퇴장 명령을 받은 선수나 코치는 본회가 주최하거나 승인하는 대회에 3회 출전을 불허한다.

④ 경고 사항

1. 한계선 밖으로 나가는 행위 : 양발이 한계선 밖으로 나갈 시를 말한다.

2. 넘어지는 행위

넘어지는 행위에 대해서는 즉각 "경고"를 부여한다. 단, 미끄러지거나 혼전 중 불가항력에 의해 넘어진 경우는 예외로 한다. 상대의 반칙행위로 인하여 넘어졌을 경우에는 경고처리하지 않고 반칙을 범한 선수에게만 벌칙을 부여한다.

3. 상대를 잡거나 끼거나 거는 행위

가. 잡는 행위 : 상대 선수의 신체 또는 도복이나 보호 용구의 일부를 잡는 행위

나. 거는 행위 : 상대 선수의 공격을 방어하는 과정에서 다리나 발을 잡거나 팔 또는 어깨 위로 거는 행위, 또는 다리로 상대의 다리를 걸어 공격을 방해하는 행위다.

다. 끼는 행위 : 상대 선수의 겨드랑이 바깥으로 손이 나가는 행위

1) 상대 선수의 팔 안쪽을 끼는 행위

2) 상대 선수의 팔 바깥쪽을 끼는 행위

4. 선수가 공격하지 않은 행위

가. 주심은 양 선수가 공방 없이 소극적인 경기운영을 할 때 경기 촉진을 위해 '8초 선언'을 하여야 한다.

나. '선언'후 양선수가 8초 내 공격하지 않을 때는 한계선에 가까운 선수에게 경고를 선언한다.

5. 바람직하지 못한 행위

가. 등을 보이고 피하는 행위

상대방의 공격을 회피할 목적으로 등을 돌려 피하는 행위로써 이 행위를 처벌하는 이유는 첫째, 정정당당한 경기 정신의 결여라는 점과 둘째, 심한 부상을 입을 가능성이 있는 위험한 행위이기 때문이다. 따라서 등을 보이면서 피하는 행위 이외에도 몸을 허리 이하로 숙여서 피하거나 상대방에게서 시선을 완전히 떼고 웅크려서 피하는 행위도 이 조항에 준해서 처벌해야 한다.

나. 손으로 얼굴을 가격하는 행위

손 또는 팔이나 팔꿈치 등으로 상대의 얼굴을 가격하는 행위를 말한다. 그러나 가격당한 선수가 부주의에 의하여 가격당한 경우, 즉 지나치게 숙이거나 주의 없이 몸을 돌리는 등으로 인해 불가항력으로 가격한 경우는 제외된다.

다. 무릎 또는 이마로 상대를 가격하는 행위

접근 상태에서 명백히 의도적으로 무릎으로 가격하거나 버팅하는 행위를 말한다. 단, 발기술을 발휘하여 공격하는 순간 상대방이 앞으로 들어오거나 가격자의 의도와는 달리 거리가 맞지 않아 무릎 부위가 부득이 상대를 가격하게 된 경우나 고의성이 없는 우연한 버팅은 여기에서 제외한다.

라. 고의적으로 미는 행위

상대 선수의 기술발휘를 방해할 목적으로 공격해 온 발을 팔 또는 어깨로 걸어 넘기거나 밀어 넘기는 행위를 말한다. 또 기술발휘와 상관없이 고의적으로 상대를 미는 행위도 이에 포함된다.

마. 엄살을 부리는 행위 또는 경기를 회피하는 행위 상대가 행한 공격 행위를 반칙 행위인 것을 판단하게 할 의도로 지나치게 아품을 과장하거나 가격된 부위를 사실과 다르게 하여 고통를 표시하거나 또는 경기 시간을 고의로 지연시키기 위해 아픔을 과장하는 행위 등은 경기 정신에 어긋나는 행위로 보아서 처벌한다. 이 경우 주심은 경기 속행을 지시하고 이를 따르지 않을 경우 경고를 부여한다. 선수가 시간을 지연시킬 목적으로 경기장 주위를 돌거나 상대와의 공방을 회피하는 행위를 할 때 주심은 경고를 선언한다.

바. 선수나 코치의 바람직하지 못한 언동

여기에서 바람직하지 못한 언동이란 경기 중에 선수나 코치가 아마추어 경기인, 태권도인으로서 행해서는 안 될 언어 또는 태도, 행동 등을 말한다. 예를 들면 경기중에 경기의 진행을 방해하는 행위, 주부심의 판정이나 경기 진행에 대하여 적법한 절차가 아닌 방식으로 비난 또는 항의하는 해위. 상대 선수나 코치를 모욕하는 행위, 코치의 정상적인 지도가 아닌 지나치게 소란스러운 행위, 기타 경기에 불필요한 또는 바람직하지 못한 행위를 하거나 경기 자체에 정상적으로 임하지 않는 행위 등을 말한다. 이 조항은 후항 ⑤감점사항 6과 연관되는 조항으로서 그 행위가 몹시 부당하거나 또는 행위 자체가 심하게 행해질 때는 감점 선언을, 부당성이나 행위의 정도가 경미할 때는 경고선언을 한다. 그러나 경미한 행위일지라도 경고 선언 후 재차 범할 때는 감점 선언을 할 수 있다. 이때에도 경,중의 판단은 오직 주심의 권한이며 그 결정에 대하여 다른 사람은 항의할 수 없다. 선수 또는 코치가 회전 간 휴식 시간 중에 이러한 행위를 할 때는 주심은 회전 간 일지라도 즉시 벌칙을 선언할 수 있으며 이는 다음 회전에 기록된다.

⑤ 감점 사항

1. 고의적으로 한계선을 나가는 행위
2. 허리 아래 부위를 공격하는 행위

   공격이나 방어 행위과정에서 상대선수의 허리 아래 부위를 밟거나 가격하여 위해를가했을 경우
3. 주심의 "갈려" 선언 이후 상대 선수를 가격하는 행위

   이 행위는 매우 위험한 행위로써 상대 선수에게 심한 상해를 입힐 가능성이 많은 것이다."갈려"선언 이후 상대는 순간적으로 무방비 상태에 있기 쉬울 뿐 아니라 이 행위는 태권도 선수로서 해서는 알 될 야비한 행위에 속하는 것으로서 올바른 경기 정신에 어긋나는 행동이기도 하다. 이와 같은 이유로 해서"갈려"선언 이후 상대방에 대한 공격은 고의, 비고의를 가릴 필요가 없이 벌칙을 선언한다. 또 상대에 대한 공격이경미하거나 또한 실제로 타격을 가하지 않고 공격하는 척 하는 행위라 할지라도 그 행위 자체가 고의상이 있거나 경기 정신에 어긋나는 적대적 감정으로 행했다고 판단될 때는 단호하게 감점을 선언한다.
4. 넘어진 상대를 가격하는 행위

   이 행위는 매우 위험한 행위로서 상대 선수에게 심한 상해를 입힐 가능성이 많은 것이다. 넘어진 상대는 순간적으로 무방비 상태에 있기 쉽고 또 낮은 위치에 있는 상대의 신체 부위에 가해지는 발기술의 위력은 강하게 가해지기마련이므로 그 위험성이 더욱 크다. 뿐만 아니라 넘어진 상대를 공격하는 행위는 태권도 선수로서 해서는 안될 야비한 행위에 속하는 것으로서 올바른 경기 정신에 어긋나는 행동이기도 하다. 이와 같은 이유로 해서 넘어진 상대에 대한 공격이 경미하거나 또한 실제로 타격을 가하지 않고 공격하는 척하는 행위라 하더라도

그 행위 자체가 고의성이 있거나 경기정신에 어긋나는 적대적 감정으로 행해졌다고 판단될 때는 단호하게 감점 선언을 한다.

5. 손으로 상대의 얼굴을 고의적으로 가격하는 행위

다음과 같은 주먹 공격에 대해 감점이 주어지며 이는 전적으로 주심의 판단에 따른다.

가. 주먹의 출발점이 어깨선 위일 때

나. 주먹의 공격 방향이 위쪽을 향할 때

다. 기술 교환없이 상해를 입힐 목적으로 접근 상태에서 얼굴을 타격할 때

6. 선수, 코치가 바람직하지 못한 언동을 심하게 하는 행위

④ 경고사항-5 바람직하지 못한 행위-바 항 참조

제15조 (경기결과 판정)

① 케이오승

정당한 공격에 의해 넉다운 되어 "여덟"을 셀 때까지 위험한 상태 처한 선수가 재대전의사를 취하지 못할 때 또는 경과시간에 관계없이 주심의 판단으로 주심의 판단으로 경기 속행이 어렵다고 판단되었을 때 주심이 선언하는 승리.

② 주심직권승(RSC)

주심의 판단으로나 또는 의사의 자문에 의하여 한 선수가 경기를 더 이상 속행 할 수 없다고 판단했을 때, 또는 1분계시 이후에도 경기속행이 불가능했을 때, 또는 주심의 경기속행 지시를 따르지 않을 때 선언하는 승리

③ 판정승

득감점을 통산하여 점수가 많은 선수에게 선언되는 승리, 득감점이 모두 동점일 경우에 한 선수가 감점으로 계상되지 않은 경고를 하나 기록하고 있을 때 상대방에게 선언되는 승리

④ 서든데스 판정승

득감점이 모두 동점이며 경고도 동일할 때 서든데스 회전을 가져 득점 또는 감점으로

결정된 승리

⑤ 기권승 : 상대방이 경기포기로 인하여 얻는 승리

1. 한 선수가 부상 또는 기타 이유로 혹은 자의로 경기를 포기하였을 때
2. 회전간 휴식을 한 후 계속 경기에 응하지 않았을 때
3. 코치가 임의로 자기소속 선수의 열세로 더 이상 경기에 속행시킬 필요가 없다고 판단하여 경기장내로 수건을 던졌을 때

⑥ 실격승 : 상대선수가 선수자격의 결격 또는 상실했을 때나 계체에 실격함으로써 내려지는 승리

⑦ 반칙승 : 상대선수가 감점이 -3점이 되거나 또는 주심이 14조 6항에 의해 반칙패를 선언했을 때 얻어지는 승리

⑧ 우세승 : 서든데스회전에서 선득점자가 없을 경우 우세 판정기준에 의하여 선언되는 승리

제16조 (서든데스와 우세 판정)

3회전 종료 후 양 선수의 득감점이 모두 동점일 경우는 서든데스 회전을 실시하여야 한다.

주

① 서든데스 회전의 운용은 다음과 같다

1. 선득점과 동시 경기는 종료된다.
2. 감정 되었을 시 경기는 종료된다.
3. 무감점이나 무득점시 4회전(서든데스 회전) 경기 내용에 따라서 심판원 전원이 우세를 판정한다.

② 우세 판정의 기준은 다음의 순으로 한다.

1. 선제공격이 많은 자
2. 기술 발위 횟수

3. 고난도 기술 횟수

4. 경기 매너

지침

우세 판정의 결정을 애야 할 경우 절차는 다음과 같다.

1. 심판원은 경기에 임할 때 반드시 우세판정표를 지참한다.
2. 우세승 판정을 해야 할 경우 주심은 각 부심에게 "우세기록"이라고 외친다.
3. 주심의 "우세기록" 선언이 있으면 부심 전원은 반드시 머리를 숙이고 5초 이내에 기록을 마치고 기록표에 본인의 서명을 한 후 주심에게 제출한다.
4. 주심은 부심의 우세판정표를 받아 종합기록을 한 후 승패를 선언한다.
5. 승패선언 후 주심은 우세판정표를 기록원에게 전달한다.

제17조 (위험한 상태)

1. 타격으로 인하여 발바닥을 제외한 신체의 일부분이 바닥에 닿고 있을 때
2. 공격이나 방어의 의사 없이 비틀거리고 있을 때
3. 강한 타격으로 인하여 주심이 대전할 수 없다고 인정했을 때

주

위험한 상태 : 타격에 의한 충격으로 쓰러지거나 쓰러지지 않았더라도 중심을 잡지 못하고 비틀거릴 때는 위험한 상태로 본다. 또 주심이 계속 경기진행이 위험을 초래하거나 일시적으로 선수의 보호가 필요하다고 판단할 만한 타격이 있을때는 이를 위험한 상태로 처리할 수 있다.

제18조 (위험한 상태에 대한 조치)

① 유효부위에 정당한 가격으로 인하여 위험한 상태를 보일 때 주심은 다음의 조치를 취한다.

1. "갈려"로 가격선수를 먼 거리에 위치토록 한다.
2. 주심은 위험한 상태에 처한 선수에게 큰 소리로 "하나", "둘" "열"까지를 1초 간격으로 세며 이를 수신호로 알린다.
3. 주심은 계수하는 도중 위험한 상태에 처한 선수가 일어나 재대전의 의사를 표시하더라도 여덟을 셀 때까지 선수를 쉬게 하며 선수의 회복을 확인한 후 경기를 계속케 한다.
4. 주심이 "여덟"을 셀 때까지 위험에 처한 선수가 재대전의 의사를 취하지 못하면 이는 패자(KO)로 한다.
5. 주심은 계수하는 도중 시간이 종료되어도 계수는 계속한다.
6. 양 선수가 동시에 위험한 상태에 처한 경우 그 중 1명이 위험한 상태에 있는 한 계수는 계속한다.
7. 양 선수가 동시에 위험한 상태에 처해 "열"을 셀 때까지 회복되지 않았을 경우 위험한 상태에 처하기까지의 점수로 승패를 결정한다.
8. 주심은 선수가 위험한 상태에 이르렀다고 판단되면 계수 없이 또는 계수도중이라도 승패를 결정할 수 있다.

② 사후조치

얼굴부위에 가해진 타격으로 인해서 패자(K.O.)가 된 선수는 30일 동안 여하한 경기에도 참가할 수 없다. 30일 이후라도 경기에 출전코자 할 시는 협회가 지정한 의사의 진단을 받은 후 이어야 한다.

주

① 먼 거리에 위치토록 한다. : 일반적으로 선수 위치를 말한다. 그러나 다운된 선수가 상대선수의 선수위치 주위에 있을 때는 공격 선수를 자기 코치석 앞의 경계선상에 위치케 한다.

② 재대전 의사를 표시하더라도 여덟을 셀 때까지 선수를 쉬게 하며 : 계수를 하는 가장 중요한 목적은 선수를 보호하기 위한 것이다. 선수가 비록 여덟 이전에 재대전 의사

를 표시하더라도 여덟까지 세기 전에는 경기를 속행시킬 수 없다. 계수를 여덟까지 하는 것은 주심이 임의로 바꿀 수 없는 강제조항이다.

③ 선수의 회복을 확인한 후 경기를 계속한다. : 여덟을 셀 때까지 주심은 선수의 회복 여부에 대한 판단을 마쳐야 한다. 여덟 이후의 확인은 단순한 점검이다. 짧은 순간에 확인하고 바로 경기의 속행을 명해야 한다.

④ 주심은 여덟을 셀 때까지 위험한 상대에 처한 선수가 재대전의 의사를 취하지 못하면 이는 패자(K.O.)로한다. : 재대전 의사란 선수가 겨루기 자세로 서서 겨눈 양주먹을 가볍게 흔들어 주는 것을 말한다. 계수 여덟까지 선수가 재대전 의사를 표하지 않으면 주심은 아홉, 열을 센 후 상대선수에게 승리를 선언하다. 여덟 이후의 재대전 의사는 아무 효력을 가질 수 없다. 또 비록 재대전 의사를 표했을지라도 선수가 대전을 계속할 수 없다고 판단될 때는 열까지 센 다음 경기결과를 선언할 수 있다.

⑤ 주심은 선수가 위험한 상태에 이르렀다고 판단되면 계수 없이 또는 계수도중이라도 승패를 결정할 수 있다 : 선수가 받은 충격의 정도가 몹시 위험하여 응급처치에 시간을 지체할 수 없다고 판단되었을 때는 계수 없이 또는 계수도중이라도 언제든지 바로 승패를 결정할 수 있다.

지 침

① 주심은 경기진행 중에 일어나는 강한 타격과 그로인한 위험한 상태 즉, 녹다운 또는 스탠딩다운의 상황 대해 기민한 판단으로 대처할 수 있어야 한다. 이러한 때에는 주저없이 즉시 "갈려선언"후 지체 없이 계수를 시작하여야 한다.

② "여덟"을 세는 과정에서 선수의 회복여부에 대한 판단을 하여야하며, "여덟"이후에 확인을 위해 시간을 끄는 행위를 해서는 안 된다.

③ "여덟"이전에 선수가 의식을 회복하고 재대전 의사를 표했으며, 주심도 경기속행이 가능하다고 판단하였으나, 부상선수의 치료를 위해 경기속행이 어려울 때는 "계속"을 명하는 즉시 다시 "갈려"를 선언한 후 제19조 경기중단 사유의 처리 방법에 따라 조치한다.

제19조 (경기 중단 상황의 처리)

부상으로 인하여 경기가 중단되었을 때 주심은 다음의 조치를 취한다.

1. 경기를 중단시킨 후 주심은 "계시"를 선언하고 치료를 조치할 수 있다.
2. 치료는 2분을 초과하지 않는 범위 내에서는 허용한다.
3. 경상임에도 1분이 경과하도록 재대전 의사를 표하지 않는 선수는 패자로 한다.
4. 1분이 경과하여 속행이 불가능할 경우, 감점행위에 의한 경우는 부상케 한자를 패자로 한다.
5. 양 선수가 동시에 쓰러져 1분이 경과하여도 속행이 불가능할 경우 부상시까지의 점수로 승패를 결정한다.
6. 한 선수라도 의식을 잃고 쓰러져 있거나 위험한 상태에 처해있다고 판단 될 경우 주심은 즉시 경기를 종결시키고 응급처치를 명할 수 있다. 이때 부상이 감점행위에 의한 경우는 가격자를 패자로 하고 감점행위가 아닌 경우는 부상시까지의 점수로 승패를 결정한다.

주

① 부상 또는 응급상태의 발생으로 경기진행이 불가능하다고 판단되었을 때 주심은 다음과 같이 처리할 수 있다.

1. 부상 또는 그 사태가 선수가 의식을 잃고 쓰러져 있는 등 시간을 지체할 수 없는 긴급한 위험상황이라고 판단 될 때는 먼저 선수를 응급처치 받게 하고, 바로 경기를 종결시킬 수 있다. 이때 승패는 :

   가. 그 행위가 감점행위에 의해 야기된 경우에는 행위자를 패자로 한다.

   나. 그 행위가 정상적인 경기 진행 중에 일어나 감점행위가 아닌 동작이나 정당한 기술에 의한 것일 때는 경기 불능자를 패자로 한다.

   다. 경기진행과 무관한 경기외적 사태로 말미암은 부상 및 응급 상황에서는 양 선수가 그때까지 받은 점수로 승패를 정한다. 1회전도 끝나지 않았을 때는 그 경기를 무효로 한다.

2. 부상의 정도가 긴급하게 위험한 상황이 아닐 때는 계시 후 2분의 범위 내에서 경기재개를 위해 필요한 조처를 할 수 있다.

가. 치료의 허가 : 간단한 의료적 처치가 필요하다고 판단될 때는 치료를 하게 할 수 있고 또 임석의사의 진단 또는 치료가 필요하다고 판단될 때는 의사에게 치료를 요청 할 수 있다.

나. 경기속행의 지시 : 선수가 경기속행이 가능한지 여부의 판단은 주심이 한다. 주심은 언제든지 선수에게 경기속행을 명할 수 있다. 선수가 이 지시에 따르지 않을때는 그 선수를 패자로 선언한다.

다. 치료 또는 회복을 기다리는 도중에 계시후 1분이 경과한 때로부터 주심은 10초 간격으로 "00초경과"를 큰소리로 알려야 한다. 2분이 되는 순간까지 선수위치로 돌아오지 못할 때는 경기결과를 선언해야 한다.

라. 주심이 추가의 치료시간을 허용한 경우 추가 2분이 경과하여도 선수가 선수위치로 돌아오지 못 할 경우는 경기결과가 선언되어야 한다.

마. 경기진행이 불가능할 경우 승패는 위①-1,의 방법과 같이 결정한다.

3. 양 선수가 모두 경기불능 상태에 빠져 1분 이내에 일어나지 못하거나 즉시 종결상황에 처했을 때의 승패는 :

가. 한편의 선수가 감점 행위를 범했을 때는 그 선수를 패자로 한다. 지침

나. 금지행위가 아닌 행위에 의한 상황일 경우 그때까지의 점수로 승패를 정한다. 단, 1회전도 끝나지 않은 경우는 그 경기를 무효로 하고 대회본부가 정한 시간에 재대전케 한다. 이때에도 경기의 속행이 불가능한 선수가 있을 때는 기권으로 처리한다.

다. 양 선수가 모두 감점행위를 범했을 때는 두 선수 모두 반칙패로 선언한다.

② 본 규정에 명시된 상태외의 경기 중단 상황은 다음에 따라 처리한다.

1. 부득이한 사정에 의해 경기진행이 불가능한 상황이 초래되었을 때는 주심이 경기를 중단시키고 대회본부의 지시를 따른다.

2. 2회전 종료 이후에 경기가 중단 되었을 때는 그때까지의 점수로 승패를 정리한다.

3. 2회전 종료 이전에 경기가 중단 되었을 때는 재대전을 원칙으로 하고 재대전은 1회 전부터 한다.

제20조 (심판원)

① 자격

본 협회에 등록된 심판자격증 소지자

② 임무

1. 주심

가. 경기전반에 걸쳐 주도권을 갖는다.

나. 경기의 "시작", "그만", "갈려", "계속", "계시", "시간" 승패의 선언, 감점선언, 경고선언, 퇴장선언을 한다.

다. 서든데스 회전이 득점이나 감점에 의해 승패가 결정되지 않고 종료되었을 때, 주심은 부심들과 함께 우세 판정을 하여야 하며, 그 결과를 종합하여 다수결에 따라 승패를 결정한다. 단, 4심제의 경우 우세판정 결과가 동수로 나타났을 때는 주심이 그 결정권을 갖는다.

2. 부심

가. 규정이 정한 범위의 득점을 채점한다.

나. 주심이 의견을 물었을 때 자기의 소견을 진술한다.

다. 우세 판정을 한다.

지 침

득점의 수정

득점판정에 대하여 부시 중 일부가 이의를 제기하면 주심이"시간"을 선언하여 경기를 중단시키고 심판원에게 의견을 물어 번복할 수 있다. 이 때 부심들의 의견이 동수일 경우 주심이 그 결정권을 갖는다.

또한 주심의 넉다운 판정에 부심이 이의가 있을 경우 주심이 넷(삭제)을 세기 전에 이의를 제기할 수 있다.

3. 판정의 책임

가. 심판 판정은 절대적인 것이며, 소청을 통하지 않고는 번복될 수 없다.

나. 심판은 판정에 대하여 소청위원회에 책임을 진다.

4. 복장

가. 심판원은 협회가 정한 복장을 착용하여야 한다.

나. 심판원은 경기의 방해가 되는 물건을 휴대할 수 없다.

제21조 (기록원)

① 경기시간, 정지시간 등을 계측하고 득、감점을 기록, 표출한다.

② 주심의 계산 착오 시 득 감점과 승패를 교정할 수 있도록 요구할 수 있다.

제22조 (심판원의 구성)

① 심판원 구성은 다음과 같다.

심판원은 주심 1명과 부심4명으로 구성한다. 단 대회에 따라 부심을 3명 또는 2명으로 구성할 수 있다.

해 설

심판원의 구성, 자격, 임무, 권한 등의 제반 내용은 본 협회의 심판 운영규정에 따른다.

제23조 본 규정에 명시되지 않은 사태

본 규칙에 명시되지 않은 사태가 발생하였을 경우 다음과 같이 처리한다.

1. 경기에 관한 사태는 해당경기 심판원이 합의하여 처리한다.
2. 해당심판원이 처리할 수 없는 경우에는 소청위원회에서 처리한다. 그 밖에 경기 이외에 관한 사태는 기술전문위원회에서 처리한다.

3. 경기기록을 위해 각 코드별 비디오카메라를 설치, 촬영하여야 한다.

제24조 (소청 및 상벌)

① 소청위원회는 다음과 같이 구성한다.

1. 자격 : 소청위원은 기술전문위원회 임원 또는 태권도의 풍부한 경험이 있는 인사로 한다.
2. 구성 : 위원장 1인과 10인 이내의 위원
3. 구성 절차 : 임원장은 대회 개최일전에 소청위원장 및 소청위원을 지명하여야 한다.

② 책임 : 소청위원회는 소청심의을 통해 판정의 정정 및 관계자에 대한 징계처분을 임원장에게 요구할 수 있다. 대회 중에 소청위원회는 현장상벌위원회를 겸한다.

③ 소청 심의 절차

1. 판정에 이의가 있을 때는 소정의 소청 신청서와 소청료 15만원을 경기 종료 후 10분 이내에 제출하여야 한다.
2. 소청위원회의 심의, 의결은 과반수로 결정한다.
3. 소청위원은 필요에 따라 해당 경기에 관련된 심판원을 소환, 진상을 문의할 수 있다.
4. 소청위원회 의결은 최종적인 것이며, 어느 누구도 이의를 제기할 수 없다.

④ 결과의 처리

1. 점수 계산의 착오나 청 홍 선수의 착각에 의한 경우는 그 결과를 번복한다.
2. 주심 또는 부심의 타격의 강도, 행위의 정도, 고의성 유 무 또는 행위의 시간적 유효성 여부 등에 대한 판단은 번복할 수 없고, 다만 득점(몸통,얼굴)의 유 무효 여부는 소청위원회의 결과에 따라 번복 가능하다.
3. 소청위원회의 경기결과 번복에 의한 해당심판원의 징계사항은 상벌위원회에서 결정한다.
4. 규칙적용이 명백한 오류로 판명될 경우 판정은 번복되지 아니하나 해당 심판원의

징계여부는 상벌위원회에서 결정한다.

해 설

소청위원회는 최소한 5명의 유자격 위원들로 구성되어야 하며, 5명 이상으로 구성할 경우 전체 위원 수는 반드시 홀수가 되어야 한다.

주

의결 : 의결을 위한 심의절차는 다음과 같다.

1. 소청 사유내용을 검토하여 심의 내용을 가부로 결정할 수 있는 형식으로 만든다.
2. 필요한 경우 주,부심의 소견을 청문할 수 있으며, 필요한 청문대상의 결정을 소청위원회에서 한다.
3. 필요하다고 판단 될 경우 판정 기록이나 경기 내용 기록(Video Tape)을 검토한다.
4. 토의가 끝나면 위원단의 무기명 투표에 의해 다수결로 가부를 결정한다.
5. 위원장이 소청심의 결과보고서를 작성, 발표한다.

3. 품새 경기규칙

제1조 (목적)

이 규칙은 태권도 품새 수련의 전반적 기술 수준을 높이고 품새경기 분야의 기술 및 발전을 선도하며, 궁극적으로 태권도 수련의 기술적 이상을 실현하는데 그 목적을 둔다.

제2조 (적용 범위)

이 규칙은 사단법인 대한태권도협회(이하 "협회"라 함)와 각 지부 및 연맹이 주최, 주관, 승인하는 모든 품새경기대회에 적용한다.

제3조 (종 목)

이 규칙이 인정하는 품새경기의 종목은 다음과 같다.

1. 공인품새
2. 경기품새
3. 태권체조
4. 격파 및 시범

제4조 (부별 구분)

품새경기는 개인전과 단체전으로 구분하고 각각 다음과 같은 부별로 시행될 수 있다.

1.개인전

가. 개인전 부별 구분은 아래 표와 같다.

부별	자　격
초 등 부	초등학교에 재학중인 자
중 등 부	중학교에 재학중인 자
고 등 부	고등학교에 재학중인 자
대 학 부	대학교에 재학중인 자
청년 1부	만19세 이상 ~ 만30세까지
청년 2부	만31세 이상 ~ 만40세까지
중년 1부	만41세 이상 ~ 만50세까지
중년 2부	만51세 이상 ~ 만60세까지
장년 1부	만61세 이상 ~ 만65세까지
장년 2부	만66세이상

나. 초등부는 대회요강에 따라 남녀 구분하여 시행함을 원칙으로 하며, 저학년부(1-2학년), 중학년부(3-4학년), 고학년부(5-6학년)로 구분하여 시행한다. (단, 경우에 따라 학년별로 실시될 수도 있다.)

다. 중등부(1,2,3학년), 고등부(1,2,3학년), 대학부, 일반부, 장년부는 남녀 구분하여 시행함을 원칙으로 한다.

라. 개인전은 4명 이상 참가하여야 한다.

2.단체전

가. 단체전의 부별구분

단체전의 부별 구분은 개인전 부별 구분에 따름을 원칙으로 하되, 성별 단체구성은 남자단체전, 여자단체전, 혼성단체전, 남녀페어전으로 시행될 수 있다.

나. 종목에 따라 단체전 구성 방식 및 구성인원(3~5명 이내)은 변경될 수 있다. 단, 이를 정하는 대회요강은 본 회의 승인을 득하여야 한다.

다. 단체전은 4팀 이상 참가하여야 하며, 4팀 이하일 경우 경기가 성립되지 아니한다.

제5조 (경기장)

경기장은 12m×12m 넓이의 수평 정방형으로 탄력성이 있는 매트 또는 마루바닥이어야 한다. 경기장은 필요에 따라 높이를 올린 경기대로 할 수 있다. 단, 종목의 특성과 단체전의 규모에 따라 경기장의 면적을 조정할 수 있다.

제6조 (선 수)

① 자격

1. 국기원 품 단증소지자
2. 당해연도 선수등록을 필한 자
3. 각 부별 소속 등록사항 및 연령에 해당하는 자

② 의무

1. 선수는 협회가 공인한 도복 및 띠를 착용하여야 한다.
2. 경기중 선수는 경기에 불필요하거나 방해가 될 수 있는 장신구 또는 부착물이나 휴대품을 착용하거나 지닐 수 없다.
3. 본회는 도복의 장식에 대한 규제사항을 결정할 수 있으며, 선수는 이를 반드시 따라야 한다.
4. 선수는 국제올림픽위원회가 금지하는 약물을 사용 또는 복용하여서는 안되며, 적발시 경기결과 몰수 및 선수와 임원은 징계위원회에 회부된다.

제7조 (지도자)

① 자격

1. 사범자격증소지자
2. 당해연도 품새 경기규칙강습회 교육을 수료한 자

3. 당해연도 지도자 등록을 필하고 심신에 결격사유가 없는자

② 의무

1. 품새 경기규칙을 잘 알고 지켜야 한다.

2. 선수를 보호하고 경기진행에 협조하여야 한다.

3. 경기장 내에서 소속팀 외에 다른 선수의 코치를 할 수 없다.

제8조 (경기 방식)

① 경기방식은 일리미네이션 토너먼트 방식, 단계별 점수제 방식 또는 양방식의 혼합 방식, 컷오프방식, 리그전으로 이루어질 수 있다.

② 경기방식 및 경기운영에 대한 구체적인 사항은 대회요강을 통해서 사전에 정해져야 한다.

제9조 (공인품새의 지정)

① 공인품새 경기는 각 부별로 다음의 표에서 정한 품새 가운데서 지정하여 할 수 있다. 단, 지정의 방식은 대회요강에 따른다.

② 부별 지정 품새

부 별	지 정 품 새
초 등 부	태극 4 · 5 · 6 · 7 · 8장, 고려, 금강, 태백
중 등 부	태극 6 · 7 · 8장, 고려, 금강, 태백, 평원, 비각
고 등 부	태극 7 · 8장, 고려, 금강, 태백, 평원, 십진, 비각
대 학 부	태극 8장, 고려, 금강, 태백, 평원, 십진, 지태, 비각
청년 1부	태극 8장, 고려, 금강, 태백, 평원, 십진, 지태, 비각
청년 2부	고려, 금강, 태백, 평원, 십진, 지태, 천권
중년 1,2부	고려, 금강, 태백, 평원, 십진, 지태, 천권
장년 1,2부	금강, 태백, 평원, 십진, 지태, 천권, 한수

※ 지정품새는 대회성격에 따라 조정되어질 수 있다.

제10조 (경기시간)

각 종목별 제한 경기시간은 다음과 같다.

종 목	제 한 시 간
공 인 품 새	1분 30초 이내
경 기 품 새	2분 이내
태 권 체 조	2분 이내
격파 및 시범	3분 이내

제11조 (감점 및 탈락)

① 감점사항

1. 종목별로 지정된 제한 경기시간을 초과할 경우는 -0.5(10점제일때)를 감점한다.
2. 규정에 없는 동작(틀린동작, 기합등)을 하면 -0.3(10점제일때)을 감점한다.

② 탈락사항

1. 단체전의 경우 소속선수의 불참으로 인해 단체구성에 미달 또는 초과하는 때는 탈락된다.
2. 참가선수 중 부정선수 발견시 게임몰수 및 탈락한다. (지도자, 해당 팀 징계)
3. 경기시간에 경기장 입장을 못한 경우 탈락한다.

제12조 (채점 및 결과의 표출)

① 품새경기는 10점제 또는 100점제로 할 수 있으며, 기술내용은 정확성, 숙련성, 표현성으로 나누어 채점한다.

② 점수의 배분은 아래와 같다.

항 목	10점제	100점제
정 확 성	3점	30점
숙 련 성	4점	40점
표 현 성	3점	30점

③ 채점에 관한 세부적 기준과 방법은 본 규칙의 시행세칙인 "품새경기채점지침"에 따른다. 단, 채점지침은 협회 전문위원회의 의결을 거쳐 개정된다.

④ 각 심판이 채점한 점수는 최고, 최하 점수를 제외한 점수의 합산 또는 평균 점수로 한다.

⑤ 동점일 경우, 최고, 최하 점수를 합산하여 승패를 결정하며, 그래도 동점일 경우 숙련성, 표현성, 정확성 순으로 승패를 결정할 수 있다.

⑥ 심판의 채점 결과는 즉시 공개하여야 한다.

⑦ 토너먼트 방식의 경우 승패의 결과만을 표출할 수 있다.

제13조 (동점의 처리)

① 동점일 경우 재경기를 할 수 있다.

② 단계별 점수제의 경우 동점자가 2인 이상일 경우 재경기를 하고, 2인이내일 경우에는 동점자를 모두 다음 회전에 진출시킬 수 있다. 단, 예선, 본선 경기에만 해당한다.

제14조 (경기 중단 상황)

① 경기중 경기가 불가항력의 이유로 중단되는 상황이 발생하였을 대는 처음부터 다시 시작하는 것을 원칙으로 한다.

② 선수가 부상 또는 신체적, 정신적 요인에 의하여 제한 경기시간 내에 경기를 속개하지 못할 때는 실격처리 한다.

제15조 (심판원)

① 자격 : 협회에 등록도니 품새 심판 자격증 소지자

② 구성 : 품새경기는 4심제 또는 7심제로 실시될 수 있다.

③ 복장 : 심판은 협회가 정한 복장을 착용하여야 한다.

제16조 (기록원)

채점기의 관리 및 채점과 승패등 경기에 관련한 기록을 수행하기 위하여 기록원을 둔다.

제17조 (진행원)

① 진행원은 대회의 규모에 따라 대회조직위원회에서 임명한다.

② 진행원은 선수를 확인하고 선수의 입퇴장과 "시작", "바로"를 포함한 경기 전반의 진행을 한다. 또한 경기의 원활한 운영을 위하여 심판을 보조한다.

제18조 (소 청)

① 소청위원회는 품새에 풍부한 경험이 있는 자나 기술전문위원회 임원으로 구성한다.

② 소청위원회는 5-7인으로 구성한다.

③ 소청은 경기에 문제가 발생했을 경우 10분 이내 소청의사를 표하고 소청서를 즉시 제출하여야 한다.

④ 소청은 소청서와 소청료 15만원을 함께 제출해야 한다.

⑤ 경기결과에 대한 소청위원회의 결정은 최종적인 것이다.

제19조 (본 규칙에 명시되지 않은 사태)

본 규칙에 명시되지 않은 사태가 발생하였을 때는 대회 소청위원회의 결정을 따른다.

1) 품새 경기 채점 기술 지침

① 품새경기의 채점기준은 다음과 같은 내용으로 분류한다.

1. 정확성

가. 기본 동작

나. 각 품새별 세부 동작

2. 숙련성

가. 균형 및 동작의 크기

나. 속도와 힘(파워)

3. 표현성

가. 강유-완급-리듬

나. 기의 표현

② 채점은 10점 만점제 또는 100점 만점제를 원칙으로 한다.

③ 각 기준항목별 점수의 배분은 다음 표와 같다.

〈평가항목 분류 및 배점표(10점제 기준)〉

배 점	채점항목	세부 기준 항목	배 점
3.0	정확성	기본 동작	3.0
		각 품새별 세부 동작	3.0
4.0	숙련성	균형 및 동작의 크기	2.0
		속도와 힘(파워)	2.0
3.0	표현성	강유-완급-리듬	2.0
		기의 표현	1.0

④ 항목별 채점 방법

1. 정확성

가. 기본동작이나 각 품새별 세부동작에 어긋나는 동작이 나타났을 때는 1회에 각 0.1점 감점한다.

나. 큰 실수라고 인정될 때마다 0.3점 감점한다.

※큰 실수 : ① 품새동작을 빠뜨리거나 확연히 다른 동작을 하는 경우

② 경기중 동작을 3초이상 일시 정지하였을 경우

③경기중 두발이 경기장을 벗어났을 때

2. 숙련성

가. 숙련성 채점은 2개 항목에 대하여 각각 채점하되 각 항목 2.0만점에 채점한다.

나. 숙련성의 채점은 다음과 같은 배점으로 실시한다.

〈숙련성 채점 배점〉

항 목	배 점								총 점
균형 및 동작의 크기	2.0	1.9	1.8	1.7	1.6	1.5	1.4	1.3	
	1.2	1.1	1.0	0.9	0.8	0.7	0.6	0.5	
속도와 힘	2.0	1.9	1.8	1.7	1.6	1.5	1.4	1.3	
	1.2	1.1	1.0	0.9	0.8	0.7	0.6	0.5	

3. 표현성

가. 표현성 채점은 2개 항목에 대하여 각각 채점하고, 강유-완급-리듬 항목은 2.0만점제에서 채점하고, 기의 표현은 1.0 만점제에서 채점한다.

나. 표현성의 채점은 다음과 같은 배점으로 실시한다.

〈표현성 채점 배점〉

항 목	배 점								총점
강유-완급-리듬	2.0	1.9	1.8	1.7	1.6	1.5	1.4	1.3	
	1.2	1.1	1.0	0.9	0.8	0.7	0.6	0.5	
기의 표현	1.0	0.9	0.8	0.7	0.6	0.5	0.4	0.3	

⑤ 각 항목별 기술적 기준 내용

1. 정확성

가. 동작의 정확성은 국기원이 규정한 태권도 기본동작과 각 품새 동작수의 수행 기준에 맞는 동작 시행의 여부를 말한다.

나. 정확성에 배치되어 감점되는 동작의 구체적 형태는 별도로 제시된 기본동작별 정확성 채점기준과 품새별 정확성 채점기준 요구에 따른다.

2. 숙련성

가. 균형 및 동작의 크기

1)균형

가) 균형이란 개별동작 수행과정에 나타나는 중심이동의 안정성, 동작과정에서 상하 좌우 전후의 자세균형 그리고 자세와 손발 동작간의 적절한 조화와 균형, 동작과 동작의 연결과정에 나타나는 중심이동의 안정성을 말한다.

나) 기술동작을 통하여 목표점에 힘을 발출하는 과정에서 중심을 잃지 않으면서 체중을 실어 동작을 수행하는 능력도 균형평가의 한 요소이다.

다) 난이도 높은 동작을 수행하면서 그 과정과 수행직후에 중심을 잃지 않고 안정된 움직임을 표현하는 능력도 균형평가의 요인이 된다.

2)동작의 크기

가) 동작은 되도록 크게 시행함을 장려한다.

나) 관절의 유연성과 숙련성을 바탕으로 부드러우면서 크게 움직여 큰 힘과 빠른 속도를 내는 동작이 바람직한 큰 동작이다.

다) 힘을 써서 억지로 무리하게 시행된 큰 동작, 동작을 크게 하기 위하여 불필요한 반대동작을 하는 경우, 균형을 잃거나 시행 후 다음 동작이 부드럽게 연결되지 못하는 경우 등은 큰 동작이 아니라 무리한 동작으로서 감점 대상이다.

라) 모든 기술동작이 큰 동작으로 요구되는 것은 아니다. 각 기술동작에는 각기 요구되는 적절한 동작의 크기가 있다. 각 기술동작이 요구되는 구체적 동작의 시점과 종점, 운동범위, 표적 등을 무시한 큰 동작은 과장된

동작으로 감점대상이다.

나. 속도와 힘

1) 동작의 속도는 힘과 함께 태권도 기술에서 가장 중요한 요소이다. 그러나 품새에서 요구되는 속도는 각 동작의 특성과 기술적 맥락에 따라서 다르다. 지르기와 차기 등 공격기술에 요구되는 속도와 막기에서 요구되는 속도는 그 특성이 다르며, 특수한 동작에서는 의도적으로 느린 속도로의 수행이 중요시되기도 한다. 따라서 각 동작이 갖는 속도에 대한 요구와 특성을 잘 이해한 표현이 평가의 기준이다.

2) 동작의 시점에서 힘을 너무 많이 넣어 무리하게 최대 속도를 내려고 하다. 동작의 정점에서 오히려 속도가 느려지는 수행은 감점대상이다. 부드럽게 시작하여 적절한 가속이 이루어지게 연무하는 것이 품새에서 요구되는 바람직한 속도 표현이다.

3) 기술간에 적절한 속도의 배합, 즉 완급의 적절한 배합이 이상적으로 이루어지는 것도 속도평가의 요인이다.

4) 지르기와 차기에 있어서는 속도와 힘이 함께 최고도로 시현되는지가 속도-힘(파워) 평가의 중요한 기준이다.

5) 몸을 딱딱하게 굳혀서 억지로 끊어지는 동작을 하여 표현되는 힘은 바람직한 힘 표현이 아니므로 감점대상이다.

6) 힘을 표출하기 위하여 과장된 반대동작이나 몸에 반동을 싣는 동작은 올바른 힘의 표현이 아니며 감점대상이다.

7) 체중이 적절하게 실리지 않고 이루어지는 차기나 지르기등의 공격기술은 감점대상이다.

8) 최대한의 체중과 속도와 힘이 완전한 균형과 함께 발현되는 것을 최상의 기술수행 기준으로 본다.

3. 표현성

가. 강유-완급-리듬

1) 몸이 굳은 상태에서 표현되는 딱딱한 동작은 가장 바람직하지 않은 것이다. 동작의 시작부터 힘이 들어가 있는 경우, 처음에 강하게 시작되지만 정점에서는 오히려 약해지는 동작, 처음이 빠르지만 정점에서 오히려 느려지거나 가속이 되지 않는 동작은 이상적인 동작이라고 할 수 없다.

2) 부드럽게 시작하여 강하게 되는 동작, 부드러움 속에서 강함을 표출하는 동작이 이상적이다. 따라서 동작이 부드럽게 시작하여 가속을 통해서 속도감과 힘이 표출되어야 한다.

3) 품새의 특성에 따라 나타나는 적절한 완급과 리듬의 올바른 해석을 통해 동작이 지닌 완급과 리듬이 조화되어 표현 될 때 기준에 부합된다. 그러나 한 품새의 연무가 천편일률적인 속도나 힘, 그리고 리듬으로 진행되는 것은 감점대상이다.

4) 연결동작에서 요구되는 부드러운 동작의 연결과 단락사이의 완급, 리듬감의 표현도 중요한 평가 기준이다.

5) 강유 완급 리듬의 평가는 전체 품새의 연무를 통해서 평가한다.

나. 기의 표현

1) 품새 연무에서 요구되는 집중, 기백, 절도, 그리고 기의 숙달에서 자연스럽게 나타나는 품위와 권위를 평가하는 항목이다. 특히 품새 연무를 연무자의 체형과 특성에 맞게 자기화한 정도를 평가하는 항목이다.

2) 기의 표현은 품새 연무 전체에 걸쳐 나타나는 시선, 호흡, 기합, 기백, 절도, 품위를 기준으로 평가한다.

4. 겨루기 주심의 수신호

1) 청,홍 선수 위치

* 양 주먹을 말아 쥐며 엄지는 중지 위에 놓고 인지를 곧게 편 주먹을 좌, 우 가슴 높이까지 올린다.
* 팔을 뻗으며 먼저 "청"선수 위치를 오른손인지로 가리킨 후, "홍"선수 위치를 왼손인지로 가리킨다.

2) 차렷 / 경례

(1) 양 손바닥이 마주 보도록 하여 양손을 수직으로 세운 후 양쪽 어깨를 중심으로 각각 45도 바깥쪽으로 팔을 벌린 상태에서 손끝을 눈썹높이까지 올리며 "차렷" 구령을 한 다음

(2) 양 손바닥을 명치앞에 수평이 되도록 동시에 내리면서 "경례"구령을 한다. 이때 양손과 명치 사이 그리고 양손 끝 사이는 주먹 하나 간격이다.

1) 2)

3) 준 비

(1) 오른팔을 어깨를 중심으로 45도 굽혀 오른손을 귀 높이까지 올렸다가

(2) 왼앞굽이 자세를 취하면서 오른손을 명치 높이로 뻗어 내리며 "준비" 구령을 한다. ※ 이때 왼손은 주먹을 가볍게 쥐고, 옆구리 아래로 뻗는다.

1) 2)

4) 시 작

(1) 준비 자세에서 왼발을 끌어당겨 범서기로 서면서 양 손바닥을 펴고 양 어깨를 중심으로 각 45도 바깥으로 벌린 후

(2) 양 팔을 양 손바닥이 마주 보이도록 양 가슴 앞으로 약 25cm 간격으로 재빨리 끌어당기면서 "시작" 구령을 한다.

1)

2)

5) 갈려 / 그만

왼앞서기 자세를 취하며 오른손을 명치까지 뻗어 내리며 "갈려" / "그만" 구령을 한다.

(앞)

((옆)

6) 계 속

"갈려" 선언 자세에서 오른손을 오른귀 높이까지 들어올리며 "계속" 구령을 한다.

7) 판정 선언

(1) "청" 선수 승자시 승자쪽을 향한 후

(2) 오른 주먹을 명치 앞으로 올렸다가

(3) 손바닥을 위로 향하여 펴며 오른팔을 45도 각도 위로 뻗으며 "청승" 선언을 한다.

※ 이때 오른손은 주먹을 가볍게 쥐고 몸통과 나란히 하여 아래로 뻗는다.

※ "홍" 선수 승자시 같은 요령으로 왼손을 사용, "홍승" 선언을 한다.

1) 2) 3)

8) 계 시

오른팔을 팔의 내각이 135도가 되도록 뻗어 내리며 오른손인지로 기록원석을 가리킨다.

9) 시 간

양손의 인지를 인중 높이에서 왼손 인지를 바깥으로 하여 서로 교차시킨다.

(계시) (시간)

10) 계 수

주먹을 쥔 상태에서 큰소리로 오른손 엄지손가락부터 하나씩 1초 간격으로 편다. "다섯" 과 "열" 에서는 손을 틀어 손바닥이 선수를 향하도록 한다.

11) 경고

(1) 인지를 편 오른손 주먹을 오른쪽 귀 뒤로 가져간다.

(2) 오른팔을 펴면서 인지로 해당선수의 이마를 가리키며 "경고" 선언한다.

1)

2)

12) 감점

(1) 인지를 편 오른손을 오른귀쪽으로 가져간 다음 해당 선수를 가리키며 차렷 자세 에서

(2) 오른손 인지를 수직으로 곧게 뻗어 올리며 "감점"선언한다.

1)

2)

13) 득점 무효 선언

경기규칙 제 12조 5항과 관련, 주심은 "갈려" 선언을 한 후 즉시 득점 무효를 선언한다.

(1) "차렷" 자세에서 오른손바닥을 앞을 향해 이마 앞 20cm 위치까지 올린 후

(2) 오른손바닥을 오른쪽에서 왼쪽으로 어깨넓이 만큼 2회 흔들어 무효를 나타내되 몸은 자연스럽게 해당 선수를 향한다.

※ 그 후에는 기록석을 향해 "시간"을 지시한 후 금지행위를 한 선수에게 벌칙선언을 해야 하며, 벌칙선언을 한 후 "계속" 구령을 하는 시점에서 부터 경기시간이 다시 시작된다.

1) 2) 3)

Part 6

태권도와 교육의 이해

1. 태권도의 교육적 가치
2. 태권도 단원계획
3. 태권도 교수 – 학습의 전개

1. 태권도의 교육적 가치

1) 무도 교육으로서 가치

무도의 발생은 타인과의 투쟁이나 자연의 위험으로부터 살아남기 위하여 투쟁하다 보니 자연발생적으로 생겨난 것인데 시대가 발전해가면서 철학적 사고가 가중되어 무도로 정착하였다. 무도란 수련을 통하여 어느 위치에 올랐을 때 정신과 기술의 합일이 이루어지는 단계로 누구에게도 속하지 아니하고 모두와 더불어 하나의 존재 하에 조화를 이루었음을 깨닫게 될 때 비로소 무도라 하며 이런 사람을 무도인이라 할 수 있다.

무도인이란 심신일여(心身一如) 즉, 동(動)과 정(靜)이 중용을 이루며 승부나 경쟁에 초탈하고 자기발전과 자아계발을 위한 심신을 연마함으로써 세상에 대한 바른 자세, 바른 마음을 가지고자 노력하는데 그 뜻이 있으며, 태권도가 무도로서 가지는 위의 모든 사실을 포함하고 있으므로 그 가치를 평가할 수 있다.

2) 스포츠 교육으로서 가치

스포츠로서의 태권도의 발생은 상고 시대의 제천 행사에서 오락으로 시작되어 삼국시대 고려시대를 거쳐서 1960년대 서구문화의 영향을 받아 경기화에 주력하면서 스포츠적인 차원에서 가치를 가지게 되었다. 이후 태권도는 세계화에 힘써 지금은 완전한 스포츠로서의 자리를 굳히고 올림픽 정식종목으로 채택되었다.

스포츠로서의 가치란 글자 그대로 만족을 찾기 위한 수단이며, 즐기기 위한 수단이며, 의무와 책임이 수반되는 것으로 정신적, 육체적 피로로부터 벗어나기 위한 자발적인 행위이며, 나아가 자기의 취미와 기호에 맞게 선택할 수 있는 자유의지의 활동이다.

스포츠는 조직적이고 체계화된 경기의 총체로서 놀이와 게임의 요소를 갖추고 있으며, 경쟁심을 유발하여 보고 즐김으로써 정신적, 육체적 스트레스를 해소하기 위한 기능을 가지고 있어야 하며, 현대의 스포츠는 상품적 가치를 포함하여야 한다.

3) 사회 교육으로서 가치

사회학이란 사회에 대한 본질과 기원 그리고 발전에 대하여 과학적으로 연구하는 학문이다.

그러므로 인간의 행위, 사회 제반문제, 사회의 변화성, 사회의 행정제도 및 사회 발달과정 등에 대한 요인을 이해해야 한다.

사회학의 분야는 경제학, 심리학, 정치학 등과 상호관계를 가지며 수련에 있어서 태권도가 위의 내용을 충족할 수 있어야 한다.

인간은 사회에서 혼자서 살 수 없으며 사회질서와 규범속에서 살아야 하기 때문에 태권도를 수련함은 사회에 적응하기 위한 수단과 예의와 복종, 관용, 극기 등의 태도를 배우게 되며,수련과정에서 비롯되는 심신의 수양 내지는 인내심 또는 인간의 근원적인 욕구로부터 자신을 억제할 수 있는 등 신체활동에서의 체력단련과 강인한 정신력을 길러줌으로써 사회생활에서의 능률을 최대한으로 높이기 위한 수단이 같이 함으로써 그 가치가 있다고 하겠다.

4) 운동생리학적 가치

태권도는 체육학적, 생물학적, 역학적, 심리학적 기능을 가지고 있으며 신체의 모든 기능을 관리할 수 있다.

첫째, 전신을 움직이는 신체활동을 경험한다.

평형성,근력,지구력,민첩성,순발력,안정성,구심력,타격력의 관계 등 체육적 기능을 배양하고 신체의 조직력과 이에 따르는 균형 있는 신체발달을 유도한다.

둘째, 신경계 근육 및 순환계의 생물학적 기능의 촉진을 가져온다.

셋째, 욕구에 대한 정신적 만족 및 정서 안정, 심리적 기능을 조절할 수 있는 힘을 얻을 수 있다.

넷째, 성장과 발달을 촉진한다.

태권도의 운동생리학적 가치는 위의 4가지 조항을 태권도 수련을 통하여 간접적으로 이룰 수 있기 때문에 태권도는 매우 이상적인 운동이다.

5) 국방체육 교육으로서 가치

태권도에 있어 국방체육과의 관계는 상고시대 이후 고대, 중세를 거치면서 계속되어온 것으로 국방을 튼튼히 할 수 있는 강인한 체력, 투철한 정신력과 화랑도의 세속오계에서 나오는 임전무퇴의 정신과 일격필살과 초전박살의 정신을 함양, 필승국군의 호국정신 을 갖게 하고자 함이며, 자유와 평화를 수호하고 나라의 안녕을 지키기 위한 수단으로서의 가치가 있다. 그 비슷한 예로서 1974년 월남에 국군을 파견하였을 당시 태권도 수련을 통한

훈련이 실전의 육박전에서 그 기술이 크게 활용되어 혁혁한 전과를 올릴 수 있었던 점을 생각해 보면 알 수 있겠다.

6) 문화교육적 가치

태권도는 전통무예이며 상고시대 이후 계속된 무예로서 무형문화재로서의 가치가 있다. 또 태권도는 우리 민족의 얼과 정신을 대변할 수 있는 심신연마수단으로서 존재하였으므로 철학적, 정신적 의의와 더불어 전통무예로서 위의 두 가지 사항을 포괄할 수 있다는 점에서 문화적 가치가 있다. 오락화된 태권도는 통일신라 이후 불교의 사상적인 영향으로 자아극복과 자아수련의 방법으로 심신연마에 이용되었으므로 전통무예로서 그 가치가 충분하다고 할 수 있겠다.

7) 교육학적 가치

John Lock는"교육이란 가장 흔히 그리고 가장 중요하게 행동하는 일상생활의 활동에 관한 연구를 통하여 인생을 지적 신체적으로 개인을 준비시키는 것이라야 한다."

John Dewey"교육이란 생활하고 생활을 위한 준비가 아니다. 교육은 사람의 성장에 있어서 새로운 경험에 부딪혀 더 잘 적응할 수 있도록 도와준다" 고 정의하고 있듯이 교육은 인간의 삶에 있어 물질적 풍요와 정신적 풍요를 가져다 준다.

이와 같이 교육의 정의를 실현할 수 있고 교육의 궁극적인 목표를 실현할 수 있는 요소를 태권도의 교육적 가치를 들어 설명해 보고자 한다.

첫째, 태권도는 신체단련과 함께 정신력 도야를 중시하는 무도로서 궁극적으로는 민주시민의 자질을 길러주고 인격완성, 또는 자기교육에 역점을 두는 교육적 효과 및 가치를 지니고 있다.

둘째, 신체적. 사회적 경험과 사회생활에서 환경에 의해 유발되는 정신적 육체적 경험을 구성하는 자기 포용에 기여하는 교육으로서 가치를 가지고 있다.

셋째, 학습으로서 가치를 지니는데 지속적이고 반복적인 학습으로만 가능하며, 자신의 용기에 의한 자발적인 학습이 필요하기 때문에 태권도의 수련은 학습의 가치를 가진다.

2. 태권도 단원계획

단원이란, 하나의 학습과제를 중심으로 이루어지는 학습활동의 단위를 말합니다. 예를 들어, 품새, 시범, 겨루기 등은 하나의 독립된 단원이다. 그런데 태권도의 경우 이 단원은 여러 개의 소단원과 분절로 구성되어 있다.

가령, 품새 운동이 하나의 단원이라면, 태극 1장은 소단원이 되는 셈이고 앞굽이 몸통 지르기는 분절이 되는 것이다.

수업은 급 단에 따라 동일한 단원이 중복될 수 있다. 각 체육관에서 사용되는 교재, 교구는 가급적 수련능력에 따라 학습난이도를 고려하여 계열적인 구성을 하지만, 간혹 그렇지 못한 부분들도 있다. 따라서 수련 정도에 따라 동일한 단원이 중복 될 때에는 현장의 지도자들이 학습위계를 정하여 단원을 계획해야 합니다. 예를 들어, 초등학교 저학년의 유급자에서 태극 품새를 학습할 경우, 8급에서 기초기능을 익혔다면, 7급에서는 복합기능을 지도하고 6급에 이르러 한본 겨루기을 학습하도록 배려해야 한다. 그런데 간혹 8급에서 기초기능과 경기기능을 익히고 그 내용을 다시 7급이나 6급에서도 동일하게 지도한다면, 교육적 연속성의 의미는 사라진다.

일반적으로 태권도 지도의 유급자별 내용은 8급 기초기능, 7급 간단복합기능, 그리고 6급 한본겨루기 기능을 익히도록 계열화하고 있다고 볼 때 구태여 급수에 관계없이 겨루기를 진행하고 싶은 경우라 할지라도 8 7급에 기초기능과 복합기능을 포함한 간이경기를 지도하고, 6급에서 정식 겨루기의 기능을 익히도록 고려해야 합니다. 태권도 수업의 내용이 급수에 관계없이 장시간 진행 된다면, 이 무계획적인 수업에 임하면서 수련생들은 흥미와 동기유발을 저해하고 그저 자신들의 노는 시간으로만 간주하게 될 것입니다.

1)단원계획구성

다음에서 보여지는 그림에는 단원을 구성하는 일반적인 항목들이 있다.

<table>
<tr><th colspan="7">단 원 계 획</th></tr>
<tr><td>단원</td><td colspan="2"></td><td>대상</td><td></td><td>학습
기간</td><td></td></tr>
<tr><td>단원의성격</td><td colspan="6">1. 교재관
2. 수련생관
3. 지도관</td></tr>
<tr><td rowspan="2">지도목표</td><td colspan="2">심 동 적</td><td colspan="2">인 지 적</td><td colspan="2">정 의 적</td></tr>
<tr><td colspan="2"></td><td colspan="2"></td><td colspan="2"></td></tr>
<tr><td rowspan="3">지도계획</td><td colspan="2">지 도 요 항</td><td rowspan="2">시간 배당</td><td rowspan="2">지도시
유의점</td><td rowspan="2">학습
형태</td><td rowspan="2">학습
자료</td></tr>
<tr><td>소 단 원</td><td>분 절</td></tr>
<tr><td></td><td></td><td></td><td></td><td></td><td></td></tr>
</table>

그림 3-1. 단원계획 양식

(1) 단원의 성격

① 교재관

: 단원이 운동종목이라면 기원(유래), 구성내용, 특성 및 효과, 해당학년의 체육목표(심동적/인지적/정의적)와 관련된 내용 등을 진술합니다.

② 수련생관

: 수련생의 선수학습(prerequisite learning)에 대한 경험여부, 운동수행능력(기초체력 & 운동기능), 발달단계, 흥미 등을 조사하여 진술합니다. 또 신체의 전반적 상태를 이해하기 위하여 건강기록부를 이용하는 것도 좋은 방법이 되겠지요. 심지어 체육관생활기록부를 보고 정기고사의 성적이나 IQ를 파악하는 일도 필요할 수 있습니다.

③ 지도관

: 교재관과 수련생관에서 밝혀진 단원의 성격을 기초로 효율적인 지도방법을 진술합니다. 예를 들어, 본 단원에 대한 수련생들의 흥미가 적다면, 어떤 방법으로 동기 유발하여 학습참여를 촉진할 것인가? 또는 지도형태는 분습법으로 할 것인가? 아니면 전습법으로 할 것인가? 학습 대형은 어떻게 하는 것이 효과적인가? 등등의 단원전개에 적절한 지도방법을 연구하여 정리합니다.

(2) 지도목표

본 단원을 통하여 어떤 목표를 달성시킬 것인가를 심동적, 인지적, 정의적 영역으로 구분하여 진술합니다.

① 심동적 영역 : 본 단원을 통해 육성될 수 있는 운동기능과 체력의 내용을 진술합니다.

② 인지적 영역 : 본 단원과 관련된 운동의 역사, 특성 및 효과, 운동방법 또는 경기내용 등을 진술합니다.

③ 정의적 영역: 본 단원을 통해 길러질 수 있는 사회성을 진술합니다. 여기에는 적극성, 책임감, 협동심, 공정성, 준법성, 안전성, 인내심 등이 포함될 수 있습니다.

(3) 지도계획

소단원 또는 분절, 시간배당, 지도시 유의점, 학습형태, 학습자료 등의 지도할 내용들을 일목요연하게 진술합니다.

① 소단원 또는 분절: 본 단원이 품새라면, 소단원은 태극 1장, 태극 2장 등이 될 것입니다. 여기에서 분절은 본시학습의 주제를 적으면 됩니다. 예를 들어, 태극 1장일 경우 앞서기 몸통 지르기, 앞굽이 아래막기 등의 동작이 된다.

② 시간배당 : 단원지도에 소요되는 시간을 적습니다. 예를 들어, 본 단원을 학습하는데 다섯시간이 소요될 것 같으면 5차시로 적으면 된다.

③ 지도시 유의점 : 유념하여 지도할 사항을 적는다. 예를 들면, 〈물구 나무서기가 합격된 수련생에 한하여 손짚고 앞돌기를 익히도록 지도한다〉, 〈강하게 차는 힘보다는 정확한 자세가 될수 있도록 지도한다〉 라는 식으로 적을 수 있습니다.

④ 학습형태 : 교수-학습의 형태를 적습니다. 일제학습, 분단학습, 개별학습 등으로 기재할 수 있습니다.

⑤ 학습자료 : 교수-학습의 과정에서 필요한 학습매체를 적습니다. 예를 들어, 샌드백 2개, 미트 10개, 뜀틀 1대, 매트 5장 따위로 적을 수 있습니다.

2) 학습지도안 짜기

여기에서 학습지도안이란, 본시지도안을 말합니다. 따라서 1시간 수업분량(1차시)에 해당되는 교수 - 학습의 과정을 정리해 놓은 것을 가리킨다.

학습지도안은 누가 보더라도 쉽게 이해할 수 있도록 일목요연하게 정리해야 합니다. 예를 들어, 부득이한 경우 본인 이외에 다른 지도자가 수업을 할 때 그 지도안을 보고 수업을 지도하는데 차질이 생기지 않도록 구체적으로 명시되어야 합니다.

다음의 〈그림 3-2〉를 보면, 학습지도안을 구성하는 일반적인 항목을 알 수 있습니다.

(1) 대상

지도할 해당 반을 기록합니다.

(2) 일시

날짜를 기록하고, ( )안에는 수업시간(교시)을 적습니다.

(3) 장소

교수-학습의 장소를 적습니다.

(4) 주제

( )안에는 소단원명을 기록하고, 그 뒤에 분절을 적습니다.

<table>
<tr><td>대상</td><td></td><td>일시</td><td colspan="3"></td><td colspan="2">장소</td><td></td></tr>
<tr><td>주제</td><td colspan="8">(   )</td></tr>
<tr><td>목표</td><td colspan="8"></td></tr>
<tr><td rowspan="2">준비</td><td colspan="4">교   사</td><td colspan="4">학   생</td></tr>
<tr><td colspan="4"></td><td colspan="4"></td></tr>
<tr><td rowspan="6">지
도
과
정</td><td rowspan="2">단계</td><td rowspan="2">학습요소</td><td colspan="2">학습활동</td><td rowspan="2">시간배당</td><td rowspan="2">학습형태</td><td rowspan="2">학습자료</td><td rowspan="2">유의사항</td></tr>
<tr><td>지도자</td><td>수련생</td></tr>
<tr><td>도입</td><td rowspan="4"></td><td rowspan="4"></td><td rowspan="4"></td><td rowspan="4"></td><td rowspan="4"></td><td rowspan="4"></td><td rowspan="4"></td></tr>
<tr><td>전개</td></tr>
<tr><td>정착</td></tr>
<tr><td>평가</td></tr>
<tr><td>평가
기준</td><td colspan="8"></td></tr>
<tr><td>예상
되는
발전</td><td colspan="8"></td></tr>
</table>

그림 3-2. 본시 학습지도안 양식

(5) 목표

본시 수업에서 수생련들이 도달해야 할 학습내용을 분석 가능한 행동목표(behavioral objectives)로 적습니다. 태권도수업에서 목표 진술의 방법은 다음과 같은 2가지 형태를 적용할 수 있습니다.

하나는 Tyler(1970)의 진술방법으로서, 대상+내용+행동 등의 요소를 담고 있습니다.

(예) 수련생은 앞굽이 몸통바로지르기의 운동방법을 설명할 수 있다

대상 내 용 행 동

다른 하나는 Mager(1972)의 진술방법으로서, 대상+조건+내용+행동 등의 요소를 담고 있습니다.

(예) 수련생은 눈을 감고 태극8장을 실시할 수 있다

대상 조 건 내 용 행 동

그런데 여기에서 〈대상〉은 생략하는 경우가 많습니다. 왜냐하면 학습목표를 도달해야 할 대상은 지도자가 아니라, 수련생이므로 구태여 나타내지 않아도 무방하기 때문입니다. 또한 학습 목표에는 가급적 심동적, 인지적, 정의적 영역 등을 골고루 포함시키는 것이 바람직하겠지요.

(6) 준비

수업에 필요한 학습자료를 기록합니다. 주로 지도자란에 적습니다. 예를 들어, 괘도, 미트 10개, 호구 2조 라는 식으로 적습니다. 수련생란에는 특별히 기재할 사항이 없지만, 복장관계 또는 태권도화라고 적을 수 있겠고 때에 따라서는 필기도구라고 적을 수도 있겠네요.

(7) 지도과정

여기에는 도입 - 전개 - 정리 등의 수업단계로 구분하여 적습니다. 학습내용에 따라 다르게 구성하게 마련이지만, 일반적으로 다음과 같은 요소들을 공통적으로 적으면 됩니다.

① 도입

- 학습자 파악 : 출석과 견수련생 처리방법을 적습니다.
- 과제제시 : 수업주제와 목표(도달점)를 적습니다.
- 과제설명 및 시범 : 과제의 특성, 원리, 실시방법(대형포함), 유의점 등을 간단명료하게 적고, 시범의 횟수나 방법을 적습니다.
- 준비운동 및 기본동작 : 활동내용들을 순서있게 적습니다.

② 전개

- 실시대형 : 분단별로 실시할 상황을 그림으로 나타내면 좋습니다.
- 과제수행 : 과제수행의 과정을 적습니다.
- 우수수련생 시범 및 토론 : 분단별로 우수수련생을 정하여 시범을 보이고 다른 수련생들은 실시 방법이나 동작의 장단점을 토론한다는 내용을 적습니다.
- 과제발전 : 반복연습과 개별지도의 내용을 적습니다.

③ 정리

- 정리운동 : 활동내용들을 순서있게 적습니다.
- 수업평가 : 도달점 파악, 장단점 토론, 학습자 수업태도 등에 관하여 평가한다는 내용을 적습니다.
- 차시예고 : 다음 시간에 학습할 주제를 적습니다.
- 수업정리 : 용구정리의 방법과 수업의 끝인사를 적습니다.

☞ 시간배당은 학습과제나 지도형태에 따라 조절할 수 있습니다만, 일반적으로 다음과 같이 배당할 수 있습니다.

구　분	초	중	고
도입(준비/탐색)	6	5	7
전개(발전/훈련)	15	15	20
정 착	15	20	20
정리, 평가	4	5	3
계	40	45	50

표3-2. 수업의 단계별 시간배당의 예

또 학습형태는 일제학습, 분단학습, 개별학습 등으로 구분하여 수업상황에 맞게 적을 수 있습니다. 일반적으로 도입과 정리의 단계에서는 일제학습을 적용하고 전개의 단계에서는 3가지 형태를 다양하게 적용하게 됩니다.

그리고 학습자료나 유의사항은 단계별 수업상황에 적절하게 적으면 되겠네요.

(8) 평가기준

평가기준은 곧 학습목표 그 자체입니다. 그러기에 진술된 학습목표를 의문형으로 바꾸면 평가기준이 되는 셈입니다. 예를 들어, 〈태극 8장에서 두발 당상을 할 수 있다〉 라는 목표를 〈태극 8장에서 두발 당상을 실시할 수 있는가?〉 라고 고치면 됩니다.

태권도장마다 삼사에 대비하여 실기평가 기준표가 마련되어 있지만, 학습지도안에도 아래의 예시에서 볼 수 있듯이, 보다 구체적인 기준을 마련하여 평가한다면 참으로 바람직하겠지요.

평가배점	평　　가　　기　　준
A(20-16)	태극 1장을 유연하면서 정확한 동작으로 실시 할 수 있다
B(15-11)	태극 1장을 연무선 이동이 불안하나 정확한 동작을 실시 할 수 있다.
C(10-06)	앞서기 자세와 앞굽이 자세는 정확하나 동작이 부자연스럽다.
D(05-00)	앞서기 자세와 앞굽이 자세의 구분이 불명확하다.

표 3-3. 태권도 실기평가 기준(태극 1장)의 예

(9) 예상되는 발전

본시 학습이 끝난 후 예상되는 효과를 적으면 됩니다. 여기에는 심동적, 인지적, 정의적 영역을 골고루 포함시키면 좋겠다. 다리 벌려 뛰어차기의 수업에서 예상되는 발전에 대한 예를 들어볼까요?

① 다리 벌려 뛰기의 동작이 숙련됨으로써 후속학습인 다리모아뛰어차기를 익히는데 전이효과를 얻게 될 것이다.

② 다리 벌려 뛰어차기의 효과적인 실시방법을 정확히 이해할 것이다.

③ 다리 벌려 뛰어치기를 성공적으로 수행함으로써 이전에 비해 높은 격파물에 대한 두려움이 적어지고, 보다 적극적으로 참여하려는 태도를 보일 것이다.

4) 수업의 유의점

(1) 학습지도안에 대한 지적사항

① 수업목표는 체육관교육의 목표와 부합(附合)하는가?

② 수업목표는 구체적으로 진술되었는가?

③ 수업목표에 따른 학습내용과 학습형태로 구성되었는가?

④ 지도과정과 시간배당이 적당한가?

⑤ 수련생의 개인차나 지역사회의 특성을 고려하였는가?

⑥ 학습의 내용, 결과, 평가 등은 적절하였는가?

⑦ 지도안을 작성하는데 지도지도자의 조언이나 선행연구는 충분히 반영하였는가?

⑧ 학습자료나 교구는 충분히 활용하도록 구성되었는가?

(2) 교수활동에 대한 지적사항

① 수련생들의 수업참여를 촉진하기 위하여 노력하였는가?

② 긍정적이고 안정된 학습분위기를 조성하였는가?

③ 수업의 진행이나 방법이 체육교과의 특성에 적절하였는가?

④ 자유롭고 협동적인 학습을 전개하였는가?

⑤ 발문은 적시(適時)에 이루어지며 수련생의 질문에 성실히 답하였는가?

⑥ 목소리나 태도는 전체 수련생들을 지도하는데 적절하였는가?

⑦ 지도안의 교수활동의 내용이 그대로 적용되었는가?

⑧ 실제학습 지도시간(teaching time)을 감소시키는 과잉설명(overdwelling)이나 수업 준비, 이동, 대기 등의 수업운영시간(managirial time)의 비율은 많지 않았는가?

(3) 학습활동에 대한 지적사항

① 수련생들이 수업목표를 명확히 이해하였는가?

② 수련생들이 협동하는 가운데 활발한 수업참여를 보였는가?

③ 수련생들이 운동용구를 제대로 이용하였는가?

④ 수련생들의 예습상황은 어떠하였는가?

(4) 학습자의 능력을 고려하라 !

(5) 수업의 흐름을 충분히 이해하라 !

(6) 수업매체를 충분히 검토하고 준비하라 !

(7) 정확한 시범을 보여라 !

(8) 단정한 복장을 준비하라 !

(9) 여유있는 마음으로 수업에 임하라 !

(10) 기타 지적사항

① 평가의 내용은 수업목표와 직결된 것인가?

② 평가의 방법은 공정하고 타당한 것인가?

③ 본시 수업을 통해 얻을 수 있는 효과나 기대는 무엇인가?

3. 태권도 교수-학습의 전개

1) 학습도입

태권도수업에서의 도입활동은 수련자들을 알맞게 구성하는 반편성, 특히 대형을 갖추는 것이고 학습자가 충분한 학습의욕을 갖도록 하는 동기유발이 필요하고 과제의 설명과 준비운동을 해야 할 것이다.

특히 수업 대형은 지도자가 의도된 활동으로 수련생들의 학습 경험을 이끌기 위해서는 알맞은 학습 대형이나 배열을 해야 한다. 수련생의 활동내용에 따라 다른 형태의 수업 대형이 필요하게 된다.

(1) 집단 혹은 흩어진 대형

전 지역을 배회하는 방법으로 어린이들을 흩어지게 할 수 있고, 각자 자신의 개인 공간을 확보할 수도 있다. 이 대형은 곳곳에 다니는 활동에 좋고 각자가 모든 방향으로 움직이는 것이 필요할 때 좋으므로 막대운동, 후프운동, 줄넘기, 각자 공 다루기 등의 운동에 알맞다.

(2) 늘린 분대 대형

이 대형은 분대조직에 근거한 것으로 각자 약 3보 정도 떨어져서 선다. 종대일 경우에는 간격을 더 떨어지게 한다.

일반 대형 ◆◆◆◆◆◆

늘린 대형 ◆ ◆ ◆ ◆ ◆ ◆

(3) 짝지은 대형

이 대형은 공던지기, 받기, 공차기 등에 좋다. 짝마다 한 개의 공이나 물체가 필요하고, 충분한 공간이 있는 운동장에서 간격을 벌릴 수 있다.

◆ ◆ ◆ ◆ ◆ ◆ ◆ ◆ ◆

⇕ ⇕ ⇕ ⇕ ⇕ ⇕ ⇕ ⇕ ⇕

◆ ◆ ◆ ◆ ◆ ◆ ◆ ◆ ◆

짝지은 대형

(4) 소집단(둘, 셋, 혹은 넷이 만든 집단)

이 대형은 짝지은 대형과 비슷하나 2~3명의 수련생들이 추가된 형이다. 기본적인 움직임이나 공 다루는 기술을 함께 할 때 쓴다.

(5) 종 대

릴레이 대형으로 앞에 있는 사람이 지시대로 움직이면, 그대로 하고 열의 맨 뒤로 가는 활동적인 활동에 사용된다.

(6) 리더가 있는 분대 대형

이 대형은 기술연습을 하는 데 약간의 응용을 하는 것으로 릴레이 형이다. 던지고 받는 기술에 유용하며 각 리더들은 열의 앞에 약간 떨어져서 선다.

종 대

리더가 있는 분대 대형

(7) 다른 쪽 끝에 다시 만든 분대대형

열의 다른 쪽 공간에 다시 대형을 만들려면, 각 열의 앞에 있는 사람은 운동장을 지나서 거너가기 시작한다. 그 사람이 반쯤 왔을 때 다음 사람이 나간다. 다 건너가서 열을 다시 만들게 되면 다른 움직임을 준비한다.

리더있는 반원 대형

끝에 다시 만든 대형

(8) 열과 리더 대형

이 대형은 물체를 던지고 받는 기술에 가끔 사용되며, 리더는 차례로 열에 있는 사람에게 주고받는 패스를 한다.

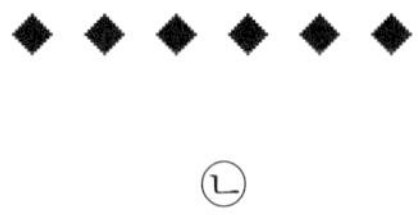

열과 리더 대형

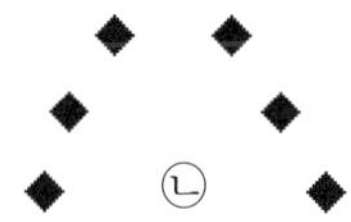

리더 있는 반원 대형

(9) 원형 대형

이 대형은 개별 발차기 기술 지도에 유용하며 차고, 패스하고, 배구하는 것과 같은 기술에 쓰인다. 이 대형은 (아)번 대형의 변형이다.

원형 대형

리더 있는 원형 대형

① 리더 있는 원형 대형

이 대형은 다른 형태의 볼을 다루는 형태인데 릴레이를 위한 기본으로서 쓰일 수 있다. 리더는 각자에게 차례로 패스한다.

② 이중 열대형

이 대형은 패스와 킥하기에 좋다. 아래 대형은 서로 주고받는 사람들이 등지고 서 있는 것보다는 훨씬 효과적임을 보여주는 지그재그 대형이다. 볼은 한 개의 열에서 다음 열로 패스된다.

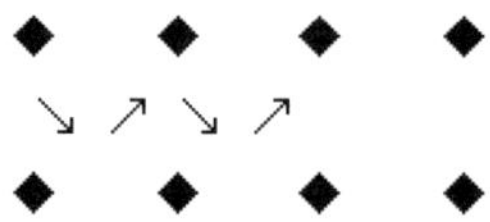

이중 열대형

(10) 일반적인 순환 대형

순환 대형에 있어서 경기자의 움직임은 베틀순환과 비슷하여 3명이나 그 이상의 사람들이 사용하는 대형이다. 하키나 축구의 패싱과 드리블링, 농구, 미식축구의 공 패스하며 나아가기 등에 쓰이며, 릴레이 대형으로도 쓰인다. 앞쪽에 있는 사람이 앞으로 드리블해 나가서 다른 열의 앞사람에게 패스하는 것이다. 각 사람은 앞으로 나가서 열의 뒤에 가서 선다.

일반적인 순환 대형

(11) 뒤로 돌아가는 순환 대형

이 대형은 한번 겨루기 등에 사용된다. 한쪽 순환열의 앞에 있는 사람은 다른 쪽에 있는 사람에게 패스하고 자기열의 뒤로 가서 선다.

뒤로 돌아가는 순환 대형

(12) 특수 대형

다음 특수 대형들은 공간지역을 돌거나 앞뒤로 움직이는 활동을 하는 활발한 움직임에 유용하다.

① 순회형식으로 지역을 도는 대형

이 대형은 순회방식으로 지역을 도는 것이다. 경쟁을 시키고 조화를 만들어 내는 데 목적이 있으며, 지도자는 수련생들을 보다 효과적으로 관찰 할 수 있다.

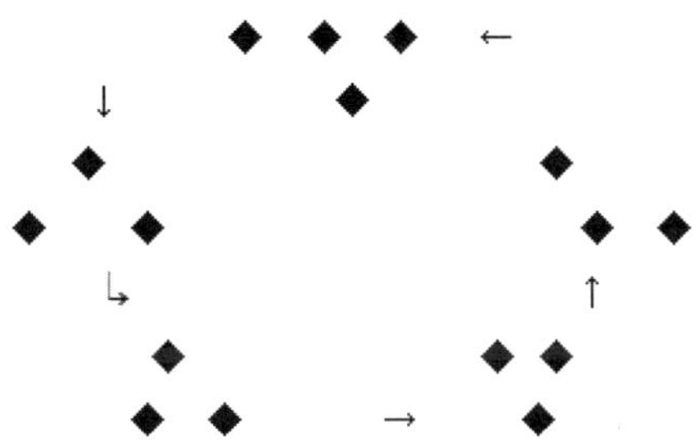

② 반대편으로 자리 바꾸기

수련생들은 체육관의 반대편으로 서서 자리를 바꿀 수 있으며, 선호에 의해서 상대방과 접촉 없이 빠져나가 반대쪽으로 건너간다.

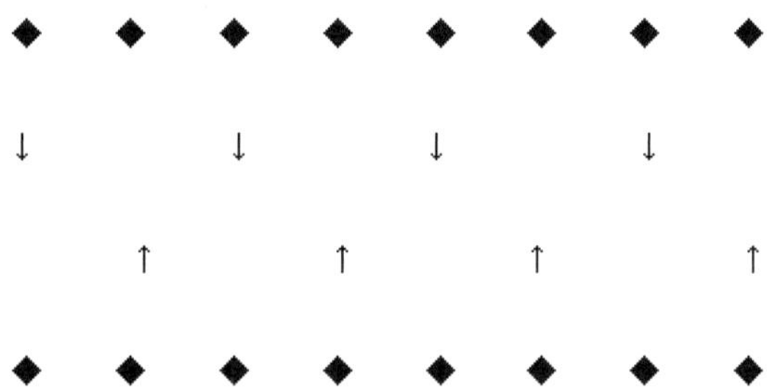

③ 반대편에서 중앙까지 갔다가 되돌아오기

반대편에서 출발하여 중앙까지 갔다가 되돌아온다. 중앙의 선은 막대나 줄 등으로 만들 수 있다.

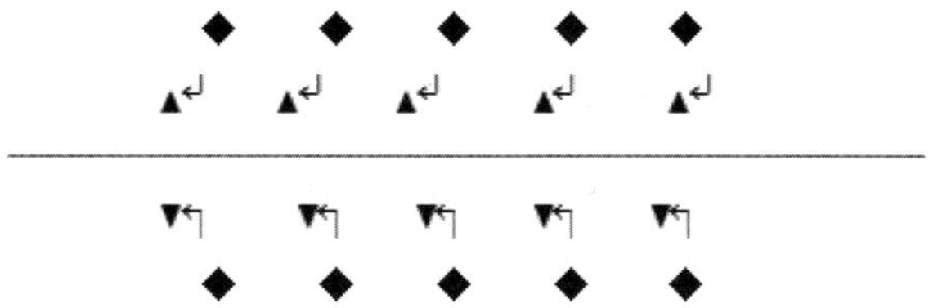

④ 반대쪽에서, 한쪽이 가로질러 건너간 후 되돌아 가기

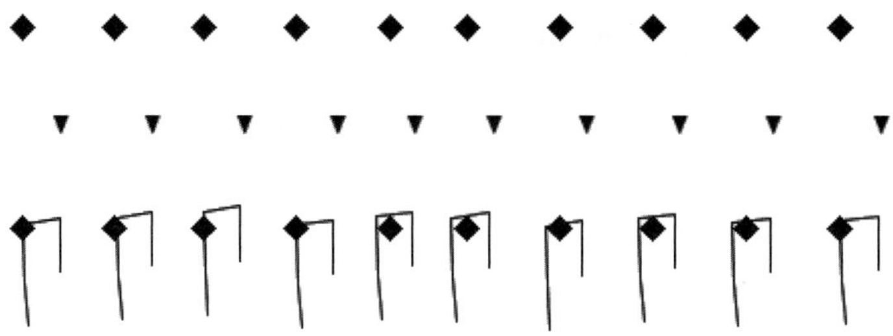

2) 동기 유발

무엇이 사람들로 하여금 특정 행동을 선택하여 지속하고 열심히 하도록 하게 하는가? 우리는 일상생활에서 자신이 하고 싶어하는 행동은 어려움이 있거나 누가 말려도 계속 하려고 하고, 반대로 자신이 하고 싶어하지 않는 일은 보상을 해주어도 또는 부탁을 해도 잘 하지 않는 것을 볼 수 있다.

특히 운동 기능을 익히는 태권도 학습에서 수련생 스스로가 하려고 하지 않으면 그 소정의 목표는 달성하기 어렵다. 반대로 수련생 스스로가 익히려는 마음을 가지고 적극적으로 임한다면 그 운동 기능의 습득은 이미 절반은 달성하였다고 해도 과언이 아니다.

동기란 일반적으로 인간의 행동을 제가(initiate)시키고, 활성화(energize)시키며, 지속(sustain)시키거나, 제지(inhibit)시키는 힘을 뜻한다. 보다 전문적으로 진술하면 동기란 결과와 연관되어 행동이 선택되고, 방향지어지는 경향 및 그렇게 선택되고, 방향지어진 행동이 목적이 달성될 때까지 지속되는 경향(tendency)을 뜻하기도 한다. 따라서 동기란 인간이 보이는 모든 행동의 근원적 이유를 설명하는 개념으로서 왜 특정한 행동을 선택하게 되어 일정한 방향과 강도를 가지고 지속하냐를 설명하기 위한 심리학적 개념이라고 볼 수 있다.

동기란 관련된 요소는 그 사람이 지는 특성과 관련되어 있다고 보아도 될 만큼 무수히 많다. 따라서 동기를 유발시키는 방법도 개개인의 특성과 상황에 따라서 다양해질 수 밖에 없다. 다음은 수업전, 수업중, 수업후로 나누어서 동기 유발 방법을 기술해 본다.

(1) 수업 전의 동기 유발 및 일반적 동기 유발

① 학습의 목표를 명확히 제시하고, 목표를 분명히 이해하도록 돕는다. 학습의 목표는 구체적이고, 학습이 끝났을 때 어떠한 행동의 변화, 즉 학습이 일어났는지를 분명히 알 수 있도록 제시하는 것이 동기 유발에 효과적이다. 학급 구성원의 선수 학습 수준에 따라 달라지기는 하겠지만, 어느 정도 노력하면 대다수의 수련생들이 달성할 수 있는 목표를 제시하는 것이 바람직하다. 또한 구성원의 이질성이 큰 경우에는 기본 학습 과제, 진보 학습 과제, 심화 학습 과제 등으로 나누어 각자의 수준에 맞는 목표를 달성하도록 자극, 고무시킨다.

② 학습의 목표를 개인적 욕구와 결부시킴으로써 관심과 흥미를 갖게 한다. 호기심에 대한 자극, 남에게 인정받으려는 자존의 욕구자극, 도전의식의 고취 등이 필요하다.

③ 지도자가 학습에 대해 갖고 있는 기대감의 수준이 적정해야 하며, 이것이 수련생들에게 전달되어야 한다. 지도자는 수련생의 학습 능력을 정확히 파악하고, 이에 맞추어 적절한 수준의 과제를 수련생이 성취해 줄 것을 기대한다는 느낌을 수련생들이 느낄 수 있도

록 해주는 것이 바람직하다.

④ 각각의 운동 기능이나 학습 과제에 긍정적인 태도를 가질 수 있도록 지도해야 한다. 각각의 운동 기능이나 종목에 따라 수련생들이 좋아하는 기능이나 종목도 있고, 그렇지 않은 기능이나 종목도 있다. 따라서 각각의 운동 기능이나 종목이 갖는 특성이나 가치 또는 효과를 인식시켜 모두가 필요한 것임을 주지시킨다.

⑤ 학습하기에 적절한 환경을 만들어 준다. 체육관이나 운동장의 상태, 준비된 용구의 상태, 긍정적인 학습분위기 등 학습환경은 수련생들이 체육수업을 하는 데 있어 즐거움을 줄 수 있기도 하고, 반대로 침체된 분위기를 만들 수도 있다. 따라서 지도자의 세심한 준비는 수련생들이 스스로 운동을 하고 싶어하도록 만들 수도 있다.

(2) 수업활동중의 동기 유발

① 수련생과 지도자 어느 일방적인 측에서 수업 전체를 주도하지 말고 상호작용이 이루어지도록 수업분위기를 이끈다. 가급적 같은 과제라도 수련생들이 흥미롭게 받아들이도록 호기심을 자극하는 발문을 던져 많은 수련생들이 참여하도록 하고, 해결에 어려움을 겪는 수련생들에게는 적절한 힌트를 주어 수련생들이 스스로 과제를 해결했다는 성취감을 느끼도록 한다.

② 수련생들에게 성취의 기회를 자주 부여하게 하고, 바람직한 반응(성취)에는 즉시 강화를 해준다. 수련생들의 능력별 수준에 따라 조금이라도 성취감을 느낄 수 있도록 과제를 분석 제시하고, 비록 작은 성취라도 자신의 노력에 의해 이루었으면 즉각 강화를 해준다.

③ 학습의 진전 정도를 수시로 알려 주는 것이 효과적이다. 학습의 진전 정도를 즉시 또는 수시로 알려 주는 것은 학습의 효과를 증진시킬 뿐만 아니라 학습자의 동기를 강화시키는 데에도 매우 효과적이다. 이를 통해 수련생들은 잘못한 것에 대한 자극을 받기도 하고, 잘한 것에 대해고무되어 학습을 촉진시키게 된다. 또한 지도자가 수련생에게 늘 관심이 있다는 것도 느끼게 됨으로써 학습태도를 좋게 하는 데도 도움이 된다.

④ 급우간에 협동적인 분위기를 조성하되, 경우에 따라서는 적절한 경쟁심을 유발시키는 것도 필요하다. 체육관학습은 지도자와 수련생간의 1:1관계가 성립되지만, 학습 상황은

전 학급 구성원의 상호작용을 통하여 이루어진다. 이때 학급 구성원 개개인의 경쟁은 자칫 부정적인 학습 분위기를 조장할 염려가 있기 때문에 소집단간의 경쟁을 통해서 소집단 구성원끼리의 협동심을 키우면서 상대 집단간의 경쟁을 통해서 의욕을 불러일으키게 할 수 있다.

⑤ 다양한 학습지도법을 사용한다. 운동 기능은 많은 반복적인 연습에 의해 기능이 정착되지만, 그렇다고 해서 단순한 기능을 계속적으로 반복시키는 것은 수련생들로 하여금 심리적인 과포화 상태를 만들어 학습자체를 고통으로 느끼게 할 수 있다. 따라서 지도자의 다양한 학습지도 방법은 활기찬 수업 분위기를 만들 수 있다.

⑥ 수련생들에게 과제의 난이도를 적절하게 제시해 과제해결에 자주 실패하거나 좌절감을 겪지 않도록 한다. 실패의 연속은 수련생들에게 학습의 의욕을 잃게 할 수 있고, 자신감을 상실하게 할 수도 있다. 노력을 하면 그 노력에 대한 대가가 나타나도록 과제의 난이도를 적절하게 제시하는 것이 필요하다.

⑦ 연습이나 훈련은 게임을 하는 것처럼 즐거움을 줄 수 있도록 프로그램화한다. 같은 과제라도 지도자에 따라 접근하는 방법이 다양하다. 지도자의 깊은 관심과 전문적인 능력은 수련생들의 흥미를 불러일으키면서도 소기의 목표를 달성시킬 수 있다.

(3)수업 후의 동기 유발

① 학습이나 연습 결과에 대해 긍정적인 평가를 해주고, 미흡한 점에 대해서는 핵심을 짚어 언급해 준다. 학습이 일단락되면 처음의 목표에 비추어 진전이 있었음을 알리고, 좋았던 점에 대해서는 긍정적인 평가를 해주는 것이 차후의 동기 유발에 효과적이다. 또한 미흡한 점에 대해서는 차시에 다룰 것임을 언급하면서 핵심적인 과제에 대해서는 한두 개 과제로 내주는 것도 좋다.

② 학습결과에 대해서는 반드시 그 정보를 알려 준다. 수행결과에 대하여 좋았던 점과 더 개선해야 할 점을 간단하게 핵심만 지적하여 정리해 준다.

③ 수련생들이 잘 했을 경우에는 수련생들의 노력을 높이 인정해 주고, 미흡한 점은 능력이 부족해서가 아니라 노력이 부족했음을 인식 시킨다.

3) 목표 제시

목표란 개인이 달성하고자 하는 것 또는 어떤 행동을 통해 도달하려는 대상이라고 할 수 있다.

목표는 내용과 강도의 속성을 갖고 있는데, 목표의 내용이란 자유투 성공률을 5% 향상시킨다거나 오래달리기 기록을 10초 단축시킨다는 것과 같은 것을 말하고, 목표의 강도란 목표를 달성하기 위해 얼마나 많은 노력과 시간을 투자하는가 하는 것을 의미한다.

학습자가 목표를 설정함으로써 수행을 향상시키는 데 도움이 되는데 그 이유는 다음과 같다.

학습자는 수행하여야 할 과제의 핵심요소에 주의 집중

목표를 세움으로써 게으름을 피울 상황에서도 노력을 투입

수행자로 하여금 노력을 지속시키는 역할과 기능

목표를 설정함으로써 이를 달성하기 위한 수행자 자신만의 전략이나 방법을 고민하게 하고 구체적인 운동계획을 갖도록 만드는 것으로 알려져 있다.

(1) 목표 설정의 원리

① 구체적인 목표의 설정

연구 결과에 따르면 구체적인 목표는 목표가 전혀 없거나 "최선을 다해라"는 조건에 비해 높은 수준의 수행을 발휘한다. 그러나 현정에서 지도자들은 수련생들에게 "최선을 다해라"는 말처럼 추상적인 말만 해주는 경우가 많다. 최선을 다하라는 목표는 어느 정도의 동기 유발 효과가 있지만, 구체적으로 목표를 설정해 주는 것만큼 강한 효과를 주지는 못한다. 따라서 목표는 구체적이며, 측정이 가능하고, 행동적인 용어로 설정되어야 한다.

② 실현 가능한 목표의 설정

너무 쉬운 목표를 설정하면 노력을 별로 하지 않게 되고 목표에 대해 관심을 갖지 않게

된다. 반면 너무 어려운 목표를 설정하면 실패에 따른 좌절감과 자신감 상실 등을 겪게 된다. 따라서 어렵지만 최대의 노력을 하면 달성이 가능한 수준의 목표를 설정하는 것이 중요하다.

어려우면서도 달성이 가능한 목표를 정하는 것은 쉬운 일이 아니다. 지도자는 수행자의 동기와 잠재 능력을 고려하여 도전해 볼 만한 목표가 무엇인가 찾아줄 필요가 있다. 만약 이러한 목표를 정하기 어려울 때에는 자신이 스스로 목표를 찾도록 도와주든지, 약간 쉬운 목표를 부여해 줌으로써 수행자가 성취감을 느낄 수 있도록 해준다.

③ 장기 목표와 아울러 단기 목표의 병행 설정

수행 향상의 효과는 장기 목표와 단기 목표를 병행하여 설정하였을 때 가장 높았다고 보고하고 있다. 장기 목표는 최종 목표가 어디인지에 관한 방향을 설정해 주고, 단기 목표는 달성이 불가능해 보이는 장기 목표를 실현 가능하게 만들어 주는 역할을 한다. 장기 목표와 단기 목표의 상호 관계는 '천리길도 한 걸음부터'라는 우리 속담에 잘 반영되어 있다.

④ 수행 목표의 설정과 강조

스포츠에는 자신이 통제할 수 있는 것과 자신이 통제할 수 없는 것들이 있다. 슬패나 심판의 판정은 자신이 통제하지 못하는 반면, 연습시간에 투입하는 노력의 양은 자신이 통제할 수 있다.

목표는 자신이 통제할 수 없는 것보다는 자신이 통제할 수 있는 것을 대상으로 하여야 한다. 따라서 결과 지향적인 목표를 갖고 있다 하더라도 그것을 달성하는 데 필요한 수행 목표를 설정할 수 있다.

이것은 수행 목표의 달성을 위해 계속 노력하면 결과 목표는 저절로 달성되므로 수행자에게는 결과 목표보다 수행 목표를 더 강조해야 한다는 것이다.

⑤ 긍정적인 목표의 설정

목표는 긍정적인 방향으로 설정하는 것이 좋다고 보고하고 있다. 예를 들어, 테니스에서 '더블 폴트의 빈도를 낮춘다'의 부정적인 목표보다는 '퍼스트 서브의 성공률을 높인다'라는 긍정적인 목표가 더 바람직하다.

따라서 원하지 않는 방향의 결과에 목표를 두지 말고, 실제로 일어나기를 바라는 결과를 목표로 설정하는 것이 좋다. 긍정적인 목표를 설정하게 되면 수련생들은 실패보다는 성공에 더 관심을 갖는다.

⑥ 목표의 기록

일단 목표가 설정되었으면 전체 수련생들의 눈에 잘 띄는 곳에 목표를 게시하는 것이 좋다. 다시 말해 목표는 수행중 언제나 상기할 수 있도록 잘 보이는 곳에 제시되어야 한다. 주지교과의 경우 수업시작 전에 학습 목표를 칠판에 게시하는 것도 같은 원리이다.

⑦ 목표 달성을 위한 '전략'을 개발

목표를 설정해 놓고 이를 어떻게 달성할 것인가에 대한 고민도 없이 무작정 수행한다면 어쩌면 그 목표는 목표로서의 가치를 잃을 수 있다. 목표가 목표로서 가치를 발휘하기 위해서는 이를 달성하기 위한 구체적인 계획과 전략이 수립되어야 한다.

이들 계획과 전략 또한 지도자의 일방적인 것이 아니라 수련생들 스스로가 구안한 것이 가장 좋고, 스스로 해결할 능력이 부족한 수련생들에게는 지도자나 친구들의 도움을 얻어 개발하는 것이 좋다.

⑧ 참가자 특성의 고려

개인의 동기와 성격 경향은 설정하는 목표나 목표를 달성하기 위해 노력하는 과정에 영향을 미친다. 예를 들어, 성취동기가 높은 수행자는 쉬운 과제보다는 도전적인 과제를 선호하고 이를 달성하기 위해 노력하는 반면, 자기 중심적인 성향이 강한 수행자는 지나치게 쉽거나 어려운 과제를 선택함으로써 자신의 능력을 과시하려 한다.

또한 수련생들의 발달 단계나 성별, 그리고 운동 수행의 능숙 정도에 따라서도 그들이 지향하고자 하는 목표 수준이 달라지기 때문에 지도자는 이러한 특성을 잘 살펴 달성 가능한 수행 지향적인 목표를 설정할 수 있도록 도와주는 것이 필요하다.

⑨ 목표 달성을 위한 지원

설정한 목표를 달성하기 위해서는 본인의 노력뿐만 아니라 주위 친구들의 도움도 필요하다. 특히 운동 수행 능력이 부족한 수련생이나 언령이 어린 수련생들은 가장 가까이 있는 지도자나 동료들의 도움이 절실하다.

특히 스포츠 상황이 주로 경쟁적인 상황으로 나타나기 때문에 동료간의 상호 관계가 경쟁이나 대립과 같은 형태로 나타나기 쉬운데, 이를 서로 협동하고 화합하는 차원으로 발전시킨다면 단순히 수행 목표 이상의 도 다른 정의적인 목표까지도 달성할 수 있다.

⑩ 목표 달성 여부에 대한 계속적인 피드백

목표 설정의 효과를 높이려면 목표 달성 여부에 관한 피드백을 제시해 주어야 한다고 한다. 목표 달성에 관련하여 수행이 이루어지는 상황에서 피드백이 계속적으로 주어지는 것이 바람직하지만, 다인수 학급인 우리의 교육현실에서 지도자가 개인적인 피드백을 일일이 계속적으로 주기는 어렵다. 그래도 지도자는 개개인에 대한 목표 달성과 관련하여 계속적으로 수련생들에게 관심을 가져야 한다.

지도자가 계속적인 목표 달성 여부에 대한 피드백을 주기 어려울 때에는 수련생들 스스로가 자신의 목표치와 수행 수준과의 차이를 계속 자기평가할 수 있도록 하는 방안도 생각할 수 있다.

4) 학습전개

전개 단계는 본시 학습과제를 실천하는 단계로 과제해결을 위한 실마리를 찾아야 한다. 따라서 해결해야 할 과제를 명확히 알고 실천하면서 과제학습시간을 높여야 한다. 따라서 지도자가 과제의 특성을 찾아내는 발문을 통하여 학습주안점을 알도록 하여 학습활동이 이를 해결하는데 집중되도록 하여야 한다. 이 단계는 운동 기능 핵심 요소를 찾아내야 정착 단계에 가서 학습 목표에 도달할 수 있는 경험을 하게 된다. 이때 학습 과제 분석이 이루어져 정확한 교수단서가 제공되어야 한다.

(1) 상호작용

바람직한 교수활동을 위해서는 지도자와 수련생 간의 상호관계가 매우 중요하다. 지도자는 교육환경에서의 중요 변수이며, 이들에 의해 성장되는 수련생들은 지도자와의 불가분의 관계를 지녔기 때문이다. 지도자는 수련생 개개인의 성장을 돕고, 인간 상호작용의 특질을 조장할 수 있는 훌륭한 교수법과 바람직한 인간관계를 연관시킬 수 있는 수업기술이 있어야 한다. 인간 상호작용은 학습될 수 있고, 지도자가 더 유능한 사람을 만들기 위해 도움을 줄 수 있는 기술 및 기능과 관계한다.

① 방법

첫째, 지도자의 상호작용에는 일관성이 있어야 한다.

지도자의 긍정적인 상호작용은 수련생들에게 성실하고 주의 깊은 지도자로 인식되며, 부정적인 상호작용은 수련생들에게 해로운 영향을 미치므로 지도자의 상호작용은 일관되게 행동하지 않으면 수련생들은 실망한다. 그러므로 일관성을 유지하기 위해서는 수련생의 여러 행동에 대해 지도자의 생각을 알려 주어야 하며, 수련생 개개인을 동등하게 대해야 한다.

둘째, 의미있는 수련생의 행동에 대해 직접적인 상호작용을 한다. 상호작용은 수련생들의 의미있는 일에 입각해야 효과적이다. 이것은 교육적 정황으로 보아 가치있다고 판단되는 것, 어려운 역할의 성취 등에 의해 결정되는데, 수련생이 인식하는 중요행동과 관점에 더욱 비중을 두어 수련생과 상호작용하는 것이 바람직하다. 수련생이 무엇에 관심을 두고 가치를 부여하며 흥미있게 생각하는 것이 무엇인지를 파악하기 위해 시간을 투자하는 지도자가 성실하고 주의 깊은 지도자이며, 수련생과의 바람직한 인간관계를 유지할 수 있다.

셋째, 과제(일)에 상호작용을 연관시킨다. 수련생이 수행한 과제(일)에 따라 적절한 평가로 상호작용하는 것이 중요하다. 지나친 과장도, 무관한 표현도 수련생과의 효과있는 상호작용을 막는다. 물구나무서기를 예를 들면, "그것은 최고로 멋진 물구나무서기 자세로구나."-과장 "마땅히 했어야지."-무관심, "참 잘 섰구나, 발 끝이 똑바로 되었구나."-신뢰, 관심도 인정, 특정 정보의 전달(지적)은 수련생을 관심있게 관찰하고 있다는 것을 나타내 주며, 미소나 등을 다독거리는 것 등의 무언의 상호작용은 말 이상의 효력을 볼 수 있다.

넷째, 수업 외의 요인들에 바탕을 두고 수련생들과 상호작용한다. 수련생이 수업 외의 요소에 대해 지도자로부터 관심을 받게 되면, 그들은 지도자가 자신을 인격적으로 대해 준다고 느낄 것이다(예 : 입고 있는 옷에 관한 이야기, 방학 동안의 경험담, 가정이야기 등). 이러한 수업 외의 요인들에 대해 수련생에게 관심을 보여주면, 더욱 확대된 상호작용을 할 수 있는 바탕이 된다.

다섯째, 교수와 인간상호간의 관계를 증진시키기 위해 열의를 갖는다. 수련생이나 학습활동에 대한 지도자의 열의는 앞서 기술한 많은 메시지를 전달하는 데 중요한 수단이다. 지도자가 배우고 가르칠 만하다고 선정한 메시지는 수업을 통해 전달되기도 하지만, 대부분 지도자의 열의를 통해 전달된다.

여섯째, 인간관계를 수련생들의 느낌이나 감정에 둔다. 수련생과의 바람직한 인간관계는 정규교육과정에만 국한해서는 안 된다. 학습기술은 교육과정의 중요한 측면임에는 틀림없지만 그것만이 필요한 것으로 강조 되어서는 안 되며, 수련생의 느낌과 감정에서 생기는 정서적 내용에도 똑같이 강조되어져야 한다. 수련생들에게는 자신의 느낌을 자유롭게 표현할 수 있게 하고, 지도자는 그들의 느낌을 진지하게 수용하는 사람으로 인식되도록 상호작용을 해야 한다.

예를 들면, 어린이가 자기의 성취표현을 펄쩍펄쩍 뛰면서 할 때 어떤 수련생이 시합에 이기고 만족한 웃음을 띄울 때, 또 힘든 신체훈련 후 성취표시를 할 때, 지도자는 "난 네가 많은 발전을 보이니 기쁘다.", "이기니까 좋지?", "그렇게 노력한 것에 대해 기쁘게 생각한다."등의 상호작용은 매우 바람직한 것이며, 이와 같은 상호작용은 전적으로 수련생들의 느낌에 바탕을 두고 있는 것이다.

수련생들의 느낌표현은 긍정적일 수도 있고, 부정적일 수도 있는데, 긍정적인 느낌에 대해서는 그때의 느낌과 그것을 다른 사람과 나눌 수 있는 능력을 증대시키도록 그 느낌을 받아들이고 격려해 준다. 부정적인 느낌에 대해서는 그러한 감정을 줄여 주고 격려해 준다. 수련생에게 느낌에 대해 표현하라고 했을 때, 그 의미를 잘못 받아들이는 경우가 있으므로 지도자는 느낌에 대한 적합한 표현을 할 수 있도록 도와주어야 한다.

② 의사소통으로서의 상호작용

㉠ 전달기술

말하고자 하는 내용의 '주체'를 명확히 밝힌다. 단정을 내기는 말보다는 구체적인 묘사가 좋고, 수련생의 관점과 합치되도록 해야 한다. 비언어적 신호를 알게 하고, 수련생들의 마음 상태에도 신중을 기하도록 한다.

㉡ 수용기술

수련생들로부터 받은 메시지는 분명하고 알기 쉽도록 바꾸어 말하여야 한다. 그것은 다른 수련생들로 하여금 메시지를 바르게 알게 하고, 메시지를 준 수련생들로 하여금 메시지를 바르게 알게 하고, 메시지를 준 수련생에게는 메시지 전달이 잘 되었는가의 피드백을 제공하기 위해서이다. 또 매시지를 제공하는 사람의 비언어적 신호를 유의하고, 학급의 참여 기술을 이용해야 하며, 자신의 느낌이 메시지에 얼마나 영향을 미치는가에 대해서도 생각해야 한다.

㉢ 의사소통의 장애요인

의사소통의 장애요인을 다음과 같이 말하고 있다.

지시,명령 : "그만 떠들고 주목하라!"

위협 : "이 녀석, 장난은 그만 두지 않으면 성적을 깎을 거야!"

설교나 교화 : "너희들은 그런 식으로 행동하는 것이 훨씬 낫다는 것을 알아라!"

조급한 충고와 해석을 내림 : "너의 어머니께서 제때에 체육복을 준비하시도록 해야

해”

단정, 비평, 비난 : “넌 아주 게으루구나!”, “너희 둘은 항상 반에서 말썽을 일으키고 있어.”

틀에 박힌 잔소리나 꼬리표 달기 : “넌 어린애 같은 행동만 하는구나.”

신문 또는 반문 : “도대체 무엇 때문에 그런 행동을 하는 거지?”

미루거나 연기하기 : “우리 다른 시간에 그 얘기를 하는 게 어때?”

보다 분명하고 효과적으로 의사 전달을 하고 싶고, 그 의사 전달을 통해 수련생의 문제 해결을 돕고 싶다면, 위에 언급한 장애요인을 피해야 한다.

㉣ 도움을 주는 관계로서의 의사소통

감정 이입

문제를 가진 수련생의 관점에서 그 문제를 인식하는 것으로서, 동정과는 다르다. 즉, 지도자는 문제 수련생에게 동정심을 느끼는 것이 아니라 그 수련생의 관점에서 그것을 이해함으로써 그 문제를 바라보려고 노력하는 것이다. 문제의 해결책이 보이지 않을 때 문제의 올바른 판단을 위해 감정이입이 필요하다.

신뢰

문제를 갖고 있는 수련생이 그 해결책에 이를 수 있다고 믿는 것처럼 행동하는 것으로 본인에게 해결책을 부여함으로써 문제가 해결되는 것이 아니라, 신뢰한 수련생 스스로 해결하도록 옆에서 지원하는 것이다.

진실성

수련생을 다루는 지도자가 얼마나 정직하느냐에 관한 것으로 수련생들은 지도자의 허위를 찾으려 한다. 지도자가 거짓된 행동을 하고 있다고 의심하게 되면 상호 의사소통은 심각하게 손상되므로 지도자는 가능한 한 정직해야 하고 자신이 믿는 것과 조화를 이루어야 한다.

온정

이 관계에서 온정의 특징은 교실분위기를 설명할 때 이용되었던 방식과 유사한 것이다. 이 온정은 교육환경에서 학문적 행동적 모두에서 이루어진 끊임없고 긍정적인 상호작용의 결과이다. 미소, 열정, 눈짓과 같은 비언어적 행위 등이 지도자와 수련생 간의 따듯한 관계의 성립에 기여한다.

③ 언어적 의사소통 점검표

수업에서 수련생과의 언어적 상호작용이 이루어진 다음에는 〈표 5-1〉과 같은 의사소통 점검표의 예시를 통해서 수업중에 수련생과의 상호작용을 점검해 보고, 어떻게 상호작용을 하는 것이 효과적인가에 대해 반성하고 이에 대한 적절한 교정을 함으로써효율적인 상호작용기술을 익힐 수 있을 것이다.

	자주	가끔	전혀
1. 모든 수련생들의 능동적 태도를 개발시키고 그들의 행동 및 의도를 신뢰했다.	( )	( )	( )
2. 지도자가 수련생들을 우호적이고 참을성있게 대했다.	( )	( )	( )
3. 지도자가 수련생을 얕보는 투로 말하지 않았다.	( )	( )	( )
4. 지도자가 수련생 개인의 배경적 특성을 잘 알고 있다.	( )	( )	( )
5. 지도자가 능동적 경청자의 역할을 개발시켜 왔다.	( )	( )	( )
6. 지도자가 자신있는 태도를 보이고 관대한 분위기를 개발시켰다.	( )	( )	( )
7. 학습자의 흥미, 경험, 생활 형태와 관계있는 내용을 제시했다.	( )	( )	( )
8. 불필요하고 관련성이 적은 정보를 생략했다.	( )	( )	( )
9. 수련생들이 이해하고 있는 언어구조로 이야기 했다.	( )	( )	( )
10. 수련생들에게 정확한 지침을 제공했다.	( )	( )	( )
11. 명확하게 그리고 다양한 말투와 강세, 억양으로 말했다.	( )	( )	( )
12. 핵심 부분을 설명하고 강조했다.	( )	( )	( )
13. 효과적인 비구두 의사소통 기술을 개발했다.	( )	( )	( )
14. 효과적인 시선접촉을 했다.	( )	( )	( )
15. 의사소통을 할 때 수련생의 이름을 불렀다.	( )	( )	( )
16. 수련생들의 반응에 주의를 기울였다.	( )	( )	( )
17. 발문시간에 적극적이었다.	( )	( )	( )
18. 질의-응답시간에 표현력이 부족한 수련생들을 격려해 주었다.	( )	( )	( )
19. 수련생들이 자신들의 생각이나 가치를 표현할 수 있도록 했다.	( )	( )	( )
20. 수련생들에게 효과적으로 경청하는 기술을 가르쳤다.	( )	( )	( )
21. 수련생들의 집단토의 기술을 개발시켰다.	( )	( )	( )
22. 필요시 수련생들에게 개인적인 지도를 했다.	( )	( )	( )

〈표 5-1〉 의사소통 점검표

(2) 학습자 관리

오늘날 체육관에서 많은 지도자들이 수련생 관리 능력에 의하여 평가되고 있다. 교육에서 학습자 관리는 중요한 요소이며, 이것은 부정적인 관점에서 뿐만 아니라 긍정적인 관점에서도 접근이 가능하다.

만일 교수-학습시 학습자 관리가 잘 되지 않아 수련생들은 수련생들대로, 지도자는 지도자대로 정해진 단위시간을 허비한다면 지도자의 노력은 헛되어 버리기 때문이다. 이와는 반대로 정해진 시간을 하나의 낭비도 없이 모두 교육활동에 쓰여졌다면 요즘 관심이 집중되고 있는 실제 학습시간은 충분히 확보되기 때문이다.

대부분의 지도자들은 학습자 관리를 부적절한 행동이 없는 상태라고 정의하고 있다.

이러한 정의의 의미는 학습자 관리란 군인들처럼 명령에 따라 이률적으로 움직이는 잘 통제되고 관리되는 수업을 의미한다. 그래서 지금도 많은 체육교육 현장에서는 강압적인 분위기나 기합이나 엄격함, 질서정연함 같은 용어들이 주로 자리 잡는다.

그러나 진정한 의미의 학습자 관리란 학습의 목표를 달성하기 위하여 부적절한 행동을 감소시키고, 수련생들이 배우고 성장할 수 있도록 적절한 행동을 길러 주기 위한 교육활동이다.

수업의 상황에서 수련생들의 부적절한 행동에 대한 지도자의 반응은 자연적으로 부정적인 상호작용으로 이어지기 때문에 지도자는 이러한 상황이 나타나지 않도록 미리 감소시키기 위한 노력을 하는 것은 당연하다. 그리고 적절한 행동에는 어떤 실제 목적이 있어야 한다. 그 목적은 체육지도자들이 생각하고 있는 교육적인 목표와 그러한 목표의 관점에서 수련생의 행동을 검토하는 것이다.

엄격함, 온순함, 조용함, 질서 등으로 특정 지어지는 수업 준위기가 아닌 정말로 지도자와 수련생이 서로 신뢰하는 가운데 스스로 열심히 하려는 생동감 있는 분위기를 만들어 갈 때 체육수업의 진정한 학습자 관리는 이루어질 것이다.

① 바람직한 행동과 바람직하지 못한 행동

일반적으로 체육관현장에서 수업시 나타나는 바람직한 행동과 바람직하지 않은 행동의 유형들은 다음과 같다.

㉠ 수업시 수련생들의 바람직한 행동 유형

지도자의 설명과 시범에 주의를 기울인다.

지도자의 지시에 공감하고 스스로 활동한다.

정해진 장소에서 열심히 연습한다.

용구를 올바르게 사용한다.

다른 사람의 운동 수행을 방해하지 않는다.

수업활동에 적극적으로 참여한다.

자신이 맡은 역할을 충실히 수행한다.

㉡ 수업시 수련생들의 바람직하지 못한 행동 유형

지도자의 설명이나 시범시 주목하지 않는다.

수시로 잡담을 한다.

운동용구를 소홀히 다룬다.

주의가 산만하다.

지시에 따르지 않고 이탈행동을 한다.

수업에 무관심하거나 소극적으로 활동한다.

다른 수련생을 비난하고 방해한다.

다른 수련생의 연습을 방해한다.

자신이 맡은 역할을 소홀히 한다.

부적절한 언어를 사용한다.

지도자는 이러한 수련생들의 행동 유형들을 참고로 하여 규칙과 기대를 정하여 매 학

기초, 또는 단원을 시작할 때 자신이 관리하고 있는 수련생들에게 규칙들을 숙지시키고 실천하도록 하여야 한다.

이러한 관리 규칙들을 정할 때에는 다음과 같이 하도록 한다.

가능한 한 짧고도 명료한 진술

피부에 와 닿을 수 있는 구체적인 진술

수련생들의 망각을 고려하여 너무 많지 않도록

수련생들의 연령 수준에 적합한 언어사용

긍정적인 형태의 규칙

실천하기 쉬운 규칙부터 실천

특히 이러한 학습자 관리 규칙들은 수련생들의 이해와 공감이 이루어질 수 있도록 수련생들과 같이 정하는 것도 좋고, 일단 정해진 규칙은 철저히 지킬 수 있도록 계속적인 관심을 가져야 하며, 한꺼번에 고치려고 하는 욕심을 버리고 점차로 개선한다는 장기적인 생각을 가져야 한다.

② 학습자 관리를 위한 실제

연구 결과에 의하면 수업에 참여하는 체육지도자들이 학습자 관리에 너무 많은 시간을 쏟고 있음이 밝혀졌다. 일반적으로 초등생 지도자들이 체육시간에 학습자 관리에 쏟는 시간은 대략 그들 수업의 약 30%이고, 중학생지도자들은 약 19%를 소비하고 있다고 알려져 있다. 이러한 현상은 지극히 높은 비율이며, 지도자들이 학습자 관리에 쏟는 시간을 더 낮출 필요가 있음을 말해 준다.

그러면 이만큼 많은 학습자 관리시간을 소비하면 훌륭하게 학습자 관리가 되는가? 그러나 실제로 학습의 장면에서는 학습자 관리에 많은 시간을 소비하고 있음에도 수업의 장면에 들어가면 비효율적인 측면이 많이 나타나는 것으로 보고하고 있다.

이러한 비효율의 주된 요인은 대부분은 조직적이지 못한 학습자 관리에 기인하는 경우가 많다. 따라서 일선체육관에서는 조직적인 학습자 관리를 통하여 정해진 수업시간을 최대로 활용하는 지혜를 지도자는 가져야 할 것이다.

일반적으로 알려져 있는 수업시의 학습자 관리에는 다음과 같은 점을 염두에 두면 보다 효율적으로 할 수 있다.

㉠ 전체 수업과정과 절차에 대한 표준화

수업을 하는 모든 지도자들은 각기 자기 나름대로의 수업 형식이 있기 마련이다. 예컨대, 준비운동 내용이라는 하나의 측면만 보아도 맨손체조를 선호하는 지도자, 조깅과 스트레칭을 선호하는 지도자, 지도자 자신이 만든 율동을 중심으로 준비운동하는 지도자 등 각기 나름대로의 생각을 가지고 시행한다. 이와 같이 수업은 지도자가 자신만의 주관을 가지고 수련생들과의 상호작용을 통하여 목표로 하는 것을 추구하는 활동이다. 그렇다고 해서 그때그때의 즉흥적인 기분에 따라 운영되어서는 안되고 자신만의 객관적이고도 계획적인 프로그램이 있어야 한다. 즉, 초등학생의 경우 40분이라는 정해진 수업시간을 가지고 어떤 형식과 흐름을 가지고 하는 것은 각자 지도자의 주관에 달려 있다고 할 수 있지만, 한 학기 또는 일년 동안 실시되는 체육수업에서 수련생들이 수업과정에 대하여 다음 과정이 무엇을 하여야 하는지 미리 예견할 수 있다면 수련생들의 다음 행동은 훨씬 빨라질 것이다. 따라서 지도자는 학기 초에 자신만의 수업과정에 대한 전체적인 흐름과 절차를 수련생들과 같이 공유하고 인식하여 수련생들의 다음의 과정에 대한 예측을 통하여 대기시간이나 관리 시간을 단축하도록 하여야 할 것이다.

㉡ 자신만의 교수 신호방법을 확립한다.

수업시간에 수련생들의 주의를 집중시킬 필요가 있을 때가 많다. 교육적인 목적을 위해 관리 기능이나 활동을 변화시키기 위해서는 집중시키는 것이 바람직하다. 수련생들의 주의를 재빨리 얻는 것은 수업에서의 공감대를 유지하는 방법으로서 뿐만 아니라 시간을 절약하는 데도 중요하다. 지도자가 주의를 요구하고 수련생들이 이를 받아들이지 않을 때에 지도자는 좌절하며, 열심히 주의를 집중하는 수련생들은 집중하지 않는 다른 수련생들에게 불평한다.

일반적으로는 호르라기를 많이 사용하는데 지도자들은 이를 사용하는데 있어서 강약, 속도, 단절 등을 다양하고 적절하게 효과적으로 사용할 수 있어야 한다. 그래서 수련생들이 지도자가 신호하는 의미를 알고 이에 빨리 반응할 수 있도록 훈련이 되어야 한다. 그렇다고 해서 호루라기가 수련생들에게 지도자가 나타내는 신호의 전부나 만능이 되어서는 안 된다. 지도자는 호루라기뿐만 아니라 손뼉이나 손짓, 몸짓 등을 같이 사용해서 보다 쉽게 그 신호의 의미를 수련생들이 이해할 수 있도록 해야 한다.

예컨대, 호루라기를 강하고 짧게 불면 운동행동에 대한 동작을 멈추는 것이라든지, 길게 불면서 손바닥을 아래로 하여 내리면 제자리에 앉는 신호라든지, 호루라기를 두 번 짧게 불면서 주먹을 쥐어 한 손을 들면 주의를 집중하라든지 지도자는 자신만의 신호를 수련생들과의 많은 훈련을 통하여 서로 공유하고 인식하여야 한다.

그렇지만 가능한 한 언어를 통하여 의사전달을 하는 것이 바람직하다. 지도자는 언어를 통한 의사전달이 자연스럽게 수련생들과의 상호작용이나 인간적인 측면이 있기 때문이다. 언어로서 주의집중이나 효과적인 신호가 되지 않을 때에는 할 수 없이 호루라기를 사용하여야 되겠지만, 너무 잦은 호루라기의 사용은 수업의 흐름을 끊을 수도 있기 때문에 불필요하게 많이 사용해서는 안 된다. 하여튼 어떤 형태의 신호이든지 간에 지도자의 신호는 명확하며 수련생들이 혼란을 일으키지 않도록 하여야 한다.

㉢ 연습진단의 조직방법

일반적으로 체육시간에 수련생들의 운동 수행시 연습진단을 조직하려고 할 때 홀수 짝수를 이용하는 방법, 남녀별로 조직하는 방법, 운동기능별로 조직하는 방법, 출석번호를 이용하는 방법, 신장을 고려하는 방법 등 다양하게 나눌 수 있다.

그러나 연습진단에 대한 조직은 단지 연습진단을 나누는 데 의미가 있는 것이 아니라 수업의 흐름과 분위기, 수련생들의 동기 유발, 정의적 특성 및 사회성 함양이라는 많은 변수를 가지고 있기 때문에 지도자의 세심한 집단조직에 대한 배분이 필요하다.

집단을 조직하는 데 있어 기준은 현재까지 능력별 집단편성이 기능의 효과적인 학습을 위한 가장 바람직한 기준이 되고 있지만 이에 대한 구체적인 조직은 학습과제의 특성에 따라 나누는 것이 가장 바람직하다. 그래서 집단의 리더를 중심으로 하여 서로 협동적인 분위기에서 즐거운 운동 수행이 되도록 하여야 한다.

그리고 어떤 게임이나 경쟁을 동원한 학습 형태일 때는 집단간의 우열차가 나타나지 않도록 배분되어야 한다. 수련생들이 경쟁적인 요소를 가미했을 때 열광하는 것은 승패에 대한 불확실성이 있을 때만이 가능한 일이기 때문에 이에 대한 배려를 해야 한다. 그리고 수련생들의 운동 기능에 대한 능력의 판정이 어려울 때는 각 집단의 리더를 중심으로 하여 집단 구성의 선택을 수련생들에게 스스로 하도록 맡기는 방법도 있을 수 있다.

연습집단 구성에 있어서도 평소에 조금씩 일관성있게 연습하여 수업시 우왕좌왕하며 시간을 소비하는 일이 없도록 해야 할 것이다.

㉣ 수업 대형 관리

지도자가 수련활동을 하는 데 있어 수련생들의 대형을 어떤 형태로 하느냐에 따라 상호작용의 효율성이 높아지기도 할 수 있고 낮아지기도 한다. 즉, 대형은 교수-학습의 효율성을 높이기 위한 대형이여야 한다.

예컨대, 처음의 모임 대형은 4열 횡대의 대형이라든지, 체조시에는 양팔 간격 4열 횡대의 대형을 유지하라든지, 설명할 때는 2열은 앉은 자세로 나머지 2열은 선 상태로 4열 횡대의 대형을 유지하라든지, 릴레이 게임시는 2열 종대의 대형을 유지하라든지 수업 상황에서 많은 대형이 만들어지고 흩어진다.

이때 이러한 대형들을 즉흥적으로 만들어서는 수업관리의 시간이 많이 소비되므로 지도자와 수련생 사이에 어느 정도 같이 약속된 연습이 되어야 한다. 그래서 지도자가 어떤 기능에 대하여 설명하려고 모이라고 하면, 수련생들은 자연스럽게 설명을 잘 들을 수 있는 대형으로 갖춰져서 준비가 되어야 하고, 준비운동을 하려고 하면 자연스럽게 준비운동의 대형이 이루어져야 한다. 이러한 작은 과정도 1학기 또는 1년 간이라는 긴 시간에서 볼 때는 매우 많은 시간을 효율적으로 관리할 수 있다.

㉤ 학습도구의 효율적인 준비와 관리

학습도구를 사용할 때에는 미리 계획을 세운 다음 사전에 그것을 점검해야 한다. 지도자는 학습도구를 어디에 설치와 배열을 할 것인지 또는 누가 준비하고 해체할 것인지를 미리 계획이 되어 있어서 수업중에 시간을 소비하는 일이 있어서는 안 된다.

그리고 사용되어지는 용구는 최대한 학습참여를 보장하기 위해서 충분히 확보되어야 한다. 한 개의 공으로 전체 학급을 지도하거나 줄을 길게 늘어서서 하는 수업조직은 대기시간과 부적합 행동을 발생시킬 우려가 높다.

학습용구나 도구의 관리는 한 활동에서 다른 활동으로의 흐름을 고려하여 정리되어야 한다. 한 지역에서 활동하는 수련생들은 다른 공간이나 용구를 사용하는 수련생들에게 방해가 되어서는 안 된다. 많은 수련생들이 출입하는 곳이나 출입문 또는 수돗가 등에 용구를 배치하는 것은 피해야 한다. 용구는 여러 집단으로 나누어 분단학습을 하는 수련생들의 전체활동이 한 곳에 탐지될 수 있도록 배치되어야 한다. 그리고 운동장에 라인을 긋거나 체육관에 어떤 표시를 하는 경우는 휴식시간이나 빈 시간을 이용하여 미리 준비한다.

효율적인 학습자 관리는 지도자가 시간낭비를 피하고, 개인적인 에너지를 보존하며, 수련생의 혼돈을 막으려는 데 있다. 학습자 관리는 지도자의 비학문적인 행동에 관한 것이며, 학급의 일상적인 일을 효율적으로 하는 방법인 것이다.

대부분의 체육지도 지도자들이 관리 기능에 많은 시간을 소비한다는 연구 결과가 밝혀졌다. 따라서 지도자가 학년초에 다양한 학급 관리를 위한 오리엔테이션 기간을 잘 계획하고 실행하여 단위 학습시간에 대한 낭비를 최소화할 수 있도록 계획하여야 할 것이다.

㉥ 학습자의 안전

수련생에게 안전한 학습환경을 제공하는 것은 모든 체육지도자의 중요한 책임이다. 수업계획 단계에서도 안전이 고려되어야 하지만 수업실행 단계에서는 더욱 우선적으로 고려해야 한다.

위험이 수반된 활동을 할 때 지도자는 안전수칙을 강조해야 한다. 안전수칙을 설명하고 수시로 강조하여 수련생들에게 충분히 인지시키고 만약 수련생이 이 수칙을 위반할 경우 책임을 추궁해야 한다. 지도자가 이러한 점을 소홀히 할 경우 수련생의 상해뿐만 아니라 법적 소송의 문제를 야기 할 수 있다. 그렇다고 이런 이유 때문에 위험이 수반되는 활동을 체육 프로그램에서 배제해서는 안 된다.

이와는 반대로 수련생이 적절한 위험을 극복하면서 학습할 수 있도록 도와주고 또 활동에 참여할 수 있도록 도와주는 것이 체육 프로그램 목표 중의 하나이다. 모든 스포츠 활동은 상해의 가능성을 가지고 있다. 활동의 특성과 그 활동이 이루어지는 공간의 관점에서 안전에 관한 규칙이 강조되어야 한다.

또한 심리적 안정성도 좋은 학습환경을 만드는 데 중요하다. 수련생은 안전하게 행동할 필요가 있으며, 또한 자신이 하고 있는 것에 대하여 안정감을 느껴야 한다. 이것은 단순히 수련생들 자신이 활동에 참가하는것을 만족하고 기꺼이 참여하려는 것을 의미한다. 수련생들이 자신의 행동에 극찬을 받았거나 혹평을 받은 경험이 없는 한 심리적 안정감을 갖게 된다.

수련생이 자신의 기능 발달을 경험하거나 기능 학습을 성공적으로 수행한 경험이 있고, 또한 수련생 자신이 학습 발달 정도를 체험한 경우 현행 과제에 도전감을 느끼게 되며, 자신도 할 수 있다는 자신감을 가지고 편안한 마음으로 학습에 임하게 된다.

또 지도자는 위험한 수련생활동에 항상 주의를 기울여야 한다. 수련생을 활동 자체가 흥미로울 경우 성인과 같이 신중한 행동을 하지 않는 속성이 있다. 지도자는 수련생 자신의 안전은 물론 다른 수련생의 안전을 위협하는 수련생행동을 인지할 필요가 있다. 위험한 행동은 즉시 중단시키고, 그 행동이 왜 위험한가를 구체적으로 알려 주어야 한다. 지도자가 수련생의 학습에 가장 밀접하게 접근하는 방법을 수련생들을 적극적으로 감독하는 일이다.

(3) 과제 제시

지도자가 개발해야 할 교수 기능의 중의 하나는 수련생들이 정확한 운동계획을 형성할 수 있도록 운동과제를 제시하고, 그것에 보다 적극적으로 참여할 수 있도록 동기를 부여하는 것이다. 특히 교수 효율성을 밝혀 온 일련의 연구들도 과제 제시 기능이 학습활동에 크게 영향을 미친다고 보고하고 있다.

지도자가 과제 제시를 분명하게 하지 않으면 수련생들은 자신에게 기대되는 행동이 무엇인지 정확하게 인식하지 못하게 되고 대부분의 시간을 오류의 수정에 소비하게 될 지도 모른다.

또한 운동 기능에 대한 학습일지라도 인지과정은 학습에서 중요한 역할을 한다. 수련생들은 그들이 학습할 내용을 분명히 이해하고 운동 수행의 정보를 정확한 운동계획으로 전환해야 한다. 따라서 과제의 전달에서 지도자의 임무는 학습자들이 가능한 정확한 운동계획을 형성할 수 있도록 도와주는 일이다.

과제에 내재된 내용의 특성에 관계없이 과제 제시는 항상 내용을 전달하는 교수행위로서 이해되어야 한다. 간혹 지도자들은 비슷한 반응을 요구하는 과제에 대해 수련생들이 사전경험이 있는 것으로 가정하고 지나치게 간단하게 제시하는 경우가 있다. 운동 과제의 제시와 관련하여 우선적으로 학습자의 주의집중이 되어야 한다.

① 효과적인 과제 제시에 대한 저해 요소

㉠ 소란하고 산만한 환경

수업환경이 시끄럽거나 산만하면 수련생들이 지도자의 과제 제시에 주의를 집중할 수 없다. 특히 소란이 수업 자체로부터 발생했다면 그 원인은 철저히 제거되어야 한다. 지도자가 주의를 집중시키기 위해 목소리를 높이는 일은 일시적 효과를 가져올 수 있을지 모르지만, 그 효과는 곧 상실된다. 그래서 지도자는 수련생들의 주의집중을 유도할 수 있는 신호를 사용할 수 잇으며, 수련생들은 약속된 신호에 주의를 집중할 때까지 연습하고 훈련되어야 한다.

특히 개방적인 공간에서 이루어지는 체육학습은 수련생들이 밀폐된 공간에서 갇혀 있다가 개방적인 공간으로의 이동이 이루어졌기 때문에 마음이 보다 더 흐트러지게 되는 것은 어쩌면 당연할지 모르지만, 수업을 진행시키기 위해서는 어떻게든 수련생들의 주의를 집중시켜야 한다.

그래서 지도자는 수련생들이 너무 산만할 경우는 주의가 집중될 때까지 수업진행을 중단하는 것이 좋다. 초보지도자들의 경우 수련생들의 반응을 읽지 못하고 그냥 소란한 상태에서 운동과제를 제시하는 것을 볼 수 있는데 이러한 것은 아무런 효과를 기대할 수 없다.

따라서 운동과제를 제시할 때는 반드시 수련생들의 주의가 집중된 가운데 제시되도록 해야 할 것이다.

ⓛ 다른 환경에의 몰두

초등생 저학년의 경우 한 자리에 모아 놓으면 수련생들은 자신이 가지고 있는 물건을 만지거나 옆 수련생과 장난을 치는 등 가만히 있지 않는다. 그렇다고 해서 지도자가 그러한 수련생들의 행동에만 집중하다보면 수업 분위기는 부정적으로 흐르게 되고 수업은 제대로 진행되지 않는다.

따라서 가장 중요한 사항만이라도 반드시 집중할 수 있도록 수련생들을 주의집중을 시키고 너무 심하게 장난치는 아동은 가능한 조용히 분리시키는 것이 필요하다.

ⓒ 비효율적 시간의 사용

수업 초기에 주의집중이 잘되던 수련생들도 시간이 지남에 따라 주의집중력이 흐트러진다. 이러한 원인 중의 하나는 지도자가 불필요하게 길게 설명한다든지, 한 번의 시범으로 이해시킬 수 있는 것을 장황하게 말로 설명한다든지 할 때 수련생들은 이해는 안되고 시간운영은 비효율적으로 흐르게 된다.

초등수련생들의 주의집중 시간은 매우 짧다. 따라서 효과적인 과제전달의 비결은 간결성이다. 수련생들은 체육시간에는 설명을 듣기보다는 실제로 운동하기를 원한다.

따라서 제시될 내용의 많을 경우는 나누어서 조금씩 자주 그리고 간단하게 설명하고, 활동과 활동 사이의 이동시간을 최소화해야 한다. 효과적인 과제 전달자는 한 번에 많은 내용을 장황하게 설명하지 않는다.

마찬가지로 초등생 고학년이라고 해서 저학년보다 주의집중 시간이 길다고 비효율적인 과제 전달방법이 합리화될 수는 없다. 만약 과제 전달에 수련생들이 흥미를 보이지 않는다면 이는 지도자를 무시하는 행위일 수도 있기 때문이다.

② 과제 제시방법

과제 전달의 두 번째 중요한 측면은 전달수단을 무엇으로 하느냐 이다. 지도자는 과제를 언어적으로 할 것이냐 아니면 시범이나 다른 시각자료를 이용하여 할 것인가를 결정해야 한다. 지도자는 학습자와 내용에 근거하여 최선의 전달방법이 무엇인가를 고민하고 결정하여야 한다.

㉠ 언어적 전달

수련생들이 어떤 스포츠 기능에 경험이 있고 기능설명에 필요한 언어에 익숙하다면 지도자의 언어적 설명이나 지시로 과제의 설명이 충분히 이루어진다. 그러나 만약 수련생들이 전혀 새로운 과제로 인식하게 되는 경우에는 수련생들은 지도자의 자세한 언어적 설명을 심상적으로 느끼지 못한다. 따라서 언어적 전달은 처음의 과제 전달에는 적합하지 못하고 어느 정도 익숙하게 될 때 전달하는 방법이다.

특히 지도자 자신은 충분히 수련생들에게 이해시켰다고 생각하는 착각에 빠질 수 있기 때문에 수련생들의 이해 정도를 반드시 확인하는 것이 필요하다. 또 모든 운동과제를 시범 없이 언어로서 설명하는 데는 한계가 있다는 것을 명심해야 한다.

㉡ 시 범

운동 과제의 시각적 전달은 대게 시범을 통해서 이루어진다. 특히 언어적 설명을 수반하는 시범은 수련생들에게 추가적인 학습단서를 제공한다. 체육수업에서의 시범은 다음과 같은 요인들을 고려하여 이루어져야 한다.

시범은 정확해야 한다.

수련생들은 자신이 관찰한 내용을 연습을 통해 재현하게 된다. 대부분의 수련생들은 지도자의 설명과 무관하게 주로 시범을 통해 학습정보를 얻게 된다. 그러므로 시범은 정확해야 한다. 또한 시범은 그 기능이 재현되는 속도도 정확해야 전체적인 맥락을 파악할 수 있다. 이러한 시범은 다양한 각도에서 이루어져 수련생들이 정확한 정보를 얻을 수 있도록 해야 한다.

수련생의 시범을 이용한다.

수련생들이 어느 정도의 정확한 시범을 보일 수 있다면 수련생의 시범을 이용하는 것이 더 효과적일 수 있다. 수련생들을 이용하면 지도자는 그들이 시범을 보이는 동안 운동 수행의 중요한 측면을 강조하여 설명할 수 있고, 어느 부분을 관찰해야 하는지를 지적할 수 있기 때문이다.

시범은 과제의 연습에 적절한 형태로 이루어져야 한다.

시범은 연습과 유사한 형태로 이루어져야 한다. 많은 지도자들은 과제의 연습조건을 시범에 포함시키지 않음으로써 수련생들에게 기대되는 학습내용을 정확하게 이해시키지 못하고 있다. 훌륭한 과제 제시는 시범을 통해 스포츠 기능뿐안 아니라 연습 형태까지 전달한다.

시범은 창조적인 표현, 문제해결, 표현활동에 대해서도 사용된다.

많은 지도자들은 창조적인 표현, 문제해결을 목표로 하는 과제를 제시할 때 시범의 사용을 주저하게 된다. 그것은 시범을 보임으로써 수련생의 자발적인 창의적 표현이나 문제해결을 막는다고 보기 때문이다. 사실 지도자가 어떤 과제에 대해 한 가지 반응을 시범 보인 다음 그것을 정확하게 재현하도록 하거나, 한 가지 해결방안에 관해서만 시범을 보인다면 수련생들의 자발성은 억제될 수 있다.

그러나 표현활동, 창조적인 반응 또는 문제해결을 요구하는 과제들 역시 지도자가 다양한 표현을 통해서 예들을 제시한다면 문제해결에 필요한 원리나 개념에 대한 의미를 시범을 통해서 전달할 수 있다.

시범은 기능의 핵심 측면을 강조해야 한다.

지도자가 수련생들에게 최대한의 시범효과를 보장하기 위해서는 그들의 관찰을 유도해야 한다. 기능이나 과제의 중요한 측면은 설명을 통해서 강조하고, 가능하다면 요점 동작은 정지시켜 표현한다든지, 또는 천천히 표현하여 시각적으로 강조해야 한다.

시범은 어떤 기능이 왜 그렇게 수행되어야 하는지 정보를 제공해야 한다.

수련생들은 어떤 기능이 왜 그렇게 수행되어야 하는지에 관한 정보를 제공받음으로써 그 기능을 잘 이해할 수 있고 잘 기억할 수 있다. 또한 그 원리에 대하여 이해함으로써 스스로 그 기능에 접근하려는 지도를 하고자 한다.

시범 후 학습자의 이해 여부를 확인해야 한다.

지도자는 수련생들에게 기능을 연습할 기회를 제공하기 전에 그들이 관찰한 내용을 이해하고 있는지를 확인해야 한다. 이것은 시범 후 수련생들에게 발문을 함으로써 가능하다. 특히 이때 발문은 각각의 동작에서 중요한 부분에 대한 것을 다시 한 번 강조하는 의미로도 확산시킬 수 있다.

㉢ 매 체

교실에서만 사용되는 것으로 알았던 시청각 매체가 체육관이나 운동장과 같은 체육의 장에서도 점점 활발히 이용되는 추세이다. 과제 전달을 위한 시각정보의 중요성을 고려할 때 전문매체의 생산은 체육 교수-학습에 큰 도움을 주고 있다. 이러한 전문매체의 장점은 필요한 경우 느린 동작으로 재생할 수 있다거나 또는 얼마든지 반복해서 재생할 수 있다는 점일 것이다.

그러나 이러한 매체를 사용하는 데 있어 학습자의 능력을 너무 능가하거나, 또는 그것에 미치지 못하는 경우에 매체의 교육적 가치는 상실되고 만다. 따라서 그러한 매체는 운동과제를 처음 제시할 때보다는 수련생들이 구체적인 정보를 이용할 수 있을 때 사용하는 것이 더욱 효과적이다.

상업적인 매체는 매체의 설치와 해체에 상당한 시간이 걸리기 때문에 학습시간을 낭비하지 않는 범위에서 그것의 사용이 고려되어야 한다. 그러기 위해서 지도자는 매체를 능숙하게 다룰 수 있어야 하고, 이의 설치와 해체는 수업시간 외에 이루어져야 한다.

따라서 학습매체의 사용은 운동학습에 물론 유익하지만, 학습자의 수준과 학습 내용에 맞는 매체의 선택은 신중히 고려해야 한다.

③ 명료한 과제 제시를 위한 지침

지도자의 과제 전달은 지도자가 의도하는 반응과 학습자의 실제반응이 일치할 때 정확하게 이루어졌다고 할 수 있다. 과제 제시의 명료성은 다음과 같은 지침을 이용함으로써 향상시킬 수 있다.

㉠ 학습자를 지향한 과제 제시

지도자들은 수련생들에게 그들이 무엇을 수행하게 될 것인지를 진지하게 알려 주어야 한다. 그렇게 함으로써 수련생들은 수업의 일부분을 전체와 관련하여 이해하게 된다.

㉡ 과제 전달을 논리적인 순서로 계열화한다.

수업내용의 논리적 정리는 과제 전달을 촉진하게 된다. 운동 기능의 교수에서는 실행순서에 따라 과제를 계열화하는 것이 일반적이지만, 반드시 실행순서에 따라야 한다는 원칙은 없다. 어느 특정 동작을 강조하기 위해서는 중요한 동작부터 제시하는 것도 있을 수 있다.

㉢ 예와 예가 아닌 것을 비교하여 제시하라

운동과 관련된 많은 개념들, 특히 운동의 질적인 측면은 예와 예가 아닌 것을 비교하여 제시할 때 더욱 쉽게 이해될 수 있다. 예를 들면, 부드러운 착지를 정확하게 이해하기 위해서는 강한 착지가 어떤 모습인지를 알 필요가 있다. 마찬가지로 이동운동을 이해하기 위해서는 비이동 운동이 어떤 것인지를 이해함으로써 이동운동이 더욱 명료해진다.

㉣ 학습자의 경험을 이용한다.

학습자나 지도자의 경험을 참고하는 것은 과제 전달에 도움이 된다. 수련생들에게 학습하려는 내용이 이미 학습한 기능과 어떻게 같거나 다르다는 것을 보여줌으로써 그들은 새로운 정보를 효과적으로 제창조할 수 있다.

ⓜ 이해하기 어려운 내용은 반복 설명한다.

대부분의 지도자들은 한 번 설명한 내용을 모든 수련생들이 잘 이해할 것이라고 생각하지만 사실은 그렇지 않다. 단순한 내용에 대한 반복 설명은 불필요하지만, 동일한 내용을 다른 방법으로 반복 설명할 때에 효과성은 증대된다.

ⓗ 학습자의 이해를 확인하기 위한 발문을 한다.

수련생들이 주어진 과제수행에 들어갔을 때 수련생들이 일단의 내용을 이해하지 못하다는 것을 알면 그때는 이미 늦다. 따라서 지도자는 과제수행에 들어가기 전에 운동과제에 대한 중요한 요점을 발문을 통해 이해여부를 확인해야 한다.

ⓢ 수업자료를 역동적으로 제시한다.

목소리의 활용, 비언어적 행동, 타이밍 등은 과제 전달의 효율성을 증대시킨다. 부드러운 목소리와 강한 목소리를 대비시킨다든지, 느린 과제 전달과 신속한 과제 전달을 대비시킨다든지 학습자의 주의를 집중시켜야 한다. 활기찬 수업 분위기는 지도자의 역동적인 수업활동에 달려 있다.

④ 과제 제시 점검표

효율적인 수업 운영을 위해서는 효과적인 과제 제시가 필요하다. 〈표 5-3〉과 같은 과제 제시 점검표의 예시를 통해서 수업에서의 과제 제시 상황을 점검하고 이에 대한 적절한 교정을 함으로써 효율적인 과제 제시 기술을 익힐 수 있을 것이다.

	자주	가끔	전혀
1. 모든 과제가 의미있고 교수 목표에 관련되어 있다.	( )	( )	( )
2. 기계적 연습이나 의미없는 과제를 피한다.	( )	( )	( )
3. 자신있고 긍정적으로 학급을 경영한다.	( )	( )	( )
4. 과제의 내용과 형식이 흥미롭다고 생각한다.	( )	( )	( )
5. 과제의 형식과 내용을 다양하게 한다.	( )	( )	( )
6. 개인차를 고려한 과제를 제시한다.	( )	( )	( )
7. 과제 수행에 어려움을 겪으면 적당한 변화를 준다.	( )	( )	( )
8. 수련생들이 과제 수행에 대한 설명을 듣고 즉시 관련과제를 수행한다.	( )	( )	( )
9. 과제수행에 필요한 시간을 고려하였다.	( )	( )	( )
10. 쉬운 것부터 어려운 순서로 과제를 제시한다.	( )	( )	( )
11. 과제 수행에 필요한 명확한 지침과 정확한 지시를 한다.	( )	( )	( )
12. 수련생들에게 과제에 적극적으로 참여할 수 있도록 격려한다.	( )	( )	( )
13. 수련생들에게 기대되는 수준을 일러 준다.	( )	( )	( )
14. 수련생들이 정해진 시간 안에 과제를 끝내도록 격려한다.	( )	( )	( )
15. 과제 수행에 다양한 학습자료를 활용하도록 격려한다.	( )	( )	( )
16. 과제 제시를 용이하게 하기 위해 다양한 자료를 사용했다.	( )	( )	( )
17. 지도자가 애매한 말이나 불분명한 표현을 하지 않았다.	( )	( )	( )
18. 지도자의 발음이 정확하고 적당한 목소리로 말하였다.	( )	( )	( )

〈표 5-3〉 과제 제시 점검표

(4) 강화와 칭찬

강화(reinforcement)란 어떤 반응의 결과에 따라서 어떤 자극이나 사태가 주어졌을 때 그것이 특정 반응의 수준에서 증가시키는 과정을 의미한다. 강화는 행동주의 심리학저들이 즐겨 사용하는 용어로 특정 자극에 따라 바람직한 행동이 발생하였을 경우 그 행동이 계속 이루어질 수 있도록 하는 것을 의미한다. 이 과정에서 특정 행동을 강화시키고 증가시키는 외적 자극이나 사상을 강화자(reinforcer)라고 한다.

강화자는 분류기준에 따라 매우 다양하게 나누어지는데, 예컨대 정적 강화자와 부적 강화자로 나누기도 하고, 1차적 강화자와 2차적 강화자로 나누기도 하며, 가시적 강화자 상징적 강화자 사회적 강화자 활동적 강화자로 나누기도 한다. 또한 연속적 강화자와 간헐적 강화자로 나눠기도 한다.

여기서 정적 강화자란 반응이 일어난 후 특정 자극이나 사태를 제시했을 때 학습이 증진되거나 바람직한 행동의 변화를 가져오게 하는 자극이나 사태를 의미한다. 이는 흔히 바람직하거나 만족스러운 결과를 주는 것으로 '보상'이라고도 한다. 부적 강화자란 어떤 반응이 일어난 후에 어떤 자극이나 사태를 제거했을 때 그 자극이나 사태로 인하여 그 반응의 빈도가 증가되는 요인을 의미한다. 예컨대, 주의가 산만한 수련생에게서 주의력을 분산시키는 자극물을 빼앗을 수 있다. 이로 인해 수련생의 학습참여도가 높아지는 한편 더 이상 주의가 산만하지 않게 된다. 이때 주의를 산만하게 하였던 자극물이 부적 강화자이다. 정적 강화자와 부적 강화자는 다같이 효과면에서 모든 학습에 유익한 영향을 주는 것들이다.

1차적 강화자란 수련생 행동에 즉각적이며 직접적인 영향을 주는 대상이나 사물을 의미한다. 예컨대, 수련생들이 좋아하는 물건이나 놀이기구 등을 말한다. 이들은 속성상 별도의 학습이 필요하지는 않다. 2차적 강화자란 학습을 통하여 강화가 이루어지는 것으로 언어, 상징적인 속성 혹은 사회적 속성을 띄는 자극이나 사태를 의미한다. 예컨대, 지도자의 칭찬, 관심, 인정, 온화한 태도, 그리고 학업 성취도를 말한다. 일반적으로 1차적 강화자는 2차적 강화자에 반응하지 못하는 수련생에게 적용되지만 때에 따라서는 이들이 동시에 적용되기도 한다. 대개 1차적 강화자 이후에 2차적 강화자가 적용된다.

가시적 강화자란 1차적 강화자를 의미하는 것으로 구체적인 물품 형태의 보상물을 의미한다. 상징적 강화자란 1차적 강화자나 혹은 또 다른 강화자와 바꿀 수 있는데 대체적 성격을 띠는 강화자를 의미한다. 예컨대, 상장, 성적 우수마크나 배지, 점수 등의 상징물이다. 상징적 강화자는 그 자체가 본질적 가치를 지니는 것은 아니다. 따라서 수련생이 그것을 가치로운 것으로 인식할 때만 강화자로서의 힘을 발휘한다.

사회적 강화자란 수련생 행동을 긍정적으로 변화시키는 사회적 행동을 말한다. 예컨대, 지도자의 인정, 수용, 칭찬 및 관심 등이 여기에 속한다. 위에서 보았던 2차적 강화자의 일부이다. 활동적 강화자란 수련생이 특정 과제를 수행했을 때 그에 따른 보상으로서 또 다른 활동을 허용하는 것을 말한다. 예Zjs대, 하나의 운동과제를 수행한 수련생에게 그가 원하는 다른 학습활동을 허락하는 것이다. 이때 또 다른 학습활동이 바로 활동적 강화자가 된다.

연속적 강화자란 원하던 행동이 일어날 때마다 강화를 주는 것이다. 이에 반하여 간헐적 강화자란 불규칙적으로 강화를 주거나 일부 행동에 대해서만 강화하는 것을 말한다. 일반적으로 수련생들이 새로운 학습과제를 학습할 때에는 연속적 강화가 효과적이지만 그 과제를 학습하고 난 후에는 간헐적 강화가 효과적인 것으로 알려져 있다.

① 효과적인 강화원리

효과적인 강화방법은 지도자와 수련생들의 특성에 따라 다양하게 논의될 수 있다. 다음에 제시되는 강화원리들은 비교적 보편성을 띠는 것들이다.

강화는 수련생이나 집단에 따라 달라야 한다.

강화물은 수련생들의 지적 사회적 성숙 수준에 적합한 것이어야 한다.

수련생들의 흥미에 적합한 강화물이 효과적이다.

상징적인 강화물을 사용하는 것이 좋다.

수련생들이 좋아하지 않는 학습활동에서는 수련생들이 좋아하는 강화물을 사용한다.

폭넓은 과제를 수행하거나 과중한 학습을 하는 동안에는 격려나 칭찬과 같은 광화물을 자주 준다.

정적 강화가 효과가 없으면 부적 강화를 사용한다.

강화 유형과 강도를 결정할 때 학습과제의 특성을 고려한다.

새로운 과제를 학습하는 초기 단계에서는 연속적인 강화를 한다.

학습이 충분히 이루어졌을 때는 간헐적인 강화방법을 사용한다.

② 강화시기와 방법

특별한 노력이나 주의가 요구되는 학습, 그리고 새로운 학습과제를 학습시킬 때에는 즉각적인 강화를 한다. 강화는 가능한 의도된 목표가 달성되었을 때 즉각 제공한다.

이롭지 못한 학습활동을 강화해서는 안된다. 지도자들은 무의식적으로 바람직하지 못한 학습활동을 강화시키는 경우가 있다.

작은 학습목표의 달성에도 강화한다. 이러한 과정을 통하여 보다 높고 큰 최종 목표를 달성시킬 수 있다.

수련생들에게 지나치게 비판적인 태도를 취하지 않는다. 바람직하지 못한 수련생 행동을 통제하기 위하여 지나치게 비판적인 것은 일시적 효과만 거둘 뿐이다. 장기적으로는 바람직하지 못한 행동이 감소하기보다는 오히려 증가하는 경우가 많다.

가급적 개인적 강화보다는 집단적 강화를 하는 것이 바람직하다. 교실에서 제공되는 강화는 개인적이라기 보다는 집단적일 때 동료들의 학습에 관한 압박감을 고조시켜 효과적일 수 있다. 따라서 학급 구성원들간의 경쟁보다는 협동적 노력이 보다 적극적인 학습태도와 보다 높은 학업 성취도를 나타낸다.

때로는 수련생들의 성취결과를 도표나 점수로 게시한다.

최적 수준을 넘는 강화는 오히려 역효과를 초래한다.

③ 칭찬기술

칭찬은 특정 행동을 강화하기 위한 보상의 일종이다. 때문에 칭찬은 전적으로 바람직한 행동을 하는 수련생에게만 제공되는 것으로 이해한다. 그러나 칭찬은 그렇지 않은 경우에도 제공된다. 예를 들면, 비사교적이거나 외톨이가 된 수련생에게는 격려나 학습활동을 촉진시키는 기능을 한다.

칭찬은 이를 받아들이는 수련생에 따라 그 양상이 달라진다. 어떤 수련생에게는 자극이 되지만 또 다른 수련생에게는 별 자극이 되지 못하는 경우도 있다. 칭찬은 횟수도 중요하지만 어떠한 성질일 것인가가 더욱 중요하다. 또한 칭찬은 지도자의 즉흥적인 판단보다는 일정한 계획갛에 제공하는 것이 바람직하다. 효과적인 칭찬지침을 보면 다음과 같다.

칭찬은 꾸밈없이 자연스럽게, 간단하고 직접적으로 해야 한다.

칭찬은 "그것이 참 잘 됐구나"와 같이 막연하게 하지 말고, 칭찬 받을 만한 일이 무엇인지 구체적으로 언급하며 칭찬한다.

칭찬은 늘 사용하는 말만을 사용하는 것이 아니라 되도록 칭찬하는 말의 표현을 바꿀수록 좋다.

칭찬은 단지 말로만 표현하는 것이 아니라 여러 가지 표정과 동작을 같이 사용하는 것이 보다 효과적이다.

일반적으로 칭찬은 개인적으로 하는 것이 효과적이다. 여러 사람 앞에서 하는 공공적인 칭찬은 종종 수련생들을 당황하게 하고, 다른 동료 수련생들과의 문제를 야기할 수 있다. 칭찬받는 이외의 수련생들이 죄인처럼 되어서는 안 된다.

칭찬은 이따금 하는 것이 효과적이다.

어려운 과제의 경우 이를 해결하기 위한 노력에 더 많은 칭찬을 한다.

(5) 발문

수련생들에 대한 지도자의 언어행위 중 가장 중요한 것 중의 하나가 발문이다. 발문은 문제의 해결이나 교수-학습방법의 핵심이며, 지도자중심 교육방법과 개별화된 교수방법에서 사용되어야 한다. 수업지도 방법 중 발문은 수련생과 지도자 그리고 교수내용을 연결해 주는 수단이다. 또한 수련생들의 주의를 특정 문제나 개념에 집중하게 하며 수련생들로 하여금 학습과제에 인지적 과정으로 참여하게 한다.

지도자가 수련생들에게 발문하는 목적은 매우 다양하다. 궁극적으로 수업목표를 달성하기 위한 것이지만, 그 상황에 따라서 갖는 의미는 다양하다.

알고 있지 못한 사항이 무엇인가를 파악하기 위하여
누군가가 무엇을 알고 있는가의 여부를 확인하기 위하여
사고 능력을 개발하기 위하여
학습동기를 유발시키기 위하여
훈련이나 연습을 위하여
학습자료의 조직과 설명을 돕기 위하여
중요한 점을 강조하기 위하여
인과관계와 같은 관련성을 증명하기 위하여
수련생의 흥미를 끌기 위하여
요약하기 위하여
사고과정을 나타내기 위하여
수련생들과의 부드러운 관계를 이루기 위하여
진단하고 평가하기 위하여
산만한 마음을 집중시키기 위하여
수련생의 사회적 행동을 통제할 목적으로

① 발문의 종류

㉠ 반성적 발문

옆차기를 할 때에는 어깨선에 시선을 어디에 두어야 하는가?

배구에서 경기중 네트를 조금만 살짝 건디리면 어떻게 되는가?

구기운동 중에서 가장 큰 공을 사용하는 경기는 무엇인가?

㉡ 집중적 발문(수렴적 발문)

대인방어와 지역방어는 어느 점이 비슷하고 어느 점이 다른가?

똑같은 길이의 배트를 가지고 보다 큰 타격을 줄려면 어떻게 해야 하는가?

㉢ 확산적 발문(분산적 발문)

네가 만약 이럴 때 감독이라면 어떤 작전을 사용하겠는가?

게임 종료 3분 전에 3점을 앞섰다면 너는 어떤 작전을 구사하겠는가?

㉣ 가치적 발문

게임종료 직전 시간을 벌기 위하여 상대편의 파울을 유도하는 불가피한 경우 너는 어떻게 하겠는가?

네가 상대편에게 심한 차징을 당했을 때 심판이 호각을 불지 않았다. 너는 어떻게 하겠는가?

② 효과적인 발문의 방법

수업 목표를 감안하여 낮은 수준과 높은 수준의 발문을 적절하게 구사한다.

발문이 수업 목표와 관련된 것인지 확인한다.

수련생의 지식이나 경험 및 능력에 정합한 발문을 한다.

한 번에 하나의 요점만을 발문한다.

발문의 용어는 직접적이고 명확하며, 수련생들에게 익숙한 어휘와 어법을 사용한다.

쉬운 것에서부터 어려운 것으로 차례로 발문한다.

구체적 목표에 따라 논리적 계열을 만들어 발문한다.

발문 전에 수련생을 호명하지 말고, 발문한 후 잠시 쉬었다가 특정 수련생을 지적한다.

지도자의 발문속도와 수련생의 답변을 기다리는 속도는 발문내용이나 난이도에 맞춘다.

만일 수련생의 답변이 부족하다면 그 응답을 확대시킨 다른 발문을 한다.

지도자는 수련생의 답변에 관대하고 수용적인 자세를 취하는 것이 좋다.

발문한 후에는 수련생들이 적절한 답변을 준비할 충분한 시간을 준다.

모든 수련생들이 다 같이 참여하도록 고르게 발문한다.

문답과정에서 언어적 기술이 서툰 수련생에게는 용기를 북돋우는 말이나 행동을 한다. 그러나 계속적인 격려에도 불구하고 수련생이 충분한 답변을 하지 못할 경우에 지도자는 수련생들이 더 이상 불안해하거나 당황하지 않도록 정답을 말하거나 다른 수련생을 지적한다.

수련생들이 발문을 잘못 이해하였을 때는 그들이 이해할 수 있도록 다시 발문한다.

발문태도는 언제나 신중하고 친절하여야 한다.

수련생의 답변이 부적절하거나 불완전하다면 지도자는 정답에 도움이 되는 추가적인 암시나 단서를 제공하며, 보충설명을 한다.

③ 수련생의 응답을 기다리는 시간

대부분의 지도자들은 자신의 발문에 대한 수련생의 답변을 즉시 요구하는 경향이 있다. 이러한 태도는 수련생의 즉흥적인 사고만 조장할 뿐 깊은 사고과정을 거치지 않게 한다.

수련생들에게 답변할 시간을 충분히 주는 것은 그들의 학습 효과를 높게 할 뿐만 아니라 참여도도 높여 준다. 수련생들에게 답변할 시간을 충분히 주는 것(대개 3~7초 정도)은 다음과 같은 효과를 가져온다고 한다.

발문에 알맞은 여유있는 답변을 얻을 수 있다.

적합하지 않는 답변의 수를 줄일 수 있다.

심층적인 사고를 증대시킨다.

지도자 중심 수업을 지양하고, 수련생간의 상호작용을 증대시킨다.

많은 수련생들에게 추론을 하도록 한다.

수련생의 발문이 늘어나게 한다.

학습이 부진한 수련생에게 도움을 준다.

수련생들의 다양한 상호작용이나 적극적인 참여 그리고 구조적인 행동이 증가된다.

④ 발문의 실제

㉠ 반문성 발문

품새를 할 때 시선은 정면 눈높이를 보았나요?

겨루기시 상대의 눈에 시선을 집중 하였니?

패스할 때 서 있지 않고, 움직였니?

드리블할 때 양손을 다 사용했니?

드리블할 때 손가락을 폈습니까?

슛을 할 때, 슈팅 시간이 짧았나요?

러닝 슛을 할 때, 한 손으로 공을 던졌나요?

볼을 잡을 때 공을 가슴으로 끌어주었나요?

오른손잡이 선수를 방어할 때는 어느 손을 사용하는가요?

점프슛할 때 점프를 하고 손을 움직였나요?

손목의 스냅을 이용하여 슛을 했니?

드리블을 할 때 두발이 모두 땅에서 떨어지지 않았니?

자유투를 할 때 프리드로우 선을 밟지 않았나요?

슛을 할 때 스텝이 엉키지 않고 바르게 되었니?

패스할 때 발을 앞으로 내밀었니?

슛을 할 때 손가락 끝을 이용했니?

패스의 세기를 잘 조절했니?

패스는 정확하게 했니?

드리블할 때 몸을 낮게 낮추었나요?

점프슛을 할 때 팔꿈치를 펴 주었나요?

슈팅할 때, 팔을 쭉 펴 주었나요?

볼을 잡을 때 시선은 공을 보았나요?

수비지역에 몇초간 머무를 수 있나요?

드리블할 때 공을 보았나요?

패스할 때 양쪽 손을 똑같이 사용했나요?

드리블을 할 때 손바닥이 볼에 닿았니?

슛을 할 때 무릎을 굽혔다 폈나요?

받을 사람의 위치를 정확히 보고 패스했나요?

패스할 때 같은 편의 위치를 정확히 보았니?

농구경기를 해본 경험이 있니?

텔레비전에서 농구경기를 보았니?

ⓛ 관련성 발문

대인방어와 지역방어의 차이점은 무엇이니?

패스할 때, 상대팀을 피하려면 어떻게 해야 하니?

여러 선수들 틈에서 리바운드를 한다면 어떻게 해야 할까?

1:1 방어할 때, 움직임이 느린 공격자는 어떻게 방어하니?

공격자가 드리블을 해오면, 어떻게 방어해야 하니?

1:1 방어를 하다가 공격자를 놓치면 어떻게 해야 할까?

키 작은 선수가 방어하고 있을 때는 어떤 패스를 해야 하니?

달리면서 공을 받았을 때는 어떤 슛을 해야 할까요?

상대편이 가로막고 있다면 어떤 패스를 해야 할까요?

나보다 키 큰 선수가 뒤차기를 시도하면 어떻게 해야 하니?

옆차기와 뒤차기의 차이는 무엇이니?

볼을 갖고 있지 않은 공격자의 방어는 어떻게 해야 할까요?

1:1 방어를 할 때 스피드가 뛰어난 선수는 어떻게 방어하니?

상대편의 방어 형태가 이루어지기 전에는 어떤 공격을 하니?

볼 가진 공격자가 패스한 후에는 어떻게 방어해야 할까요?

자유투와 일반슛의 다른점은 무엇일까요?

상대 선수가 밀착 방어를 시도한다면 어떻게 해야 하니?

바운드할 때 공이 먼 곳으로 떨어지면 어떻게 해야 할까요?

슛을 쏘았을 때 리바운드를 하기 위해서 어떤 자세를 취하니?

체스트패스와 바운드패스의 차이점은 무엇이라고 생각하니?

ⓒ 다양한 발문

상대방 선수가 당신보다 키가 크다면 어떻게 패스해야 할까요?

키가 큰 상대방 선수들 틈에서 리바운드를 해야 한다면 어떻게 해야 할까요?

키가 아주 작은 공격자가 드리블을 하고 있을 때는 어떻게 방어해야 할까요?

상대 공격측에 신장이나 기량이 월등히 뛰어난 선수가 있다면 어떻게 방어해야 할까요?

우리팀에 동작이 민첩하고 체력이 우수한 방어자가 2명 있다면 어떻게 공격해야 할까요?

상대방이 적극적인 맨투맨으로 방어할 때는 어떻게 패스해야 할까요?

드리블이 끝났는데 2명 이상의 방어자가 둘러싸면 어떻게 해야 할까요?

팀 중에서 뛰어난 장신자가 없고 팀 전원의 신장과 기능이 비슷한 팀에서는 어떻게 공격해야 할까요?

리바운드의 시간적 여유가 없거나 밀집 상태에서는 어떻게 슈팅해야 할까요?

상대방 공격자가 기량이나 신장은 뛰어나지만 체력이 약하다면 어떻게 방어해야 할까요?

단신이면서 동작이 민첩한 공격자는 어떻게 방어해야 할까요?

프리 드로우 레인 근처에서 장신자에게 블로킹당하지 않으려면 어떻게 슈팅해야 할까요?

상대를 마크하고 있는 상태에서 수비 리바운드를 잡았을 때, 어떻게 해야 할까요?

센터는 게임시 수비를 혼란시키기 위해 어떻게 해야 할까요?

1:1 상황에서 방어자가 떨어져 있다면 어떻게 공격해야 할까요?

나와 동료 사이를 키 큰 선수가 가로막고 있다면 어떤 패스를 해야 할까요?

나보다 키 큰 선수가 가로채기를 시도하면 어떻게 해야 할까요?

상대 선수에 둘러싸여 있을 때 주위에 패스할 동료 선수가 없다면 어떻게 해야 할까요?

드리블을 하고 있을 때 상대편이 바짝 붙어서 방어한다면 어떻게 해야 할까요?

리바운드할 때 기술이 비슷하고, 신장이 큰 상대 선수가 있을 때 어떻게 해야 할까요?

㉣ 가치판단에 관한 발문

상대방 선수에게 가로채기 당했을 때, 기분은 어떠했나요?

상대방 선수가 심판이 안보는 틈을 타서 고의적인 반칙을 한다면 어떻게 어떻게 하겠습니까?

자기 팀이 지고 있는데, 5반칙 퇴장을 해야 한다면 기분이 어떻겠습니까?

자기 팀이 지고 있는 상황에서 경기 종료와 함께 동점을 만들었을 때의 기분은 어떠했습니까?

30초 공격시간이 다 되어 가는데, 슛 찬스가 보이지 않으면 어떻게 하겠습니까?

파울이 분명한데 주심이 호각을 불지 않으면 어떻게 하겠습니까?

경기중 상대편 선수가 계속 몸싸움을 걸어 오면 어떻게 하겠습니까?

상대에게 둘러싸여 있어서 공을 패스할 수 없는 상황에 놓이면 어떻게 하겠습니까?

이기기 위해서 시간을 끌거나 고의로 반칙을 하는 것에 대하여 어떻게 생각합니까?

개인적으로 점수를 많이 올리는 것과 팀의 승리 중에 어떤 것을 택하겠습니까?

ⓜ 발문 점검표

발문을 한 후에는 다음과 같은 발문 점검표의 예시를 통해서 수업중에 자기가 한 발문에 대하여 점검을 해보고, 어떤 발문을 하는 것이 효과적인가에 대해 생각해 본다. 발문 연습을 한 후 또 다시 피드백을 통하여 발문하는 연습을 충분히 함으로써 효율적인 발문기술을 익힐 수 있을 것이다.

	자주	가끔	전혀
1. 다양한 수준의 교과내용이 포함된 다양한 발문을 했다.	( )	( )	( )
2. 발문이 교수목표와 관련되어 있다.	( )	( )	( )
3. 수련생들이 대부분 맞게 답할 수 있는 발문을 했다.	( )	( )	( )
4. 발문에 사용된 단어들은 직접적이고 분명하고, 수련생들에게 잘 알려진 어휘를 사용했다.	( )	( )	( )
5. 수련생들의 지식, 경험, 능력에 적합한 질문을 했다.	( )	( )	( )
6. 한 번에 하나의 주요내용이 포함된 간단한 발문을 했다.	( )	( )	( )
7. 수련생들의 능력 범위에 어울리는 다양한 난이도의 발문을 했다.	( )	( )	( )
8. 한 번에 한 발문만 했다.	( )	( )	( )
9. 쉬운 발문에서 어려운 발문의 순서로 했다.	( )	( )	( )
10. 교수목표를 성취시킬 수 있는 적절한 순서로 했다.	( )	( )	( )
11. 논리적인 순서로 발문했다.	( )	( )	( )
12. 수련생들이 적절한 답을 구상해 낼 수 있도록 발문한 후에 적당한 시간을 주었다.	( )	( )	( )
13. 학습활동의 목적, 교과내용의 난이도에 적합하도록 발문속도와 기다리는 시간을 조정했다.	( )	( )	( )
14. 발문을 하고 수련생이 대답을 하기 전에 잠시 기다렸다.	( )	( )	( )
15. 학급의 모든 수련생들에게 고루 발문을 했다.	( )	( )	( )
16. 발문이나 수련생의 대답을 반복하여 말하지 않았다.	( )	( )	( )
17. 편안하고 위협적이지 않은 발문을 했다.	( )	( )	( )
18. 발문시간에 적극적이었다.	( )	( )	( )
19. 질의-응답시간에 표현력이 부족한 수련생들을 격려해 주었다.	( )	( )	( )
20. 수련생이 발문의 답을 잘 모르는 경우라도 지적인 추측을 해보도록 수련생을 격려해 주었다.	( )	( )	( )
21. 일상적인 대답이 아닌 새로운 어떤 대답도 기꺼이 수용했다.	( )	( )	( )
22. 수련생의 대답을 듣고 그가 잘못 이해하고 있다는 것을 알게 된 후, 쉬운 말로 다시 발문을 했다.	( )	( )	( )
23. 수련생의 대답이 부적절하고 불완전했을 때, 도움이 되는 정보를 제공해 주었다.	( )	( )	( )

5) 학습정착

정착 단계에서는 전개 단계에서 학습한 내용을 정리하고 연습을 통하여 학습자의 지적 체계 속에 통합 내면화하여 새로운 사태에 적용하고 일반화할 수 있도록 지도하는 단계이다.

(1) 연 습

운동 기능을 향상시키는 데에는 많은 요소들이 복합적으로 작용되기 마련이지만, 그 중에서도 특히 연습의 방법은 그 어느 요소보다도 결정적이다. 연습을 않고서는 운동 기능의 진보는 기대할 수 없지만, 그렇다고 해서 연습의 양에 비례하여 운동 기능이 반드시 향상되는 것은 아니다.

운동 기능은 어느 지도자가 가르쳤냐에 따라 달라지기도 하지만, 동일한 지도자가 같은 수련생을 대상으로 하여 가르친다 하더라도 어떤 종류의 연습방법을 선택하느냐에 따라서 그 효과는 얼마든지 달라질 수 있기 때문이다. 이처럼 운동 기능을 어떤 방법으로 가르치고, 또 배우느냐 하는 문제는 연습의 효율성을 극대화시키는 데 직결된다.

물론 어떤 운동 기능에 어떤 연습방법이 가장 효과적인가에 대한 대답을 한 마디로 단정하기는 어렵다. 왜냐하면 지도자가 수련생을 위해 구체적으로 연습계획을 수립하고자 할 때에는 고려할 사항이 한두 가지가 아니기 때문이다. 그렇기는 하지만 유능한 지도자가 되려는 사람은 연습과 관련된 지식과 내용을 충분히 이해하고 있어야 한다.

① 기능 향상의 의미

일반적으로 연습을 통하여 기능이 높아졌다는 것은 신경과 근육의 협응 능력이 높아졌다는 것을 의미하기도 하고, 더 빠르게, 더 높이, 더 강하게 되는 것 또는 더 다양한 운동 능력의 구사 등을 의미하기도 하지만, Schmidt의 도식 이론의 관점에서는 운동 기능의 반복 연습으로 인하여 그 기능이나 과제의 수행에 필요한 하나의 공식, 즉 도식의 형성된 것을 의미한다. 좀 더 쉽게 말하면, 힘을 x만큼 발휘하면 공은 y만큼 날아간다는 식의 공식을 연습을 통하여 터득한다는 것이다.

일반적으로 운동 기능은 그 과제를 겨우 해낼 수 있었던 단계에서 그치지 않고 더 한층 반복해서 연습 또는 사용하는 것이 일반적이다. 이와 같이 일단 해낼 수 있게 되었는데도 계속 연습을 할 경우 이를 과잉 학습(over learning)이라고 하며, 이것이 기능의 고정화 자동화를 유도 한다. 이 단계에 이르면 연습을 중단해도 몸에 배인 행동양식이나 기능 수준은 좀처럼 소실되지 않는다. 예를 들어, 자전거 타기 기능은 다른 이유로 해서 오랫동안 사용하지 않아도 조금 해보면 원래의 수준으로 되돌아가는 것은 좋은 예이다.

또 연습종료시의 학습 수준이 불충분했을 때 도중 어느 기간을 두고 다시 시도해 보면 연습을 계속하고 있었을 때보다 오히려 성적이 상승하는 일이 있는데 이 현상을 자발적 회복(reminiscence)라고 한다.

예를 들어, 수련생들이 합숙 등의 집중적인 훈련 기간보다도 오히려 합숙훈련이 끝나고 휴식을 취한 후에 합숙중의 과제였던 새로운 기능이나 전술을 보다 능숙하게 실행하는 것들을 자주 경험할 수 있는데, 이러한 이유는 일정 기간의 휴식에 의해 피로로부터 회복이 영향을 미쳤다고 해석하기도 하고, 방해적인 요인이 소실되며 기억흔적이 안정되어서 그렇다는 해석도 있지만 보편적인 설득력은 갖고 있지 않다. 이러한 현상들은 성인보다는 발달 단계상의 수용 능력이 있는 청년기에서, 연습자의 능력에 비해서 과제가 약간 어려운 과제에서, 그리고 연습방법으로서는 집중법이나 전습법을 이용할 때에 잘 나타난다고 보고하고 있다.

또 기능 향상에 대한 의미를 기능인자 구조의 변화라고 보기도 한다.

Fleishman과 Hempel에 의하면, 연습을 계속함에 따라 공간의 인지판단이나 시각화 능력 같은 요인은 점차 감소하는 반면, 손발 및 동작속도에 대한 중요성이 증가하고 있다고 본다. 그리고 초기에는 시각적인 정보원에 근거하여 정보를 처리하다 보니 고도의 정신적 능력은 사용할 여력이 없지만 운동 기능이 어느 정도 자동화되어지면 신체상의 능력을 발휘하는 데는 부담이 덜어져서 오히려 고도의 정신적 기능을 활용하여 간과하고 있던 단서를 발견하거나 다양한 행동의 가능성을 개발하여 고도의 기능 수준에 도달할 수 있다고 본다.

② 전습법과 분습법

여러 요소를 내포하고 있는 운동 기능이나 과제를 지도자가 가르치고자 할 때 그것들을 하나의 단위로 묶어서 연습시킬 것인가, 아니면 그 요소들을 하나하나 또는 몇 개의 묶음으로 나누어서 연습을 시킬 것인가를 지도자는 결정해야 한다. 이와 같이 가르칠 전체의 과제를 하나의 단위로 묶어서 연습시킬 경우를 전습법(whole method)이라 하고, 몇 개의 단위로 나누어서 가르치는 방법을 분습법(part method)이라 한다.

어느 하나의 운동 기능을 가르치고자 할 때 어느 방법이 그 기능에 더 효과적인가를 한마디로 단정짓기란 불가능하다. 왜냐하면 앞에서 이야기한 바와 같이 어떤 운동 기능을 가르치기에는 고려해야 할 사항이 너무나 많기 때문이다. 다만, 전습법과 분습법에 대한 많은 연구자들의 연구 결과를 종합하여 말할 뿐이다.

연습자의 능력이 우수할수록 전습법이 유리하다고 하고, 전습법에 의한 연습의 동기 유발은 분습법에 의한 동기 유발보다 시간과 노력이 더 필요하며, 연습의 초기에는 분습법이 유리하나 연습이 진행될수록 전습법이 더 유리하다고 기술하고 있다.

학습자가 연장자일수록 또는 지능이 우수할수록 전습법이 유리하고, 전습법은 많은 시간과 노력이 없이는 학습 효과를 나타낼 수 없기 때문에 학습자가 실망하거나 시간의 낭비를 느끼기 쉽지만, 분습법에서는 짧은 과제를 학습하기 때문에 빨리 성공감을 맛볼 수 있어서 그 만족감으로 하여금 학습 효과를 올리기 쉽다고 한다. 그리고 집중법일 때는 분습법이 유리하나 분산법일 때는 전습법이 유리하고, 학습과제에 따라 그것이 길고 곤란한 경우에는 분습법이 효과적이라고 말한다.

전습법이나 분습법을 선택하기 위해서는 과제의 조직성과 복잡성을 고려해야 한다고 한다. 예를 들어, 가르치고자 하는 기능이 복잡성은 높으나 조직성이 낮으면 분습법을 선택하여야 하고, 반대로 복잡성이 낮고 조직성이 높을 경우에는 전습법이 효과적이라고 본다. 또한 어느 부분들을 분리시키고 또 다른 부분들은 결합시켜서 가르칠 것인가를 결정하기위해서는 상호 의존성이 높은 기능들은 하나의 단위로 묶어서 연습시키고, 비교적 독립적인 기능들은 분습법으로 훈련시키는 것이 효과적이라고 본다.

분습법도 결국에는 전습법으로 정리되어야 한다는 점을 상기할 때 학습 초기에는 분습법으로, 학습 후기에는 전습법으로 하는 것이 일반적일 것이며, 지도자가 학습의 목표를 놀이나 게임에 둔다면 전습법이 유리할 것이고, 정확한 운동 기능을 강조할 때에는 분습법으로 이끌어 갈 것이다. 그리고 어쩌면 전습 분습을 나누는 것 자체가 무의미할 수 있으며, 체육수업 자체에는 이 모든 방법을 개개인에 따라, 또는 학습 과제에 따라 지도자가 적절히 운영하는 것이 더 중요한 일일 것이다.

③ 집중법과 분산법

수련생들에게 특정의 운동 기능을 가르치고자 할 때 연습하는 일수와 휴식시간의 길이를 어떻게 배분하느냐 하는 문제도 운동 수행의 효과를 높이는 데 중요한 하나의 변인이 된다. 이 시간의 배분과 관계되는 연습의 전략은 집중법(massed method)과 분산법(distributed method)으로 분류된다.

집중법의 연습은 분산법에 비해 연습일수가 적은 방법이며 따라서 한 차례의 연습시간이 상대적으로 길어지며 그 만큼 한 번의 운동 수행량이 많은 연습법이다. 반대로 분산법은 같은 양의 연습시간을 보다 많은 기간 또는 연습일로 분산시켜서 각 연습시간이 짧아지며 따라서 연습기간이 집중법보다 길어지는 연습법이다. 그러나 연습일수와 연습시간에 장단은 이률적으로 제시할 수는 없다.

집중법을 '어떤 중간의 휴지도 없는 연습'으로, 분산법은 '연습기간을 휴식 간격으로 또는 다른 기능의 학습시간에 의해서 나누어지는 연습'이라고 정의하기도 하고, 집중법을 '한 차례의 시행에서 연습시간의 양이 시행간의 휴식시간의 양보다 큰 연습'으로, 분산법을 '시행 사이의 휴식량이 시행에서의 시간량과 같거나 그것을 초과하는 상황'이라고 정의하기도 하였다. 그러나 이것에 대한 구분은 상대적이기 때문에 명확하게 구분하는 것은 무의미하다.

그러면 과연 어느 쪽이 더 효과적인가 하는 논의가 운동지도 면에서 제기되고 있는데, 일반적으로 분산법이 효과적이라고 인정되어 있으나 조건에 따라서는 분산효과가 인정되지 않거나 집중법이 오히려 더 효과적이라는 결과도 있어 일관성있는 결과는 나타나지 않고 있다.

다만 분산법은 과제가 곤란하더든지, 신체적인 피로가 남는 과제처럼 계속 지속할 경우 흥미를 지속하기 어려운 과제일 때 유효하고, 만약 수행자가 과제에 대한 동기 유발이 높을 때에는 집중연습이 효과적인 것으로 알려져 있다. 그리고 집중연습에서는 망각의 기회를 가질 수 없기에 잘못된 기능을 고착화할 우려가 있으며, 분산연습에서는 긴 휴식으로 인하여 연습기능의 보지효과를 잃어 다음의 시행을 새로운 것으로 만들 위험성이 있다고 지적한다.

일반적으로는 초보이거나 기능 수준이 낮은 단계에서는 분산법에 의해 많은 휴식을 주는 것이 좋으며, 기능이 고도화되어 숙련을 요구하는 단계에서는 집중법에 의한 정리된 기능을 연습하는 것이 효과적이라고 인정되어 있다.

④ 신체의 연습과 정신의 연습

운동 기능의 효과적인 학습방법을 연구하기 위하여 그것을 습득하는 방법을 신체적 연습(physical pratice)과 심리적 연습(mental pratice)으로 분류하는 경우가 있다. 운동 기능의 학습이 아니라 인지활동이 위주가 되는 다른 분야의 학습법에서는 이 같은 분류가 필요치 않겠지만, 신체의 활동을 매개로 한다는 특수성 때문에 이 같은 분류를 한다.

㉠ 신체적 연습

지금까지 대부분의 내용들이 신체적 연습을 중심으로 기술된 것을 감안할 때 더 이상 진술하지는 않지만 유념해야 할 문제가 있다.

첫째는 운동 기능에 대한 과학습(over learning), 과훈련(over training), 과연습(over practice)의 효과에 대한 문제이다. 일반적으로 과학습이란 '어떤 수행의 기준을 달성하는 데 필요한 연습의 양을 초과하는 연습시간의 소비'로 정의된다. 여기서 이 과분의 연습이 운동 기능의 학습에 도움이 주는가 또는 만약 된다면 그 과분의 연습량이 많은수록 거기에 비례하여 수행의 효과가 나타나는가 하는 점이다.

과연습을 시도하는 이유로 배우는 운동 기능의 운동 프로그램과 반응도식을 강화시켜서 필요하는 경우에 그것이 좀더 활동하는 데 도움이 되게끔 하는 데 있다고 주장하기도

하고, 과학습의 연습전략은 망각의 양을 감소시키는 효과적인 수단이다라고 주장하기도 한다.

그러면 과연 여분의 연습량이 많은수록 운동 기능의 학습은 효과적인가, 아니면 이 과연습의 양은 어느 수준을 초과해서는 더 이상 효과가 없는가?

동적 평행 기능을 과제로 하여 피험자들로 하여금 기준 수행에 대비하여 0, 50, 100, 200%의 초과 수행을 시행하도록 한 다음 1주 또는 1개월 후에 파지검사를 실시하였는데, 50% 이상의 추가연습집단이나 100 또는 200% 추가 연습집단의 수행 결과와 비슷한 결과가 나타나 추가의 연습은 파지 수행의 향상에 비례하지 않는다는 결론을 내렸다. 마찬가지로 50%의 추가연습이 적정 수준이라고 고정시키는 것 또한 불가능하다. 따라서 초과의 연습량은 다다익선이 아니라는 연구 결과는 지도자나 운동지도자들이 유념해 볼 사항이다.

둘째로 신체적 연습에서 제기되는 또 다른 문제는 피로가 운동 기능의 학습에 어떤 영향을 미치는가 하는 문제이다. 여대생을 대상으로 하여 피로집단과 비피로집단으로 조직하여 핸들 돌리기를 하고 나무쟁애물 쓰러뜨리기 과제를 실시하기로 하였다. 모든 피험자들은 3일 후에 피로하지 않은 상태에서 이 시그마 과제를 10회 수행토록 하였는데 그 결과, 피로집단은 첫째 날에는 비 피로집단에 비하여 과제의 수행이 좀 느리기는 하였지만, 둘째 날의 피로하지 않은 상태에서 실시한 전이검사에서는 두 집단 사이에 아무런 차이도 발견하지 못했다고 보고하고 있다. 따라서 피로 상태에서의 연습은 학습을 손상시키지 않는다고 결론내렸다.

이와 반대로 남자들을 대상으로 하여 평형과제인 사다리 오르기를 과제로 하여 피로집단과 비피로집단으로 나누어서 실시하였는바, 신체적으로 피로한 집단을 4일 동안의 연습에서 정상집단보다 수행 결과가 떨어진 사실에 근거하여 피로는 운동 기능의 수행 및 학습에 영향을 미치는 변인을 주장하였다.

이렇게 두 실험 결과가 상반되게 나타나는 것처럼 피로는 운동 기능의 학습을 관련지어 그 효율성을 논할 때 현재로서는 일선 지도자의 경험이나 직관에 의존할 수밖에 없다고 보아야 할 것이다.

㉡ 심리적 연습

운동학습이 신체의 활동을 수단으로 하는 연습이기 때문에 신체적 연습에 대한 가치에 대해서는 재론의 여지가 없다.

심리적 연습은 인지적 또는 심리적 시연(mental reheasal)을 의미하며, 한 개인이 실제로 수행하는 기능인 기능의 일부를 심상화시키는 연습을 가리킨다. 운동학습이 신체의 활동을 수단으로 하기 때문에 이러한 심리적 연습은 상대적으로 관심 밖으로 밀려나 그 효용성을 무시당하기는 하지만 운동학습에 일정 부분 도움을 줄 것이라는 가설에 많은 학자들은 긍정적이다.

심리적 연습은 내적 심상(internal image)과 외적 심상(external image)의 두 형태로 분류되는데, 전자는 개인이 실제의 상황에서 기대할 수 있는 장면에 심상을 근접시키는 것을 의미하고, 후자는 영화나 비디오를 이용하여 자신의 운동 수행을 살펴보는 것처럼 개인이 객관적인 입장에서 스스로를 관찰하는 심상이다.

이와 같은 형태의 심리적 연습이 효과적인 이유는 근육신경학적인 이유에서 또는 인지적인 이유로 설명한다. 피험자들에게 어떤 동작을 상상하라고 했을 때 그 동작과 관련되는 근육에서 전기활동이 발생할 뿐만 아니라 뇌파나 피부의 전기반응에도 변화가 일어난다는 사실이 밝혀졌다.

인지적 설명으로 인지적 요소가 많은 특정 기능의 학습은 운동적 요소가 많은 기능에 비하여 심리적 연습의 효과가 더 강할 것이라는 추리를 하고, 이를 미로에서 철필을 이동시킬 때 두 손의 협응성의 습득과 정을 비교 분석하였는바, 심리적 연습은 인지적 요구가 많은 과제에 도움이 더 된다는 사실을 보고하고 있다.

심리적 연습을 성공적으로 수행하기 위해서는 다음과 같은 사항을 유념해야 한다.

심리적 연습은 가능한 실제로 수행이 이루어지는 공간에서 실시하는 것이 좋다.

심리적 연습은 운동장면을 별개로 연습하는 것이 아니라 전체적으로 통합된 형태로 연습해야 한다.

반드시 운동을 성공적으로 수행하는 장면을 상상하여야 한다.

실제 수행을 하기 전에 최소한 1번 이상은 해야 한다.

어떤 기능의 흐름이나 속도는 실제와 같은 속도로 상상하여야 한다.

실제로 수행하는 것처럼 느낄 수 있도록 집중적으로 상상하여야 한다.

이러한 심리적 연습을 체육교육의 현장에서 활용하고자 할 때는 학급규모가 너무 큰 다인수 학급이거나, 시설이 불충분하여 수련생들이 충분한 이용이 불가능할 때이거나, 기능이 너무 어려워 전체적인 협응이 불가능할 경우나, 또는 수행을 위하여 차례를 기다릴 때, 부상중이거나 슬럼프에 빠진 수행자들에게는 신체적 연습에 적용하는 속도를 높여주는 효과가 있어 연습하면 효율적이다. 특히 선수들에게는 매일 반복되는 단조로운 신체훈련에 따른 심리적인 권태감과 싫증에서 벗어나 자신의 심리적 능력(집중력, 자신감, 불안)을 높여 주는 측면에서도 활용이 가능하다.

이렇듯 심리적 연습이 현장의 체육관체육에 필요한 부분이 있음에도 불구하고 소홀히 되는 이유는 지도자나 지도자들이 심리적 연습에 대한 이해가 부족하거나 우수한 운동 능력을 가진 사람은 심리적인 측면에서도 타고나기 때문에 심리적으로 연습한다고 해도 개선되지는 않는다는 생각, 실제로 이러한 연습을 할 시간이 없는 현실, 심리적 연습은 문제가 있는 수행자나 엘리트 수행자에게만 필요한 것이라는 잘못된 생각 등을 들 수 있겠다.

일반적으로 이루어지는 심리적 연습에는 심상훈련, 이완훈련, 주의집중 훈련, 자신감 훈련 등이 있다.

(2) 피드백

피드백(feedback)이 운동학습에 있어서 매우 중요한 역할을 한다는 것은 넌ㄹ리 인정된 사실이다. 그러면 이러한 피드백의 통제는 어떻게 이루어져야 하는가? 피드백을 통제하는 데 따른 문제는 피드백과 정밀성과의 문제, 내용의 문제, 내용 제공의 문제, 과잉 정보의 문제, 제공방법의 문제 등을 들 수 있겠다.

① 피드백의 종류

㉠ 비언어적 피드백

비언어적인 피드백을 잘 이용하면 언어적인 피드백보다 더 효율적으로 수련생들의 관심과 동기를 불러일으키고, 활기찬 수업을 만들 수 있다.

수련생의 학습활동에 대해 지도자가 웃음, 고개를 끄덕임, 박수, 머리를 쓰다듬거나 등을 다독거려 주는 일 등의 긍정적인 신체적 반응으로 의사를 나타내는 것을 말한다.

〈비언어적인 피드백의 예〉

미소(인정하는 얼굴 표정)

OK 사인

머리 끄덕이기

등 두드리기

악수해 주기

손 잡아주기

윙크

V자 손가락

머리 쓰다듬어 주기 등

특히 이러한 비언어적인 피드백은 수업이 끝난 후에도 지도자와 수련생간의 인격적인 교감이 계속 오가게 되고, 긍정적인 자아상을 확립하는데 좋은 영향을 줄 수 있다.

㉡ 언어적 피드백

일상적 피드백

수련생의 학습활동에 대하여 "훌륭한 동작이다.", "매우 잘 한다.", "재미있는 움직임이구나!", "뛰어난 동작이야!"등의 긍정적인 의사로서 자극하는 것을 말한다.

특정한 정보를 주는 피드백

수업 도중에 학습활동을 고무시키기 위해서 운동행동의 정보를 주면서 언어적 강화를 주는 것으로, "야! 멀리 뛰는구나!", "무릎이 많이 굽혀지고 있어", "훌륭한 슛이야!", "팔을 많이 벌렸어", "멋있는 동작이구나!", "몸통을 잘 비틀었어"등의 정보를 주어 수련생이 자율적이고 지속적으로 학습활동을 하도록 유도하는 방법이다.

가치 판단을 포함한 피드백

학습에 대한 올바른 문제해결 전략을 찾아 운동 기능이 정착되도록 하는데 도움이 되는 수업전략으로서 "훌륭한 자세야! 좀 더 발 안쪽으로 차면 더 좋은 자세가 될 거야.", "굉장한 스피드야! 손목에 좀 더 힘을 넣고 상완에 힘이 빠지면 더 빠른 지르기가 될 거야"등으로 언어적 강화에 특정 정보를 포함시키고 끝으로 학습활동을 판단 고정하여 유도하는 방법이다.

ⓒ 일반적 피드백과 구체적 피드백

운동학습에서 일반적 피드백과 구체적 피드백의 사용에 대한 것은 이론적으로 구체적인 정보가 학습자에게 더욱 가치가 있으며, 이러한 주장은 관련 연구를 통해서 지지를 받고 있다. 그래서 대부분의 지도자들은 구체적인 피드백을 사용하도록 훈련받고 있고, 이를 실천하고 있다. 그렇지만 이러한 구체적인 피드백을 사용해야 하는 학습자들은 어느 정도 운동 수행의 결과가 일관성있게 반응을 하는 수련생이어야 한다. 만약 동일한 반응을 일관성있게 반응하지 못한다면 지도자의 구체적인 피드백은 큰 의미가 없다. 따라서 구체적 피드백은 어느 정도 운동 기능이 정착된 학습자에게 적합할지 모른다.

따라서 어린 수련생이나 초보자들은 운동 수행과 관련된 구체적인 정보보다는 운동 수행의 어떤 의도를 밝히는 일반적인 피드백이 필요하다.

〈일반적인 피드백의 예〉

멋진 슛이야!

그것 참 좋은 생각이구나.

잘 움직였어.

수비가 참 좋았어.

그래 아주 좋아.

역시 넌 최고야.

기막힌 패스구나 등

〈구체적인 피드백의 예〉

그래 지금보다 무릎을 좀 더 올리면 더 잘 다릴 수 있겠어.(달리기)

그래 지금보다 상체를 더 숙여주면 더 훌륭한 자세가 되겠어.(허들)

백스윙이 너무 커. 조금 작게 하면 빠른 타법이 되겠어.(테니스)

㉣ 부정적 피드백과 긍정적 피드백

체육학습에 대한 기술적 연구에서 보면 대부분의 지도자들은 긍정적인 피드백보다는 부정적인 피드백을 많이 사용하는 것으로 나타나고 있다. 실제로 우리 주위의 체육학습을 보아도 지도자들의 대부분이 틀린 것에만 관심을 가지고 있고, 수련생이 잘한 것에는 상대적으로 관심이 적다.

그러한 이유는 체육지도자의 역할이 수련생들의 동작에 대한 오류를 시정하는 것이 지도자의 임무라는 인식에서 출발한다. 그러다 보니 이것이 지나치면 잔소리 형태로 변질되고, 이것이 더욱 발전되어 지도자가 감정을 조절하지 못하면 비난이나 인격적인 비하로까지 발전하여 수업 분위기를 망치는 경우를 만들기도 한다.

물론 운동반응이 정확하지 않다는 것을 알리는 것은 가치로운 일이지만, 이것이 발전되어 학습자가 비판의 대상자가 된다든지, 인격적인 결함으로 비쳐져서는 더욱 안 된다. 학습자의 운동반응이 정확하지 않는다는 것은 지극히 당연한 일이며, 오히려 처음부터 잘하는 것이 더 이상한 일이다. 그러나 수련생들의 바른 동작을 정착시키는 데 부정적인 피드백이 아닌 긍정적인 피드백으로는 불가능 할까? 우리는 수련생들에게 하지 말아야 할 것을 이야기하면 그들은 해야 할 것이 무엇인가를 생각해 낼 것이란 가정을 하면서 잘못된 동작을 지적한다. 이러한 가정은 잘못된 것이다.

잘못된 것을 지정하는 것은 잘못된 반응에 대한 평가일 뿐이다. 따라서 잘한 동작을 중심으로 긍정적인 피드백을 제공하여 조금씩 수정해 나가는 노력이 필요하다

〈긍정적인 피드백의 예〉

그래 멋진 움직임이야 ! 참 잘했구나.

아주 좋아, 좋았어. 그래 바로 그거야.

네가 방어를 도와주니까 우리 편이 기회가 오는 거야.

엄청난 점프군, 그래 지금처럼 무릎을 충분히 굽혀서 하니까 되지. 계속해.

그래, 지금처럼 우리편의 예상되는 움직임 지점에 패스해야 효율적이지 계속해.

철호, 잘했어. 지금처럼 스크린 뒤에서 슛해야 안정된 슛이 되지.

〈부정적인 피드백의 예〉

틀렸어 ! 너는 어깨에 힘이 너무 들어가 있어.

그거밖에 못해?

그것도 운동이라고 하는 거냐?

다시 해! 등

② 효과적인 피드백의 제시방법

㉠ 체계적 건설적으로 제시하여야 한다.

구체적인 결과의 지식은 수행자가 발생된 문제를 해결하고 교정하기 위하여 어떠한 행동을 하여야 할 것인가에 대한 구체적이고 정확한 정보여야 한다.

예를 들면, 달리기를 하는데 "너 그것밖에 달릴 수 없어!"라고 하는 것보다 "너는 지금 잘 달리고 있는데 조금만 무릎을 올려서 달리면 더 잘 달릴 수 있을 것 같구나."

㉡ 정적이고 강화 가능한 행동에 중점을 두어야 한다.

예를 들면, "네가 지금 하고 있는 그 동작은 정말 잘 하고 있어. 바로 그거야."등과 같이 잘 하고 있는 동작에 대한 강화 기능을 높여야 한다.

㉢ 즉시 주어야 한다

오래 있다가 주면 자신이 행한 운동 결과에 대해 기억을 하지 못하거나 느낌을 명확히 인지하지 못한다. 그래서 잘못한 수행결과에 대해서는 즉시 주어져야 한다.

㉣ 정확한 이해 여부를 확인해야 한다.

제시한 결과의 지식을 운동 수행자가 명확하게 이해하고 있는지의 여부를 확인하는 노력은 꼭 필요하다. 만약에 잘못 이해하고 있다면 즉시 다시 결과의 지식을 주어야 한다.

㉤ 대상에 따라 결과의 지식을 달리 주어야 한다.

예컨대, 초심자에게 너무 많은 지식을 제공한다든지, 너무 어려운 동작을 요구한다든지 하는 일에 있어서는 안되며, 오히려 초심자에게는 지금 동작에서 꼭 필요한 것만 제시하고, 비교적 단순하고 명확한 것을 제시하는 것이 필요하다.

㉥ 지도자가 피드백과 교정을 할 때는 수련생을 격려하고 온정적으로 대해야 한다.

수련생들의 반응이 잘못되었다고 할지라도 어디까지나 수행 결과에 한정하여 교정하고 개인에 대한 인격적인 비나이나 무능력 탓으로 돌려서는 안 된다.

㉦ 짧은 기간에 자주 피드백의 초점을 바꾸게 되면 학습자의 학습 초점을 유지하기 어렵다. 따라서 가장 중요하다고 여기는 몇 가지의 피드백에 대해서는 일관되게 계속적으로 강조할 필요가 있다.

③ **피드백의 표적문제**

일반적으로 지도자들이 피드백을 제공하는 범주들은 다음과 같다.

학급 전체를 대상으로 한 피드백

학급 일부 수련생들의 집단을 중심으로 한 피드백

개인을 상대로 한 피드백

학급 전체가 혜택을 입을 수 있도록 한 개인 피드백

물론 개개인에게 적합한 피드백을 제공하는 것이 바람직하겠지만, 우리나라와 같은 다인수 학급에서는 개개인에게 시간적으로 모두 적합한 피드백을 주기는 어렵다. 따라서 상황이나 수행하는 대상자에 따라 어떠한 피드백이 적절한가는 지도자가 판단하여 제공하여야 한다.

㉠ 학급 전체로 한 피드백

학급 전체를 대상으로 한 피드백의 경우는 수행하는 수련생이 초보자나 처음 기능을 익히는 학습자라면 모든 면에서 서툴기 때문에 공통적으로 나타나는 오류르 지적해 줄 수 있다.

따라서 지도자는 공통적으로 나타나는 여러 가지 오류 중에서 지금 단계에서 가장 중요하다고 생각되는 건 몇 가지를 선택하여 전체적으로 제공할 수 있다. 예를 들면, 모두들 잘 하고 있지만 공통적으로 몸에 힘이 너무 들어가 있고, 풀로 스루를 끝까지 않고 있다. 이번에 연습할 때는 이 점을 유의하면서 해 보자.

㉡ 집단을 대상으로 한 피드백

기능의 수준별로 나누이진 집단이라면 수준간에 나타나는 오류 또한 어느 정도 공통적인 것이 있다. 이때도 공통적인 오류 가운데 몇 가지를 지적할 수 있지만, 대상이 어느 정도 수가 적기 때문에 때에 따라 개인적인 피드백을 겸하면서 서로 비교해 볼 수 있다.

예를 들면, 이 집단은 백스윙이 라켓이 쳐져 나오는데(전체 피드백), 철수의 동작을 보아라(개인에 대한 긍정적 피드백), 이렇게 하고 있지 않니? 여러분들도 철수의 동작처럼 이렇게 하도록 해라.

㉢ 개인적인 피드백

우리나라와 같이 다 인수 학급에서는 모든 수련생들에게 적합한 개인적인 피드백을 제공하는 것은 여건이 허락하지 않는다. 그렇다고 해서 지도자가 미리 포기해서는 안 된다.

지도자는 연습시 계속적인 관찰과 순회를 하기 때문에 시간시간마다 틈이 나면 개인적인 피드백을 제공하여야 한다.

특히 기능이 떨어지거나 미숙한 학습자에게는 가능한 교정적인 것보다는 긍정적이고 우호적인 피드백을 제공하는 것이 바람직하다. 또 초보자의 경우는 정보를 받아들이는 데 한계가 많기 때문에 가장 핵심적이고 중요한 피드백 한두 가지를 집중적으로 제공하는 것이 좋다.

㉣ 모든 수련생이 들을 수 있는 개인적 피드백

예를 들면, 평균대에서 내리기를 하는데 전체를 잠시 멈추게 하고, "미영이는 너무나 살짝 내렸기 때문에 내가 옆에 있어도 전혀 소리를 들을 수 없었단다"라고 크게 모든 수련생들이 들을 수 있도록 칭찬을 하면 그렇게 하지 않았던 수련생들도 미영이의 행동을 따라하려고 한다.

이와 같이 다 인수 학급에서는 개인을 대상으로 하면서 전체적으로 긍정적인 피드백을 유도하는 피드백도 매우 유용하다.

④ 피드백의 일치성

지도자들이 범하는 잘못 중에 하나는 학습과 직접 관련되지 않는 피드백을 제공하는 경우이다. 여기서 직접 관련되어 있다는 것은 학습지도의 목표에 관련되어 생각하는 문제이다. 피드백이 주어지는 순간에 작용하는 학습지도의 목표와 관련된 피드백을 주는 것이 올바른 방법이다.

예를 들면, 신체의 한 부분을 사용하여 균형을 잡는 움직임 교육의 한 목표가 주어졌다고 할 때 한 수련생이 복부를 지지점으로 하여 문제를 해결하였다고 했을 때, 본시의 목표가 문제해결에 있다면 지도자는 "복부로 몸을 지지하다니 참 좋은 방법이구나"라고 하지만, 본시의 목표가 아동의 창의성에 있다면 "그래, 너는 정말 새로운 방법을 찾았구나"라고 피드백하는 것이 옳다는 것이다.

⑤ 피드백의 정밀성

외재적 피드백을 제공하는 방법에는 크게 오차의 양과 관련된 수치를 지적하는 양적인 것과, '너무 빨라'또는 '너무 느려'등과 같이 제공되는 질적인 것으로 나눌 수 있다.

자신의 최대속도의 70% 수준에서 볼링 공 굴리기 실험에서 첫째 집단은 100분의 1초 단위로 정확성을 알리고, 둘째 집단은 10분의 1초 단위, 셋째 집단은 '너무 빨라, 느려, 정확했어'등으로 제공하였을 때의 수행 결과는 질적 집단에 비해 양적 집단의 경우가 수행이 더 좋았으나, 10분의 1과 100분의 1초 단위에 대한 차이는 없음을 발견했다. 따라서 동작의 정밀성이 높아질수록 반드시 피험자의 과제 학습 능력이 높아진다고 볼 수는 없다는 결론을 내렸다.

너무 정확한 외재적 피드백은 학습자에게 도움을 준다 하더라도 한계적일 수밖에 없으며, 실제로 학습을 손상시킬 수도 있음을 지적하고 있다. 그는 피험자에게 어떤 점까지 측미계(micrometer)의 손잡이를 돌리는 과제를 배우도록 하는 실험에서 첫째 집단은 오차의 방향만 제시, 둘째 집단은 오차의 방향과 1단위 크기, 셋째 집단은 오차의 방향과 10분의 1단위 크기, 넷째 집단은 오차의 방향과 1000분의 1단위 크기로 제시하였는데, 수행 결과는 방향만을 제시하였을 때보다 1단위 크기나 10분의 1단위 크기로 주었을 때가 수행결과가 좋았지만, 1000분의 1단위 크기로 제시된 집단에서는 방향만 제시된 집단과 마찬가지로 낮은 수행 결과를 나타내었다. 따라서 너무 자세한 정보나 너무 의미가 없는 정보는 피드백으로서 의미가 없다.

외재적 피드백의 정확성 문제는 개인의 학습 단계를 고려하지 않고서는 만족한 답을 얻을 수 없음을 시사하였고, 일반적으로 정밀성이 덜한 정보는 학습의 초기에, 그리고 좀 더 정밀한 학습 후기에 중요하다는 사실을 고려하여야 한다고 하였다.

⑥ 내용의 문제

외재적 피드백의 내용에 따른 제시문제에서 우리는 다음과 같은 문제를 생각해 볼 수 있다.

첫째는 외재적 피드백이 반응의 구체적인 부분에 주어질 때 그것은 개인의 주의가 그 부분에 집중되도록 한다는 사실이다. 그것은 때때로 너무 일반적이어서 주의 할당이 그다지 쓸모가 없는 경우도 있지만, 교정해야 할 필요가 있는 수행의 특성에 대해 구체적인 정보를 제공할 때 또는 그것이 개인에게 다음의 시도에서 해야 할 바를 지시하는 유의성이 충분하다면 외재적 피드백은 중요한 주의 지시로서의 기능을 한다.

둘째는 수행의 어느 부분 또는 부분들에 주의를 기울여야 하는가를 확립하는 일이다. 전체 기술의 수행에서 어느 특정 분야에 주의를 집중하도록 하여 뚜렷하게 수행이 향상된다고 한다면 그 부분들에 대하여 주의를 집중하도록 하는 것은 중요하기 때문이다.

⑦ 내용의 결정 문제

외재적 피드백을 제공할 때는 얼마나 많은 정보를 제공하느냐의 문제는 크게 두 가지로 나눌 수 있다.

첫째는 너무 많은 정보를 제공하는 문제이다. 너무 많은 피드백이 주어졌을 때 수용자는 거기에 압도당하여 혼란을 일으킨다. 지도자는 학습이 다음의 연습시도에서 무엇을 교정해야 할 것인가를 제대로 통제할 수가 없는 문제가 발생하게 된다. 즉 다음의 시행에서 향상을 기하려는 수련생의 주의를 어디에 집중시켜야 하는가를 파악하기가 어렵다.

따라서 가장 중요한 규칙은 지도자가 가장 중요하다고 여기는 오류를 발견하고 거기에 맞춰 제시하는 일이다. 가장 중요한 오류는 다른 오류발생의 근원이기 때문이다. 즉, 교정시킬 오류의 우선순위를 정하여 제공함으로써 가장 핵심적인 오류를 지적하는 능력은 지도자의 중요한 능력이라 할 수 있다.

둘째는 너무 적은 정보에 대한 문제이다. 이러한 문제는 개인의 학습 단계에 따른 것으로 비록 간단한 정보이지만, 숙련된 수행자에게는 유의한 정보가 될 수 있지만, 초보적인 수행자에게 있어 너무 적은 정보는 무엇이 잘못이고 그것을 교정되기 위해서는 어떻게 해야 한다는 구체성을 띠지 못한다면 정보로서 무용지물에 가깝기 때문이다. 따라서 모든 정보는 그들이 이해할 수 있을 만큼의 정보는 필요하다.

⑧ 제공방법의 문제

지금까지의 논의는 외재적 피드백의 제시는 지도자가 구두로 제시하는 방법을 중심으로 논술되었다. 다음은 지도자의 구두 제시 이외의 다른 방법들은 얼마나 효과적인가에 대한 문제이다. 이 문제에 접근하기 위해서 우리는 세 가지의 다른 방법, 즉 비디오 테이프, 운동학적 설명, 보강적 피드백을 살펴본다.

㉠ 비디오 테이프

외재적 피드백의 일반적 대안은 비디오 테이프를 이용하여 개인 수행을 다시 돌려보는 것이다. 초보자들은 비디오 테이프를 통해 정보를 얻으려면 지도자의 도움이 필요한 반면, 중간 수준의 수련생들은 초보자만큼 지도자의 도움이 요구되지는 않았다.

둘째, 비디오 테이프의 효과적인 사용을 위해서는 비디오 테이프의 리플레이는 적어도 5주 동안은 사용되어야 한다는 사실이 중요하다고 지적했다.

비디오 테이프를 사용할 때의 문제 역시 언어의 피드백과 마찬가지로 유의적 정보로서 제공되어야 하는데, 초보자들이 자신의 수행에서 오류를 찾아 내거나 교정하지 못하는 것처럼 비디오 테이프를 다시 돌리면서 자신의 오류를 찾아 내거나 교정하는 일은 쉬운 일이 아니다. 따라서 지도자는 오류가 어디서 발생하고 그것이 어떻게 교정되어야 하는가에 수련생이 주의를 기울이도록 하여야 할 것이다.

㉡ 운동학적 설명

운동학적 정보 형태의 사용을 지지하는 최근의 연구는 피험자들로 하여금 레버를 출발점에서 목표점까지 가급적 빨리 이동시키는 과제를 행함에 있어 한 집단은 언어형식의 피드백, 둘째 집단은 운동학적 형식의 피드백 제공, 셋째 집단은 그것이 없는 조건으로 분류하여 제공하였는데, 그 결과 중 주목할 것은 외재적 피드백을 제공받은 집단은 제공받지 않은 집단보다 수행 수준이 높았다는 사실과 운동학적 형식의 정보집단이 언어 결과지식 집단보다 수행이 더 좋았다는 사실이다. 다만 유의하여야 할 사항은 운동학적 형식의 피드백이 언제나 좋은 것은 아니며, 그 정보가 수련생들에게 유의적일 때만 가능하다는 사실이다.

ⓒ 보강적 피드백

외재적 피드백 제공의 또 다른 형식의 하나는 개인이 수행하는 동안에 제시되는 피드백이다. 이런 형식의 피드백은 그것이 중대되기도 하고, 확대되기도 하는 감각 피드백이기 때문에 보통 보강적 피드백(augmented feedback)이라 불린다.

예를 들면, 테니스 공에 회전을 거는 동작에 대한 보강적 피드백 정보의 예는 그 회전이 쉽게 탐색되도록 테니스 공에 표시를 해두어 눈으로 직접 회전을 확인하면서 수행을 시킨다든지 또는 특정 근육을 수축할 때 청각 음향이나 근전도 신호를 제공함으로써 본인 스스로가 확인하면서 수행하는 형식이다.

인용 및 참고문헌

국기원(편)(1995). 국기 태권도교본. 서울: 오성출판사.

김경지(1993). 태권도학 개론. 경운출판사: 서울

강신복. (1992). 생활체육교실 실태조사 및 모형개발. 한국체육과학연구원.

김오중, 최장호. (1995). 여가, 레크레이션. 대경출판사, 서울.

김창우(2000). 호신술. 서울: 대한미디어

김철(1997). 태권도의 구조탐구. 전북: 원광대학교 출판국.

배영상, 최성곤, 우오구(1998). 태권도수련이 고령여성의 보행에 미치는 영향. 과학논집, 34, 261-270.

이경명(2002). 태권도의 바른 이해. 서울: 도서출판 상아기획.

이승헌(2002). 단학. 서울: (주)한국문화멀티미디어.

윤공화(1996). 무도 특성에 따른 인성의 변화에 관한연구: 유도, 태권도 수련생을 중심으로. 박사학위논문, 한양대학교, 서울.

이규형(1989). 태권도 수련이 어린이 정신교육에 미치는 효과. 석사학위논문, 연세대학교, 서울.

유성경(1998). 청소년 정신건강과 감성력 실태조사 및 제고방안 개발. 청소년대화광장, 서울

한승희, 이용교, 이혜연, 맹영임. (1991). 청소년을 보는 성인의 인식에 관한 조사연구. 한국청소년개발원.

한재갑(2001). 공교육 위기 해소를 위한 교원정책의 핵심과제. 공교육 내실화와 교원. KEDI 교육정책포함, 한국교육개발원.

高松 薰, 圖子浩二, 會田 宏, 吉田 亨, 石島 繁.(1989). デプスジャンプにおける臺高と踏切中の膝曲げ動作の相違が跳躍高および下肢にかかる負荷特性に及ぼす影響. 昭和63年度 日本體育協會スポ-ツ科學研究報告, No.IX, プライオメトリック・リアティブ筋力トレ-ニングに關する研究, 第2報, 46-55.

吉福康郎(1985). 最强格鬪技の科學. 東京: 福昌堂.

阿江通良, 安藤眞太郎, 結城匡啓 (1990) 垂直度の踏切における努力度が下肢各部の貢獻度に及ボす影響, シャンプ研究, 日本バイオメカニクス學會編, 40-45

阿江通良, 安藤眞太郎, 結成匡啓(1990). 垂直跳の踏切における努力度が下肢各部の貢獻度に及ぼす影響. 日本バイオメカニズム學會編, ジャンプ研究, 40-45.

伊坂忠夫, 三田勝彦, 石井喜八(1990). 垂直方向への重心移動動作(老人の立ち上がり動作から垂直跳び). 日本バイオメカニクス學會編, ジャンプ研究, 94-99.

태권도 지도자,
무엇을 알아야 하는가?

초판 1쇄 발행 2014년 2월 28일
초판 2쇄 발행 2018년 2월 28일

지 은 이 최성곤
펴 낸 이 신일희
펴 낸 곳 계명대학교출판부
출판등록 제347-1998-1호(1970. 9. 1)
주 소 대구광역시 달서구 달구벌대로 1095
대표전화 053-580-6233
팩 스 053-580-6235
홈페이지 www.kmupress.com

ISBN 978-89-7585-657-0 93690 정가 23,000원

- 이 도서의 국립중앙도서관 출판시도서목록(CIP)은 서지정보유통지원시스템 홈페이지(http://seoji.nl.go.kr)와 국가자료공동목록시스템(http://www.nl.go.kr/kolisnet)에서 이용하실 수 있습니다.(CIP제어번호: CIP2014006300)